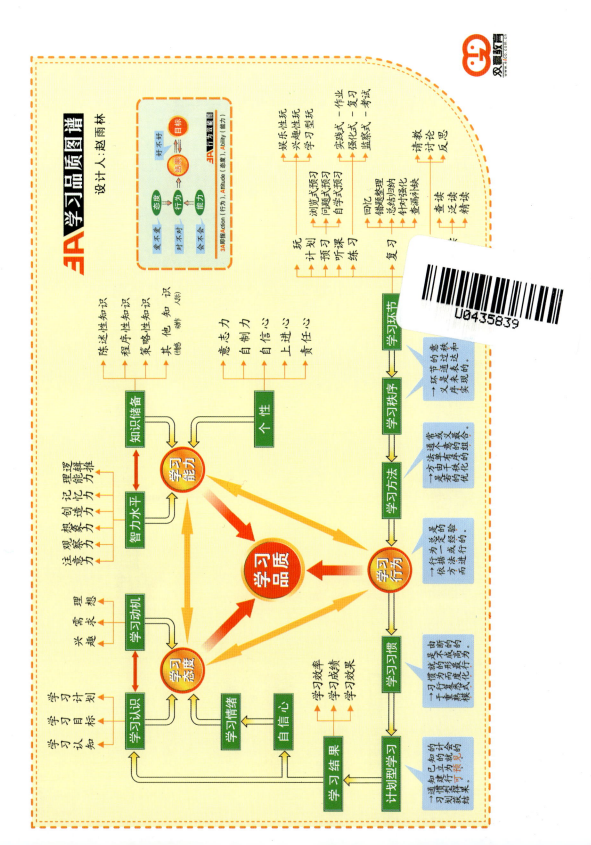

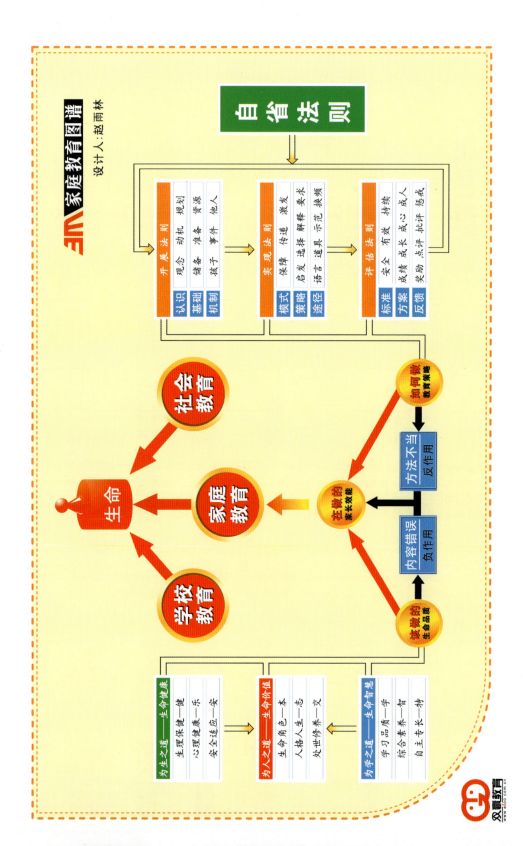

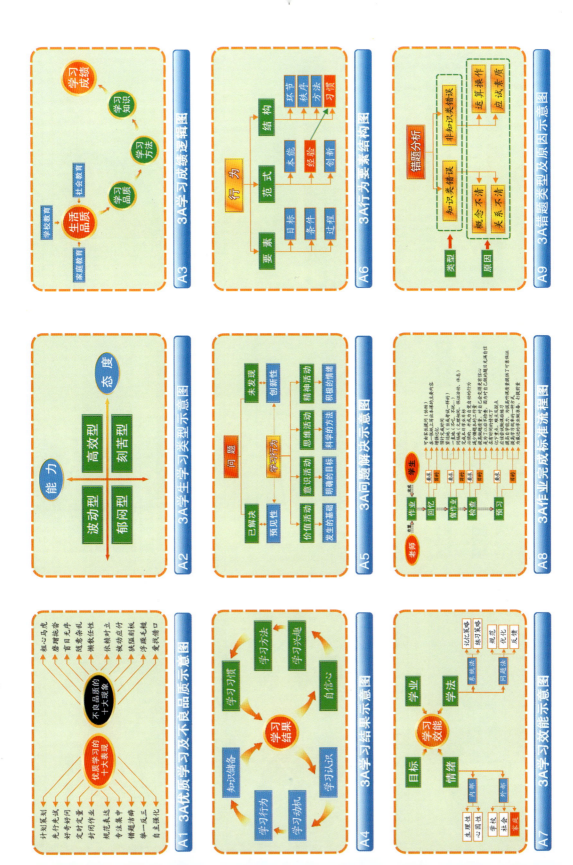

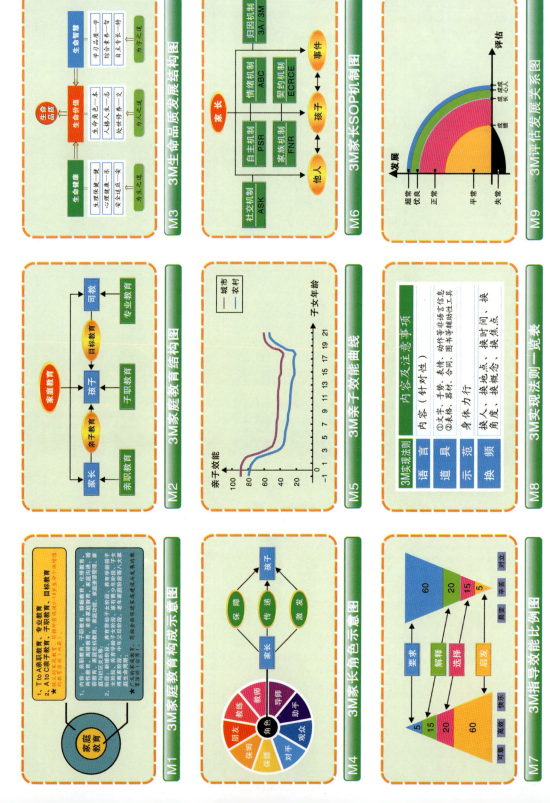

好家长操作实务

学会跟孩子说话

本书教你做一个
成功的家长
优秀的父母

赵雨林 著

清华大学出版社
北京

内 容 简 介

本书针对现代父母在教育上面临的种种烦恼和困惑,从"说话"这个最基本的人与人之间的交流方式为切入点,为家长全面解读孩子在学习和生活方面存在的问题。为帮助家长走出教育子女的盲目和痛苦的泥潭,成为"教子不难、育子有方"的快乐父母。作者细致入微地分析和解释孩子普遍存在的粗心、不爱学习、学习方法不当等现象的同时,提出了行之有效的办法和措施。就如何帮助孩子摆脱学习上的厌倦心理和痛苦体验,为使孩子成为一名"我爱学习、我会学习"的主动学习者,作者提出了许多很有实效的操作方法。

作者提出了许多诸如"粗心不是缺点是错误","好成绩来自好的学习品质,好的学习品质来自好的生活品质","认真不是说的出来的,是做出来的"等发人深省的观点,将让家长感到受益匪浅。

该书贯穿始终强调的一个理念是:孩子的成功需要家长的成长和成熟,即父母进步是孩子提高的前提!读者对象:各年龄段家长,及教育领域工作者。

本书封面贴有清华大学出版社防伪标签,无标签者不得销售。
版权所有,侵权必究。举报:010-62782989,beiqinquan@tup.tsinghua.edu.cn。

图书在版编目(CIP)数据

学会跟孩子说话/赵雨林著. —北京:清华大学出版社,2007.10 (2021.12重印)
ISBN 978-7-302-16057-1

Ⅰ. 学… Ⅱ. 赵… Ⅲ. 家庭教育 Ⅳ. G78

中国版本图书馆 CIP 数据核字(2007)第 137196 号

责任编辑:章忆文　杨作梅
装帧设计:李志文
责任校对:李玉萍
责任印制:杨　艳

出版发行:清华大学出版社
　　　　网　　址:http://www.tup.com.cn, http://www.wqbook.com
　　　　地　　址:北京清华大学学研大厦A座　　邮　　编:100084
　　　　社 总 机:010-62770175　　　　　　　　邮　　购:010-62786544
　　　　投稿与读者服务:010-62776969, c-service@tup.tsinghua.edu.cn
　　　　质 量 反 馈:010-62772015, zhiliang@tup.tsinghua.edu.cn
印 装 者:三河市铭诚印务有限公司
经　　销:全国新华书店
开　　本:185mm×230mm　　印　张:22　　插页:2　　字　数:233 千字
版　　次:2007 年 10 月第 1 版　　　　　　　　印　次:2021 年 12 月第 24 次印刷
定　　价:38.00 元

产品编号:026856-03

再版序言

书稿完成时,我自信和其他的家庭教育书籍有很大不同。虽然这类书籍多如牛毛,不过唱高调的多,说实事的少。大多是通过讲一个案例,再泛泛地给家长一些应该对孩子尊重、信任、理解之类的建议,这样是不可能从根本上解决家长的困惑的。甚至还有说胡话支昏招的,贻笑大方是小事,贻害无穷严重啊。而实际上,许多家长甚至是那些专家通常会犯"把结果当原因,把现象当问题"的毛病,所以本书更多从现象入手,然后分析发生的原因,再给家长具体的措施以及反思。即通过对问题的本质进行分析,让家长知道错在哪里,为什么错,这就为实现正确地做家长打下一个比较好的基础了。

所以,我相信家长会喜欢我的书,当然,这份自信是来源于我亲自指导的近千个案。抱着这样自负的态度开始寻找出版社,没想到好事终是多磨。辗转数次,终于获得社科文献出版社的青睐。这本书一出版就受到许多家长朋友的喜爱,在网上居然被列为中国家长最值得读的五十本书之一。看到家长发的评论和读后感,很是令我开心。为此在本书附录里还选了几篇读后感,给自

己贴金的同时也表达一下对读者厚爱的感谢。内心甚喜之余，不胜惶恐，感觉压力愈大。

人做每一件事情都有动机。而我为什么要写这本书？当时出书的目的今天想来还甚觉有趣和无奈。在成书之前，我负责了一项关于"中小学生学习品质考察及教育对策"的研究课题，为此还拿了教育部"九五"重点课题子课题优秀成果一等奖。这不仅积累了大量的成功案例，初步形成了一套较完整的3A学习理论，而且还设计一套帮助学生提高学习成绩的训练方案即3A学习品质与生活品质双赢训练。在全国有很多中小学校，还有银川市等教育局，以及许多如中国家长教育工程等教育机构也引用了我的研究成果。

在旁人看来，我还算是做出了一点成绩的，按理说，应该有点满足了，但实际却恰恰相反。虽然有许多学生经过我的帮助和指导有了明显的提高，家长经过我的咨询也发生了可喜的转变，但我至今都认为我曾经做的许多事情是徒劳的，包括现在。

那么到底是为什么呢？曾经有许多人得了由于环境污染而导致的疾病，一个医术高明的医生擅长救治这种病。可是环境没有改变，还有许多人在得病，而且好了的又复发了。这个医生虽然一直不断努力救治，但显而易见是不可能治完的。有一天，这个医生终于明白发病的原因了，也明白了如果把环境治理好了，就再也不会有这种病了。这时一个两难选择就摆在了这个医生的面前，您说他是该去治病救人，轻松获得更多患者的信赖和尊敬呢？还是转行投身去做治理和改变环境的事情呢？可是，焦虑的医生发现没有能力改变环境，而治好病人所得的荣誉也没有什么意思。我经常说一句话：中国孩子痛苦，更多的是因为无奈的中国父母造成的，注意我说的不是"无知"。而中国父母也很痛苦，那谁是造成中国父母痛苦的原因呢？虽然我是教育战线的新兵，却已对教育萌生去意，想通过社会研究和实践来实现近乎不可能的想法，所以就打算以书封山。而当时恰逢我的孩子出生，当时就有一份惶恐，时常想孩子大了后如果问我："爸爸，在生我之前，你都做了些什么？"对于这一段他人认可，而自己不能满意的人生经历，我实在不知该如何回答，所以就想对自己近十年的教育工作做个总结，至少用这本书搪塞我那犬子，好让他知道他的父亲那十年并没有白过，让他知道他父亲虽然没有能做成什么，但知道是因为什么。所以可以这样讲，这本书与其说是给家长写的，不如说是给自己写的。老实讲，说这样的话我心里很痛苦。泰戈尔说过一句话："那些把灯背在背上的人，把他们的影子投到了自己前面。"我也知道说这样的话是容易招人骂的，但这不重要，重要的是我希望给家长朋友一个明白的说法。因为教育者不能成为"教愚者"。

每个家长朋友都想做个高效快乐的父母，而高效地开展家庭教育的关键是需要让家长自己知道应该"做什么"和"怎么做"。家庭教育中一个重要的内容就是我们家长要做家长该做的事情，而我们家长往往做的不是家长该做的事情。而我们的家长大多都很朴素地知道，要把孩子的生活料理好，要指导孩子做好人和学习好等。但是在实际为父为母的过程中，却出现很多看起来很简单的却不知道该如何解决的问题。比如到底该给孩子选什么特长班？孩子挨了同学的打该怎么办？是否该为孩子陪读？孩子学习不上进怎么办？家长到底该起什么样的作用？应该如何做？很多家长不是很清楚。遗憾的是，虽然关于家庭教育的研究和著述很多，但能够系统地阐述开展正确的家庭教育的方案却乏善可陈，并且对如何正确地实施家庭教育的方法也缺乏切实可行的指导。

所以这本书就是给家长一个"怎么做"的指导依据。关于家长该"做什么",我提出了 3A 家庭教育三道模型,即为生之道、为人之道和为学之道。有兴趣的朋友可以在网上查阅。而在本书里,主要给家长讲的是该"怎么做"。因为家庭教育中的另一个重要的内容,就是把家长该做的事情做好。由于种种原因,许多家长的想法和出发点根本就是错的,而即使是对的,也由于认识观念、开展方式、实现方法、指导模式等的缺陷,在实现的过程中出现了很多问题,造成了家庭教育的不足和失败。

在再版的过程中,看到许多以前行文中的种种不足之处,真是汗颜。我水平有限。我没有一些人的本事,一年能出几本书,一不留神就著作等身。我只能把我认识到的和发现的那点东西,再想得明白点,再琢磨得清楚点,然后贡献给大家。这一版对以前书中的大量错漏进行了修正,而且还新增加了学习篇的章节。不当之处,还望各界朋友给予斧正。

我一直认为:人在关键处想明白了,在别的地方也就想明白了。有的人为什么处处不通,门门不精,只有眼羡人家"做一行,成一行"的份?其实原因就是这种人往往从来没有完整地做过一件成功的事情,哪怕是很小的事情。所以,各位家长朋友,先把跟孩子说话这件小事学会吧!

闲言少叙,书中见吧。有时间,去我博客转转。

赵雨林

孩子表现不理想，家长的责任最大

——给家长的公开信

亲爱的家长朋友：

您好！

非常高兴您的信任，我们才在这里相识。我愿把我的经验和体会与您分享，分享这份教育给我们带来的幸福。

就让我们从头说起吧！大家都知道，人一生下来后都会受到来自各方面各种形式的教育，在襁褓中，父母就开始教导我们了，逐渐学会了说话、走路、吃饭……，到了上幼儿园的时候，就开始有老师给我们讲故事、做游戏，还教我们识字、数数，直到小学、中学毕业，再继续升学，其中受教育的时间少则10年，多则15年或更多。

可越到后来，我们逐渐发现，本来相差不大的人，甚至有许多小时候本来很突出也有很好天赋和优势的学生，他在这个学习过程中逐渐落后、掉队了。大家都很清楚的一个道理是，有过良好教育的经历对于一个人一生的发展该是多么重要。然而痛苦并不只停留在没有得到良好的教育机会，他的人生并不仅仅是学业上受到了影响，他在择业、婚姻等其他方面也同样遇到了很大的挫折和坎坷，而这样的遭遇似乎不应该是在这个人身上发生，可是事实就是这样，那根本原因到底是什么呢？

还有，同样是家境贫寒，但为什么有的人就成才了呢？

同一个学校同一位老师教育的学生，为什么有人就学得更好呢？

同样是一个家庭的孩子，为什么表现却有天壤之别？

除了家境困难、教育环境、地域差异等表面看起来不可抗拒的因素以外，是什么使得有同样机会同样可能的不同的人的成长和变化有那么大的差距？

曾经有次乘出租车外出，司机偶然知道我是搞教育研究的，感慨万千地对我说："您说为什么孩子就不爱听父母的话呢？想当初我要是听父母的话，今天也不至于当这个司机。可现在我儿子也不爱听我的话，您说该怎么办。是不是这就是个规律？我真担心我孩子有一天和我一样没出息啊！"我问他："那您是否知道为什么您小的时候听不进父母的话呢？"他说："我不知道，就是不爱听。我也知道我家人说的全是对的，可不知道为什么就是听不进去，现在想听也晚了。"这番话以及那位司机对现状表现出的不满足和自卑给我留下了很深刻的印象。但不仅仅是他说过这样的话，有许多父母对我讲："小时候没有听父母的，现在后悔也晚了。"

我们很容易发现一个很不幸的循环：所有的父母都知道，孩子听父母的话，对孩子只有好处没有坏处。但这一点的实现却似乎很难——从前父母教育自己所经历的困难和现象又出现了，孩子不听父母的！

在我接触过的许许多多家长中，很多人为此感到烦恼和痛苦，甚至包括我的父母。他们都很想知道，在教育孩子的过程中，为什么孩子不听父母的话，为什么会伴随那么多的不愉快和争执，为什么会有那么深的代沟，那么强烈的对抗及扫兴的结局!

不仅是做父母的有许多的不快乐,孩子一样也有许多烦恼和不快乐,因为我们的孩子也不想让爸爸妈妈为他操心,他也想拥有好的学习成绩,他也不想比别人差,他也知道父母的话是对的,虽然听起来是又啰嗦又麻烦!可不知为什么有时候就是控制不住自己!难道教育就应该是这样的吗?

您在拿到这本书的时候,我想您一定迫不及待地想知道为什么孩子不听您的?孩子为什么有那么多的毛病和缺点?怎么样才可以迅速地纠正和改善?怎么能让孩子的学习成绩得到提高?……

在这里我想提醒诸位的是,在教育孩子的过程中发现问题和困难的时候,首先是否可以不要满脑子想孩子有什么问题?而应反过来琢磨自己在教育孩子的过程中发现了什么样的问题和错误!诚然,孩子在人生道路上所取得的每一个进步,都离不开您辛勤的培育和教导,而孩子不幸出现的所有问题和失败,和您也是分不开的。所以,孩子不听话的原因不是由于孩子,而是家长一手造成的!同样,孩子出现过失的缘由不仅有孩子自身的因素,更有家长不可推卸的责任。如果能这样看待这个问题,所有的问题就容易解决了。

这本书不仅能帮助您让孩子掌握正确适合自己的学习方法,还能帮助您让孩子提高学习能力和成绩,更关键的是,还能帮助您让孩子接纳您的意见和指导。

明白了这个道理,现在需要我们做的就是如何更有效地使用这本书。

我不敢说我讲的内容是最好的,但如果您真正理解和忠实采纳了,您的孩子就一定会因此而有进步,所以为了提高您阅

孩子表现不理想,
家长的责任最大

读本书的质量，而且您确实希望从本书中真正得到帮助，我们建议您首先对本书的章节栏目先做一次浏览阅读，而不要急于往下翻阅；其次就是每章节给家长都有很明确的作业或要求，希望您认真完成；并请您在阅读本书时准备一张纸和一支笔。

最后，我衷心地希望家长能够从本书的阅读中得到帮助和快乐，谢谢！对了，孩子总爱看家长干什么、看什么，所以希望这本书和您在书里留的笔迹也适时地让孩子看到。相信他一定会有兴趣的。

创作本书的目的很简单，父母只要真正意识并发现了自己的不足和问题，您和孩子就一定会有进步。

不相信？那就试试看！

此致

敬礼！

您忠实的朋友　赵雨林

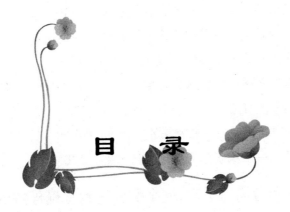

目 录

绪论　先行一步　/1

第一章　对话篇　你会说话，孩子就听话！/13

  导读 /14
  1.1　孩子不懂你说的话 /16
  1.2　批评为什么不管用 /24
  1.3　孩子为什么不听话 /34
  1.4　不会打孩子就别乱打孩子 /43
  1.5　逼孩子撒谎的父母 /49
  1.6　早恋其实没有什么 /53

第二章　认识篇　错误的认识导致失败的教育 /63

  导读 /64
  2.1　粗心，还是粗心，害死人的粗心 /65
  2.2　孩子很聪明，可为什么总学不好 /74
  2.3　请了家教老师，为何总也不管用 /81
  2.4　生活品质对学习到底有多大影响 /91

2.5 父母的文化程度对子女的影响大吗 /101
2.6 如何正确对孩子实施奖励和鼓励 / 108
2.7 做人从吃开始,育人也从吃开始 /117
2.8 教育孩子应以什么为标准和目标 /122
2.9 关于责任心——一个沉重的话题 /131
2.10 你问我说——和家长的对话录 /140
本章总结——家长如何提高教育水平 /148

第三章 学习篇 学习,一个需要得到正确理解的概念 /157

3.1 你真的懂"学习"吗? /158
3.2 学生为什么会学不好? /161
3.3 关于学习的经典理论 /169
3.4 影响学习成绩的原因 /172
3.5 如何提高学习成绩? /175
3.6 如何保证学习方法的实现 /179
3.7 生活品质决定学习的优劣 /181
3.8 只关心文化课注定会失败 /184

第四章 行为篇 如何提高学习成绩 /187

导读 /188
4.1 最有价值的宝贝——错误 /190
4.2 怎么才算是真正完成作业 /203
4.3 检查事虽小,却关重大事 /214
4.4 如何学会听课和准备预习 /225
4.5 学会复习就等于学会学习 /231
4.6 应对考试的办法和技巧 /244
4.7 学会制定有效的学习计划 /257

4.8 中小学生各科学习特点分析 /265

4.9 9+1＞10,会玩才会学 /273

4.10 关于如何开展研究性学习 /283

本章总结 /290

第五章 成功篇 成功的前提是对问题的认识和发现 /291

5.1 成功之路在哪里 /292

5.2 成功是目标的实现 /295

5.3 追求成功是人类的本能 /297

5.4 惧怕或没有付出怎能成功 /300

5.5 失败是根本没有或没有发现成功的道路 /302

5.6 实现成功的根本是对问题的认识和判断 /304

5.7 如何发现成功之本——问题 /307

5.8 如何确定教育和学习上的问题 /311

本章总结 /314

附录 父母自测——了解自己是家庭教育成功的前提 /317

读者反馈 /325

后记(第一版) /333

绪 论
先行一步

——告别盲目与痛苦！

您和所有的家长朋友一样，一定非常希望孩子能轻松快乐地取得好成绩，一定非常希望孩子听话、懂事、礼貌、阳光又积极。

但是，你是否因为孩子学习成绩不理想而一筹莫展？你是否因为与孩子谈话屡次不欢而散而烦恼？你是否发现尝试诸多教育方法后却依然无效？

……

毫无疑问，看到以上诸如此类的问题，想必每个家长都是感同身受。每个家长都希望自己的孩子可以在未来成就一番事业，特别是在当今如此激烈的竞争环境之下，家长对孩子的期望是那么沉甸甸的，既无法用语言形容也无法用任何东西衡量。正因为这期望之巨大和真切，无形中给孩子身上压上千斤重担。殊不知，这如此沉重的担子在孩子身上难以摆脱，本该是动力的压力却变成沉重的包袱，让我们的孩子步履维艰。长此以往，他们不但对学习产生厌倦，连父母都成了嫌恶的对象！学习成绩不好，也属情理之中啊。

同样的望子成龙和望女成凤，面对一定是激烈的竞争和巨大的压力之下的将来，希望自己的孩子将来能够获得骄人的成绩，那就势必要求孩子能够在当下漫长的学习阶段打下一个良好的基础。

对于家长来说，孩子的学习成绩无疑是家长最关心的一件事情了。在一项关于家庭教育的综合调查中，我们就发现一个非常典型的回答。其中一个问题是这样的：家长你最关心孩子的什么？答案基本都是：孩子的学习！

学习——这个家长最关心和重视的问题，也是令家长经济投入最大、花费时间最长、消耗心血最多的事情，结果却往往是最令人不满意的。可令人遗憾的是，最让家长关心的事情却每每让他们失望透顶，反复的督促、批评、教育，该用的办法，该想的策略，各种各样的努力都没能起到应有的效果。面对越来越厌恶学习的孩子，看着他逐渐滑坡的学习成绩，许多家长都已经是筋疲力尽，万念俱灰，真正是感觉无计可施了！

实际生活中，为什么孩子在学习上出现的困难和烦恼最多最严重呢？很多家长把原因归结为孩子懒惰、贪玩、不听话、不爱学习等等。学习成绩不理想的，在以下几方面往往都表现不理想。学习方法不理想；精神状态不理想，比如出现了厌学、偏激、懒散等情况；心理素质不理想，比如表现忧郁、自卑、焦虑等现象。

学习成绩是学生综合素质表现的一方面，如果把一个人的综合素质比作一座冰山的话，那么学习成绩就好比是露出水面的冰山。如果不能对冰山的这一角有全面的分析和评价，那么你的麻烦还不只是糟糕的成绩给你带来的不愉快。

从我个人的研究结果和工作经验来看，学习成绩的提高实在不算是一件太困难的事情。但同时我们也发现，学习表现不佳的孩子，他的问题不仅仅在学习成绩上有这样的典型表现，其他方面也同时存在很多的问题。学习成绩不佳，生活品质也很差，而且家长往往也做得很不到位。

不过，虽然家长对孩子的成绩感到不满意，可一般也没有什么好的办法来解决。为什么会这样呢？原因其实在前面已经说出来了，就是家长过分关心孩子的学习成绩。表现在两个方面，一是过分关注招致孩子厌烦，而是过分关注"成绩"而不是"学习"。

由于家长把学习成绩这件事情看得太大，看得比天还大。不仅导致孩子的学习没有搞上去，其他方面也落后了很多。这个问题是大多数人容易忽略的而实际上却是很严重的问题。

家长为什么不能正确地指导孩子的学习？原因也很简单，就是我们的家长自己也不大懂得学习到底是什么。

看到这样的结论，你也许会感到十分可笑，心想我们怎么会不明白学习是什么呢？但事实上：就是因为家长对学习的理解存在误解，导致不能正确地引导教育孩子。从一上学就开始错误地指导孩子的学习，慢慢地，孩子感觉到学习是一件万般痛苦难耐的事情，而把学习的结束当成最大的解脱。如此情

形，面对一件如此苦痛煎熬的差事，还有什么心情和兴趣去面对？还怎么可能取得好的成绩？即便是天资聪颖，有些过人之处的孩子，也会在日复一日的"折磨"之下，对学习产生抵触和排斥的情绪，即使是聪明的脑袋却取得不了相应的好成绩。

也许您不知道，其实只需对固有的教育方法做一些小小的改变，孩子的成绩就会有惊人的提高。

所以我对家长经常强调的几句话是：①要想成绩好，全面得提高。②想要学习成绩，先抓生活品质。③孩子要进步，家长先做好。

就让我们从一个例子开始说起吧，选一个我们最熟悉的家庭场景之一。

父母和孩子围着桌子共进晚餐，当孩子吃完饭后，有的想帮助家里人收拾一下碗筷，有的还想在沙发上赖一会儿，有的还想再看看电视，有的还想与父母唠唠嗑什么的，有的想先回屋歇息一下再去做功课。总之，他们都没有马上去做功课。然后我们的父母许多往往是这样的表现，"去吧，这儿不用你管了，赶紧做你的作业去吧！"或是："去吧，别看电视了，别赖在这里，还不赶紧做你的功课？"……

不知道您是否能从以上的话里找出问题和不足呢？

思考1：为什么不能看会儿电视或者休息一下呢？看看电视或放松活动就会耽误学习吗？

实际上，从生理学角度来讲，人在用过餐后就马上学习是不合理和不卫生的，因为刚用过餐，此时胃部的消化工作需要更多的血液来进行。为什么很多人会出现"食困"的现象，就是这个原因。如果吃完饭就去做高强度的脑力工作，长期如此会导致消化不良，甚至会引发消化道疾病。所以，饭后应该做一些活动或休息一下再去学习，这样学习的时候不会感觉疲倦，而且效率会更高。

试想，我们的孩子刚刚吃过饭就要窝在桌子前，面对书本习题，还要与"食困"现象进行顽强抵抗，想想孩子怎么能不产生厌倦？因此，饭后就学习不仅对学习没有帮助反而有害。另外，学习不该是件痛苦的事情，孩子学习一定要注意劳逸结合，千万不要让孩子把学习当成苦力活。

思考2：为什么不让孩子收拾碗筷？难道孩子不应该做一些必要的家务吗？难道学习的事情就高于一切吗？难道几分钟收拾饭桌的时间会很耽误学习吗？有什么事例证明不做和少做家务对学习会有帮助？

从教育目的角度来看，把学习作为减免孩子的家庭义务一个至高无上的理由是得不偿失的。许多孩子之所以产生惰性、冷漠、忽视父母的感情等问题就缘于此。学习成绩只是考虑一个学生对于所学知识掌握的程度，是为其日后进入社会工作打基础。如果只强调成绩，忽视孩子的动手能力和与人沟通的能力，势必造就高分低能儿。这样的人，即便成绩再优秀，在日后激烈的竞争中也势必无立足之地。适当让孩子做些家务劳动吧，不要让他日后习惯性地把学习当成逃避劳动的借口。

从孩子小的时候就有意识地锻炼他们的实践和动手能力，是培养爱心、责任心和生活智慧的开始，是让孩子得以健康、全面发展的基础。

思考3：为什么不相信孩子自己会安排时间学习？难道孩子的学习只有靠你督促才会进行吗？难道你指望在你的呵斥下，孩子撅着嘴去了书房会很快进入学习状态吗？

从教育方法的角度来看，如果不能创造一个良好的家庭气

氛,不能给孩子一个平静和谐的心态,怎么可以期望孩子会愉快地去学习?这也是许多孩子为什么对学习产生厌烦、缺乏积极性的原因之一啊。所以,家长应该给予孩子足够的信任。您没完没了的唠叨只会让他们产生逆反心理。在这样的状态下读书作业,是不可能取得好的效果的。

孩子应该有一定的时间用来与家长相处,沟通得越多,越容易互相理解,越容易让孩子了解和学习家长的智慧和经验。

思考4:为什么要让他去做作业?再说,谁告诉您,孩子此时应该先做作业了?即使是做作业,那到底应该怎么做?

从学习的角度来看,为了提高学习的效率,作业前是需要做一些准备工作的。而且,做作业只是学习的一个环节,而不是学习的全部。我们的父母经常会说,"做完作业了没有?做完了赶紧休息!"或者说:"快做,做完了就可以玩了!"等。要知道,这样的语言让孩子感觉做完作业就等于学习完了,所以从小就没有养成如何学习的好习惯。

做作业是为了巩固他们当天所学的知识,实际上应该是一个消化理解吸收的过程,而家长长此以往的"学习即为作业"的意识灌输,让孩子自小就把作业当成负担,当成压力,避之不及,希望草草了事,获得"自由"。试想,在这种心态下做作业,怎么可能达到应有的效果?

当然有的家长朋友会说:我这也只是顺口的一句话而已,就会有那么多的问题和后果?有点夸张了吧!我的回答是一点也不。

这短短几句话,就已经把您在学习上认识的无知与教育上专断的缺憾暴露无遗。对孩子缺乏足够的信任和尊重,也势必极大地妨碍了孩子的学习效率和积极性。同时我还得告诉您一个您不想也不得不接受的现实和结果,就是孩子对您和您的这句话简直是烦透了。而这几句话带来的恶劣结果有三点,第一,您给孩子灌输了错误的思想,认为学习是自己的负累,作业是自己的负担。第二,养成孩子只有在督促下才能学习的坏习惯。第三,缺乏对孩子的信任,会造成您与孩子之间的代沟。

让我们再谈谈如何提高学习成绩吧!

学习成绩的提高一定要在两方面得到改善,一是方法,二是环境。从我个人的经验来看,中国家长在家庭教育中的最大的特点是行动盲目的多,精神痛苦的多,自我感觉失败的多,而造成这种问题的原因本质上讲就是两点:

第一是不懂"学习"。

由于家长对"学习"本质的理解产生了误区而导致在教育孩子过程中一些错误的做法,在这种情况下,怎么可能有效地指导孩子的学习呢?无异于南辕北辙啊!就如上面所犯的那些错误的做法导致孩子对学习产生错误的理解和厌倦,如此一来,形成了一种恶性循环。不过我们的家长在学习这个问题上虽然不甚了了,但却表现出了极强的吃苦耐劳的民族精神,许多家长为了孩子做好功课,竟可以放弃自己全部的业余时间和爱好,和孩子一起做功课,就是所谓的"陪读"一族。*只可惜"功夫总负有心人"!*

学习的成绩受益于勤奋,但学习不等于勤奋,也不等于努力。但我们的家长对学习的理解似乎更多是停留在这个层面,所以对孩子的要求更多通过"要努力啊!要多做习题啊!要学得扎实点儿啊!"等这样的语言来表达,其实这些话和废话都差不多!为什么呢?这样的话没有说到点上,所以说也没用,

说得再多也没用。让孩子长期处于没完没了的题海战术之下，只会把孩子搞得疲惫不堪，更加厌烦学习，恐惧学习。

学习不是战前动员，不是口号比赛，不是情绪的表现，是具体的一个个实际环节，是需要理性、计划、方法的每一步的实施。可遗憾的是，明白如何正确地进行"学习"的家长并不多。

第二是不懂"教育"。

这个帽子似乎大了点，其实一点也不过分。比如就谈一个最简单的问题，孩子为什么不听话？很多家长就回答不了。而由此引申出的问题就是，你会和孩子说话吗？你该如何与孩子说话？孩子爱和你说话吗？……哎，如果家长与孩子连最基本的顺畅愉快的交流都无法做到，还谈什么教育孩子啊？

这种"无知无畏"的精神更多表现出的问题就是——家长不会和孩子说话。错误的讲话方式，不适当的讲话内容，会让孩子对家长产生抵触情绪，因此对家长的话更是厌烦至极。当你在絮絮叨叨的时候，人家孩子早都不爱听你的了，你却还在那里不厌其烦。天长日久，您的孩子会怎么样？不用想都知道啊！很多家长也很痛苦地明白这点，但又觉得无能为力，只好变本加厉，以更冗长的语句，更尖刻的语言，更啰嗦的话来训斥孩子。

曾经许多孩子对我说，面对他母亲没完没了的唠叨简直厌烦透了，开始他还偶尔反抗顶嘴，但结果不但毫无作用，反而使母亲训斥更频繁，最后他干脆低着脑袋，思想神游，根本不去听母亲在说什么。家长的话真成了孩子的耳边风，家长做了这么多的无用功，只会让自己与孩子都陷入更深的痛苦，成绩没有提高是造成家长与孩子之间的愤怒与隔阂的起因，随之而来的恶性循环的情绪和气氛便在这个家庭里沸腾着，这就是为什么许多孩子不愿意回家的原因。

许多父母与孩子的关系并不融洽，家庭矛盾和纷争频频发生，甚至殃及夫妻感情，而造成这种结局的罪魁祸首大多是因为学习。其实，归根结底责任并不在孩子，而是家长既不了解孩子心理发展特点和规律，也没有掌握教育的基本规律和方法，正因为家长不懂如何教育孩子，才使得孩子无法取得好成绩。

所以，对那些又不懂学习又不会教育的家长来说，能不在盲目中痛苦吗？

家长在实现个人建议和主张最大的问题就是不懂学习，瞎指挥，口号式，或者对学习理解不当，所以无法对孩子的学习进行有效地指导。无法有效地安排孩子的学习活动。

家长主观、无端和强制，虽然满怀一腔爱心，但孩子无感觉并且不愉悦。缺乏理解、尊重、信任的爱和给别人的痛苦一样很沉重，所以孩子逆反、厌倦和逃避，家长应该学会与孩子对话和交流的基本技巧和原则。

爱往往是自私的，但爱如果只是个人情绪、愿望的表达，没有站在对方立场的爱，那么这样出自内心的充满良好愿望的爱对双方来说都是一次痛苦的体验。

爱不是自以为对别人好就是爱，能站在别人的立场上考虑才算是真正的爱。明白这一点，对孩子和家长来说都是非常重要和有意义的。所以有的爱打着爱别人的无私旗号其实却是彻头彻尾的自私，这样的爱只会给自己带来痛苦。

要想成为成功的家长，就要搞好两件事情。

一是要处理好与孩子的关系，要时时交流，事事沟通。了

解您的孩子在想些什么,您就已经成功了一半,古语讲"因材施教",只有在了解自己孩子的基础上加以教育才能事半功倍。

二是要真正明白学习到底是什么,了解学习的真正意义。也就是说,身为家长的您要把学习搞明白了,才能正确地指导孩子的学习。

第一点是第二点的基础,很多家长抱着错误的观点与态度,认为只要孩子的成绩能上去,甭管他怎么误解我,不与我交流,甚至厌烦我都无所谓。其实,孩子之所以乖乖地听家长的话是建立在良好的沟通的基础之上的。

成功家长之所以有别于那些痛苦失败的家长,关键是他们善于发现自己的问题,勇于承认自己的错误,积极改正自己的缺点,所以才成功地成为一名轻松快乐成功的家长。而这一切是需要学习的。谁也不是天生就具有会教育别人的天赋。

只要您能静下心来,仔细翻阅本书,就会明白,原来看似简单的家庭教育实际上却"暗藏玄机",掌握种种玄机之后,您所遇到的一切问题便都迎刃而解,孩子成绩提高了,并且变得听话懂事,您也就不会再盲目痛苦了。

我在本书里强调的一个理念是:孩子成功的前提首先是需要家长的成长和成熟。孩子为什么屡教不改、屡说不听,为什么聪明伶俐的孩子总是拿不到理想的成绩,为什么别人家的孩子学习的事情就不要大人操心,有许多家长对这些情况总是感到百思不得其解,也许家长朋友该换个角度看问题,而不能把一切责任全部归结为孩子的不努力、不懂事、不听话。

我们知道,学习成绩的优劣是由学习方法直接决定的,而学习方法的优劣又是由学习品质、生活品质、个体因素决定的,而这三点的优劣又是由家庭教育决定的。

所以，家长对孩子学习的关注不应该是在分数上，应该通过孩子的种种表现，来发现其本质，再去思考原因和出路。

为此，我们设计这样一套名为３Ａ双赢训练的模式，期望对那些希望得到好的学习成绩，但又苦于没有好的方法的家长和学生。

但一个东西再好，如果不能用好，也是得不到你想要的结果的。根据我们实验的结果分析，及学生使用情况的调查表明，该训练的特点是：

（1）学生使用简单，而且对自身学业没有多余负担。

（2）给学生学习方法和学习习惯的导入设计自然，容易养成。

关键之处是需要家长的紧密配合。但也恰恰是这一点，让学生感到非常乐意配合和愿意接受。很多家长在关心孩子的成绩的同时，甚少注意孩子的心理，虽然也在履行着家长的职责和义务，但孩子并不领情。所以很多母亲总是很纳闷地说：我对孩子那么好，他怎么就不愿意听我的啊？这些由于不和谐而造成的后果是非常麻烦的，由于孩子对家长的态度和情绪有了反感和抵触，所以不管家长的要求和意见正确与否，都听不进耳朵里去。而３Ａ双赢训练就是这样友好地把家长和学生结合在一起，实现共同提高和成长的目的。

从现在开始，您需要思考的是自己的教育方法到底有什么不足，也许只是小小的改变，就可能取得您意想不到的效果。在《中小学生学习完全提高指南及手册》里，我的目的就是希望通过家长朋友和孩子共同努力来达到学习成绩提高和亲子关系的改善。

家长通过本书及手册，针对孩子的学习问题就可以聪明有

结 论
先行一步

效地开展相应的指导和训练，学习成绩也一定会得到迅速的提高，同时对家长朋友在孩子的教育方法和思想上也会产生积极的影响。

所以，我相信双赢教育系列丛书一定会对那些对孩子教育已经感觉很苦恼的家长有帮助，对那些不知道该怎么指导孩子学习的家长有帮助，对那些想要孩子的学习再上一个台阶的家长有帮助，对那些似乎问题很多的孩子家长有帮助。一定会对那些希望告别教育盲目和痛苦的家长有帮助！

希望您能在教育孩子的漫漫长路之中，找到一盏明灯；

希望您不要继续在盲目、无从下手的状态中苦苦摸索；

希望您能通过自己的努力而看到孩子成绩突飞猛进的提高；

希望您能与孩子愉快的交流沟通，做到既是家长又是朋友……

总之，千言万语化成一句话：祝愿您能通过阅读本书而有所感悟和收获。

第一章　对话篇

你会说话,孩子就听话!

导读

  我从自己的工作实践中深刻体会到，家长在教育子女的问题上有一个非常普遍的失误，就是"把现象当原因"。总是以现象作为对孩子批评、指导和教育的依据，这是造成教育失败的最主要原因！

  家长有效地开展家庭教育，需要掌握一些必要的技巧和基本的原则，需要对自己不适当的行为有所了解和警惕，需要对自己的思路和举措有所反思和审视。

  这本书与其他教育书籍最大的不同点是什么呢？是对我们以为很熟悉的概念重新做一番深刻的认识，比如对成功、学习、生活、教育、批评、错误、粗心、作业、错题、复习等的看法和做法。把那些家长以为理所当然的教育方式、语言和行为做一番深刻的反省和改善！

  这一章所描述的问题，有的是谈家长在教育孩子时语言不当的，有的是谈家长的教育理念有误区的，而您可能与其中一种甚至更多的现象吻合，所以请您务必关注与您吻合的问题。

我们的每一节内容都有小结，有对家长提出的要求，甚至布置了作业，如果您能扎实仔细地阅读，并能按照要求完成的话，您的孩子一定会感到非常高兴，您也一定会看到您孩子可喜的变化，这一切的到来将正如您所期望的那样。

现在首先请回答下列问题。

1. 您对孩子最不满意的事情是什么？
2. 您认为孩子有哪些优点？
3. 您认为孩子听话吗？为什么不听话？
4. 您觉得孩子爱你吗？喜欢你吗？
5. 您孩子的学习成绩如何？如果不理想，那原因又是什么？
6. 总结一下自己在教育上可能的不足和问题。
7. 你认为家长应该对孩子做些什么？

注意：

1. 以上所有题目都应该做书面回答。
2. 不要回避这个作业，当您看完全书后，再看您现在的回答，会有很多新的感触！

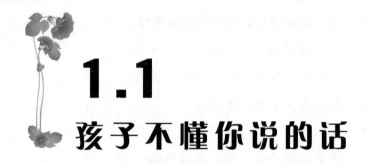

1.1 孩子不懂你说的话

——父母对孩子说的很多话其实是废话,不过,人们还是在说……

在许多次的讲座和报告中,我都会向所有的家长,提出一个这样的问题:在您和孩子说的话里,什么词或什么话您使用的次数、重复频率最多?

★ 请您在这里写出来:＿＿＿＿＿＿＿＿＿＿＿＿

很多家长会写:快、认真点、细心点、做作业去、去问你爸、你细心点……

现在,请您再仔细看看自己写的结果,有什么感觉?

在沉寂片刻后,很多家长举起手开始说了,每一次的调查结果都很接近,出现频率最高的词是"认真点",其次是"快点",还有就是"你真笨"。

有一次做这样的现场问答的时候,非常巧,有一位父亲带着他的儿子也来了。当我把这几个词写到黑板上以后,就问这个小孩:"这位小朋友,爸爸是不是常常和你说'认真点嘛'?"

小孩说:"是。"

我又问道:"那么是什么时候说的更多呢?"

小孩说:"我写作业的时候,还有早晨去上学的时候,还有去考试的时候。"

我说:"噢,是这样的。那你真的明白你爸爸说的'认真'是什么意思吗?"

小孩想了想:"就是让我认真点吧。"

我又问道:"那怎么就可以认真点呢?"

所有的家长都很安静地在听我与孩子之间的对话,这时候孩子一脸茫然但很坦率地说道:"我不知道。"

寂静,还是寂静,然后家长们互相私语了起来,但我分明可以听到很多诧异的啧啧声。

亲爱的家长朋友,您现在可以再仔细看看自己刚才写下的内容吗?当然也好好琢磨一下孩子到底懂不懂您常常说的"认真"?

结论很明白:孩子其实是不懂的!

或许有的家长会说:"我们家的孩子啊!不管什么道理他都懂,比你还明白呢,可他就是不给你好好干啊!"

不客气地讲,您的孩子还是不懂,要真懂就不会不干了!

我在与家长和孩子大量的接触中发现,在"学习"这个问题上,孩子听到家长说"认真点"这个词的时候,真正能够明白怎么认真学习的,真正认真去学习的人凤毛麟角,至少目前我还没

有碰到过！就是这么夸张，但这就是事实。反之，那些语言里"认真点"少的家长的孩子往往学习成绩倒很不错，这看起来似乎很夸张，但这却是事实！如果您不相信的话，可以在您的四周调查一下！

那为什么会出现这样的结果呢？原因就是这些家长通常并没有告诉孩子具体怎么学习才算是认真，怎么做才是认真，而往往只是用认真解释认真！好像是什么都说了，其实什么都没有说。孩子怎么会明白如何做才算是认真啊。就这样，一个汉语里非常好的词汇就被我们的家长给用坏了。

家长常犯的一个毛病就是：**把认为孩子不懂的事全都替孩子想了和做了，不给孩子思考和实践的机会；相反，对那些以为孩子懂的事情却缺乏要求和指导，实际上孩子对此恰恰不懂。**许多家长都可能有过这样的经历和感受，比如有一天和孩子外出采购回来，到了家门口时，母亲手里拿着许多东西，却要用其中的一只手拿钥匙，身体倾斜着很费力地开着门，而孩子在旁边若无其事地看着。很多母亲就觉得孩子不懂事、没有爱心，其实孩子往往是真的"不懂"。由于从来没有对孩子做过必要的要求，孩子当然习以为常，视若无睹了。虽然在学习上说过很多的话和要求，但却从来没有很详细地做出说明，孩子在学习的时候往往无所适从。

认真也是如此。家长总以为孩子天生知道如何认真，其实孩子真的不知道如何认真。

我们发现许多家长在对孩子提出要求的时候，喜欢单方面地表达自己的感觉、感受、愿望及想法。这种主观上的自以为是，就是习惯性地对孩子的漠视。这样做不仅说不清问题，也很容易造成双方情绪上的对立。这种主观的行为特点，似乎也是东方人的特点。许多看起来很听话的孩子表现为——做一件事情不是因为本身的意义,考虑更多的是家长对"做这件事情"的感觉,而不是自己做这件事情的感觉。不大会想"我该不该做",而是考虑"家长是不是同意"。这种依赖心很强的孩子表现得如此乖巧,但自主性、独立性、创造能力却被强有力地束缚了。

(本书插图作者为邰鹏翔)

相反,那些看起来很不听话的孩子行为乖张,由于总是陷入与家长的对立情绪的漩涡中,不能正确理会家长的意图,结果丧失了许多大好时机,最后后悔也无济于事了。就像那个出租车司机说的那样,等大了的时候才知道父母的话是对的。这类家长我经常碰到,但遗憾的是他们却不能从自身的教训中总结出来为什么会是这样的结果!

这样的家长通常有两个特点。

一是由于这样的家长与孩子对话交流时缺乏足够的耐心,这与家长自身的文化教育程度没有太大关系。家长的表现往往很主

观，认为孩子对这么简单的事情一定是很明白的，所以只是主观地提出了要求和愿望，但具体怎么做却又疏于指导！**可是做事情不是只靠愿望就可以实现的**，何况还只不过是家长本人单方面的愿望。

二是说"认真点"往往是针对学习，而学习到底该怎么进行，自己心里并不太清楚，清楚的又往往是偏颇和不完整的认识，甚至是错误的理解。"认真点"、"一定要认真"给孩子更多的信息只不过是主观意愿的表达，缺乏对客观行动过程中的明确指导。孩子们怎么能知道如何"认真"，如何实现"认真"呢？

在家长对孩子说"认真点"的时候，孩子常常会回答："是，知道了。"而脾气大点的孩子会说："知道了，你烦不烦人啊。"其实孩子从来都不知道。即使大点的孩子知道自己错了，也知道怎么实现"认真"，但是，往往在听到"认真"二字后，心理上引起极大的厌恶和反感，明知道什么是对的也不想去做了，这就是"逆反"心理的典型体现。

让我们举个简单的例子，就说每天都做的"洗手"这件事吧。

我们的家长通常只是不耐烦地对孩子说，你要认真地洗啊，不要马虎啦之类的话；或者是打了香皂了吗，洗手背了吗之类支离破碎的问话，却疏于具体明确地指点孩子该如何作为，这是许多家长的通病。其实只需要父母对孩子耐心地做一次这样的讲解：首先你要把手湿了，然后用香皂在掌心打一打，再把香皂放回皂盒，两只手互相搓一搓，当然还有手背、关节等处，如果指甲里有黑泥，你可以再抠一抠，然后用水龙头冲掉手上的泡沫，最后用手掬点水把龙头冲冲。哎呀！就这么简单的一件事，的确需要讲好一阵的，但是孩子听了以后，就知道了怎么做才算是洗手。大家对２００３年的ＳＡＲＳ还记忆犹新吧，那时候是全民普及，到处张贴正确洗手图啊，真的是很反讽哪。所以，如果您连这一点都没有"认真"去教孩子的话，那就太失职了，如果教了，你的孩子就会"认真"地去做事了。

其实很多事情并不复杂，把许多简单的事情搞复杂的人是我们的家长。原因就在于家长缺乏耐心地、全面地、科学地去解释和指导的习惯。

所以，要想达到正确理解"认真"的意义，正确执行"认真"的目标，同样需要我们的家长耐心地、全面地、科学地给孩子讲解"认真"，对"认真"做出具体的要求。

有一次，我在给某小学五六年级的学生上双赢学习训练班最后一堂课的时候，家长也在场。我问了同学们一个问题："同学们，可以告诉我，赵老师（本人）最讨厌的一个词是什么吗？"

大家集体回答："认真。"

我呵呵地笑了，看到家长脸上诧异的表情，我便觉得甚有意思。

我又问道："哪位同学告诉我，为什么我最讨厌'认真'二字？"

有一位同学站了起来大声说道："赵老师讨厌'认真'这个词是想告诉我们，做一件事情要按照它的要求，把每一个步骤和环节都做完整了，这就是'认真'。而不是把'认真'总挂到嘴上，却不能体现在行动中。"这个同学那么流畅的回答令家长们都很惊讶，因为这个学生还是班里最小的孩子。

后来我在一本管理科学方面的书里看到一件很有趣的事情。美国通用电器公司的首席执行官杰克·韦尔奇是一位卓越的企业家，他曾公开地表示"讨厌质量"，但他著名的六个西格玛流程的主要焦点就是提高质量、速度以及效率。这个非常"讨厌质量"

的商界奇才的杰作之一就是使通用电器公司从每百万次35000个故障降低到了每百万次不到4个故障。这个质量管理的控制就在于不是从主观上对质量进行主观期望完成的，而是靠对质量实现的具体环节进行严格控制完成的。

在学习、生活等方面也是如此。"认真"是形容词。形容词更多表达的是愿望和性质。如果要求孩子做什么事情，是需要用名词和动词表达和解释。

和"认真"一词相仿的单词还有，"努力啊"、"刻苦啊"等。可什么是努力？怎么努力？怎么做才是努力？努力到什么程度才算是对的？我们的家长和孩子思考的似乎就很不够了。可我们的孩子在表达要"努力学习"的决心时，通常的表现不过是把嘴唇闭得很紧，还把拳头握得很紧，可结果又怎么样呢？正如许多家长看到的那样，我们的孩子只有三天的热度！毕竟努力不是握拳头，认真不等于下决心。

比如还有那些"要仔细"、"不要粗心"的话。我们同样需要诘问自己，什么是仔细？怎么做是仔细？您和孩子是否做过详细的说明呢？如果有的话，您的孩子不会粗心到现在！很多人似乎能说明白什么是粗心，但却基本没有人能讲清楚什么是仔细。

事实证明，越是频繁空洞地使用"认真"、"努力"、"仔细"等词汇，越是说明家长教育认识的苍白，教育手段的无力。与其如此，趁早把这个词从您的头脑里遗忘吧！

好了，各位家长朋友，先把这个口头禅改掉吧，做好家长从抛弃"认真"二字开始。希望从现在起不要和你的孩子说什么"认真"了，在需要的时候，请告诉孩子该做什么，怎么做，多长时间做完就ＯＫ了。

和"认真"二字说再见，这是给各位家长的第一个作业。

其他应该慎用或禁用的词汇

A："快点"一词也体现了家长在子女教育上的草率和缺乏耐心，比如孩子起床比较慢，或者作业写得拖拉，您不妨给他规定个时间，如"几点以前必须做完，不然会取消……"

B："你真笨"这种带侮辱性的字眼所带来的后果可能是灾难性的，而没有来由的"你好聪明"之类的话所起的副作用和"你真笨"是一样的。所以这个词也是被禁止的！

C："不要粗心！"的话基本等于废话。还有类似"仔细看题"，"小心摔倒"，"小心碰着"等。

本节要点

1. 对目标没有足够的解释，说"认真"是无意义的。

2. 不讲具体的要求，不说实现的过程，只说"认真"是行不通的。

3. 常说"认真"只能引起孩子的反感和敷衍。

家长作业

1. 请和您的爱人对"认真"二字的使用频率进行总结，并分析一下"认真"的实际效果如何。

2. 请在三个月内禁用"认真"、"快点"等词汇。

3. 如果非要想说什么，就"认真地"换个方式表达你的"认真"。

1.2 批评为什么不管用

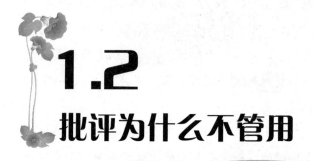

孩子犯了错，上帝都会原谅。家长之所以总不能原谅孩子，大概是因为离上帝太远了吧！

每个人都会犯错，可惜在现实中，只有孩子犯了错可能更容易招致批评。

为什么呢？

因为孩子常犯错？不对！

因为孩子小不懂事情，容易犯错？不对！

因为我们父母的眼光总是跟随着孩子的身影。

是啊！孩子所有的举止基本上都不能逃过父母的眼睛。一不留神在地上摔倒了，母亲就会说："怎么这么不小心！"如果考试成绩不理想，就会有声音响起："你看看，怎么考的这么差。"倘若不小心丢了东西，就会有个声音说："怎么搞的，总是丢三落四的。"

对于刚遭受了打击的孩子，还没有从难过、委屈、痛苦，甚至耻辱的情绪中走出来，往往就紧跟着一阵暴风雨一样的批评，心中本来就甚觉不快，可也没有什么办法！只好也只能默默地、默默地忍受，实在委屈了也许会抽泣一下，哎呀！这下可更不得了，父母又会嚷着"哭什么哭！有什么好哭的！"胆大的或许会顶几句嘴，但这只会招来更无情的痛骂。

而您有没有想过？为什么您从早到晚总是不停地批评孩子？为什么常常会对同样的问题进行批评？难道就是因为孩子不听话？不懂事？毛病太多？

您有没有想过：您的批评为什么不管用？

有人感叹，做人难！做女人更难！我想您现在一定还想说，做母亲更难更累啊！

我每天都到传达室去取订阅的杂志和报纸。那个值班人是一位老太太，她的孙女放学后也常来这里。有一天，我照例去取报纸，进去后看见那个小姑娘正趴在桌子上写作业，而老太太正在教训她的小孙女："唉！你是怎么搞的，写的字这么难看！这个字你得重写，那个也得重写！"边斥责边用手愤愤地拨拉小女孩的手，似乎对小女孩用橡皮擦的动作都嫌太慢。而那个小女孩紧紧地抿着嘴唇，眼里还噙着泪，很不情愿地擦掉刚写的字。

听着那老太太嚷嚷，我便好奇地上前看是怎么回事，原来孩子是做那种练习生字的作业，每个字要求写很多遍，要求把生字写在"米"字格里。看得出来，这个小姑娘刚上学不久。有的字写得还不错，有的字写得确实比较难看，不是在"米"字格里倾斜地挂着，要不干脆就把"腿"钻出去了。我心里暗想，写成这样也难怪，刚开始练习嘛！

我和老太太比较熟，连她的这个小孙女的名字我都知道，叫莺歌。于是我就说："大娘，您别着急，我和莺歌说说。"老太太

很高兴地说道:"对,对,你是搞教育的,你和她说说。"

我说:"莺歌啊,做作业呢?我看看好吗!"

小姑娘似乎还在不愉快中,闷闷地应声说:"噢!"

我拿起她的作业本说道:"噢!是练习写生字啊,写得还真不错啊。"

小姑娘听了这话,仿佛一下来了精神,便伸着头一起与我看她的本子。

我接着又问道:"对了,你给我指指看,哪个字你写得最好?"

小姑娘赶紧浏览了一下,用稚嫩的手指快速地按住其中的一个字。

我一看那个字的确还是不错的,接着又问道:"噢,那你觉得哪个字又最不好看呢?"

我拖长了声音问着,还未等把话全部说完,小姑娘快速地从我手中夺走作业本,把其中一个写得不大好看的字赶忙擦掉了。

我赞许地点点头讲:"莺歌,我想你一定可以写出一个比那个最好的字还好的字来!是吗?"

小姑娘用力地点了点头,在本上很快又写出了一个字,是那种很饱满、顶天立地的好字。

我轻轻拍着她的头说:"好极了!你慢慢做吧,奶奶的话你听了可别不开心啊!也是为你好嘛。"没有三分钟,小姑娘的表现判若两人。

老太太惊讶地说道:"赵老师,这丫头怎么这么听您的话?"我对她讲:"骂并不是好办法,鼓励比批评的效果要好得多啊。"

俗话说"玉不琢不成器",对于孩子来说亦是如此。批评作为一种教育手段,目的就是让孩子能够知道错误的原因,以后能够避免或改正。但实际上，许多家长有这样的体会，和孩子好好地说、讲道理不管用，批评也不管用，着急了打一顿也还是不管用，怎么做效果都不好！反正就是：说不听，骂没用！打一顿，管一阵！

现在又是我们家长朋友认真思考的时候了。孩子犯了错，家长该怎么办？总不能看着不管吧，总得批评批评吧。可为什么批评总是不管用？如果需要批评，那该怎么批评？就让我们一起来研究一下家长"批评"的失误原因和正确的策略吧。

一、无用的批评

让我们先看看家长批评孩子时的几种现象与特点。

1. 批评情绪化

一旦孩子出现过失，家长的表现通常是情绪激动，脸色发青，手舞足蹈，念念有词，眼睛发直，声音分贝高，语言速度快，一阵狂风暴雨，真可谓酣畅淋漓！好了，说完了，骂完了，心里也痛快了，家长也平衡了。如果有摄像机的话，让家长看看自己的表情和表现，真可以说是不堪入目啊！

而您可能不知道，当您大费口舌的时候，大多数的孩子心里

算计的却是："现在是骂到一半的时候了！""再忍耐一下，就快骂完了！"家长在呵斥孩子的时候也会突然停下来问："你听明白没有？"孩子会马上条件反射地回答说："听明白了！""记住了没有？""记住了！""以后还犯不犯？""不犯了！"这时候如此痛快的回答其实却是在敷衍，只是为了早点结束这场暴风雨。

孩子虽然对您说的话往往都是能倒背如流，可实际上根本不记得您说过什么。只知道一点：我错了，所以你骂我！就连错误带来的愧疚、不安也随着批评的咆哮声烟消云散了。因为他们很明白一点，骂完了一般也就没事了！孩子唯一做的和感兴趣的事就是等待，等待这番责备的结束！最后的结果就是"口服心不服"，"你骂你的，我做我的"。

您能指望这种带着个人情绪化的宣泄，主观的批评有多大作用呢？其实，很多时候，沉默往往远比这样的批评更有效。

批评的目的是为了让孩子认识到自己的问题，理解和接受正确的建议，并在行动中改正。对一次过失的分析和评价应该是理性的。在这个过程中，发点脾气在所难免，发点牢骚也能接受，发泄就有失分寸了。

试想，这样的一种情绪如何博得孩子的尊重，如何使孩子信服，又如何能让孩子听从呢？

2．批评泛滥化

有时候，我们的家长在批评孩子的时候，声音慷慨激昂，语速飞快，大脑活跃，思维跳跃，联想丰富，上纲上线。比如说本来就是打破碗的事情，就能从这件事想起从前丢钥匙、丢钱、丢面子(因为测验考砸了)，还能扯到打架、看电视、玩游戏等。总之，只要能想起来的事就可以像电影镜头一样重放。真可谓，旁征博引，引经据典，直说得孩子眼皮一翻，嘴角一撇，脖子一扭，脑袋一低，心想：你爱说啥说啥吧！也不嫌口渴？哼！

批评要有针对性，对当前的问题有什么说什么，就事论事就好了，而绝不可责备这次过失还连带以前老账一并算上。这种把"陈年老账"重提的做法只会让孩子对家长感到厌烦、讨厌和憎恶，而且由于其他事情牵扯得太多，冲淡了当前主题，主要矛盾就容易被弱化和忽视，失去了批评本身的意义。

令人失笑地是，往往有家长说着说着就停下来了，怎么了？原来是一下子忘了该说什么了！只好自我解嘲地说道："哼，看看你，把我都气糊涂了！"

试想，这样令孩子怀恨又游离主题的批评怎么可能有利于问题的解决？

3. 批评简单化

很多时候，孩子犯错后，家长的表现往往是该批评的时候不批评，不该批评的时候乱批评。很多家长都遇到过孩子赖床的现象，往往是一边催促，一边数落，而孩子却把这当作是背景噪音。根本没有起到批评的作用。因为孩子很清楚一点，如果走着上学会迟到的话，家长一定会有办法让孩子按时到学校的，家里有车可以送，没车也可以打出租车啊。

曾有个家长问我遇到这种情况怎么办？我说很简单，你不管他就完了，迟到就迟到，学校老师自然会批评他。就是因为你有种种办法可以不让他迟到，有足够多的承担孩子赖床后果的挡箭牌，所以他才有信心地、沉着地赖床，你骂他何用？

像这类的情况有很多，就是家长只对现象做批评，而没有采取实际有效的解决办法。

4. 批评急躁化

有许多时候是这样的，孩子甚至还没意识到错误即将或已经

来临，还不能深刻意识到即将来临的错误可能会带来什么样的后果，我们的家长却已经急不可耐，气不打一处来，通常是眼到、口到，甚至手也到了。

"人非圣贤，孰能无过？"再者"不知者还不为过"呢！

人犯错误是正常的，而头一次经历某些事情的时候犯错更是正常的！但家长却没有给孩子足够的时间和空间去体验错误，尝试挫折，孩子甚至都不知道犯了什么错，批评和责备就已经接踵而至。这种急于求成、急功近利、急躁冒进的批评，往往扼杀了孩子的创造力，限制了孩子的发展。

为什么有很多孩子对学习缺乏兴趣呢？*就是由于家长在学习活动中过早地干涉、过多地介入、频繁地干预、琐碎地品评、莫名地批评，导致孩子对学习产生了恐惧、厌倦和逆反的心理。*

二、孩子犯了错家长该怎么办？

当孩子第一次犯错误后，您只需要告诉他为什么错了，怎么做是对的就行了。在指导的时候，对孩子保持尊重的态度可以让他也尊重您的意见，耐心细致的讲解可以让他明白错误的原因及后果，善解人意的情绪让他不会被失败的阴影束缚。

孩子开始或接触新事物的时候，由于认识不深，准备不足，行为表现不太合理，出了偏差和错误也在情理之中。这时候需要的是帮助，而不是批评！

如果孩子再次犯了类似的错误，也许是孩子还不太熟悉正确的方法，也许是教训不够深刻让他忽视了。我们首先应该对他的原因进行分析，如果是前者的话，就要讲清楚，把事情说明白，再给他机会去做；如果是后者的话，才应该对他做适当的批评。

三、什么时候批评最合适？

第一次错了可以理解，第二次错了可以谅解，再错就不能容忍了。

在这个时候进行批评是合理的！有一句话很好，"态度决定一切"，错误频频出现更多是由于态度不对而产生的。所以这时候的批评是针对态度的，不是针对事情本身的；要给孩子犯错和改错的机会，所以批评是针对重犯和再犯的；但是我们的家长往往在首犯时就批评，这会让孩子感觉很委屈和痛苦！

当错误和问题再次出现后，比如不理想的成绩单拿回来后，家长往往不是心平气和地与孩子一起分析原因，更多的是对成绩本身进行埋怨，为自己的不满而向孩子发泄，而这种盲目自私的批评是很不利于孩子接受和改正的。

四、如何开展正确的批评？

让我们找个实际案例来说明，有个初中的男孩很爱玩电子游戏，经常逃课，因此很耽误学习，家长非常着急，那么该怎么办呢？

1. 首犯要说理

这个孩子虽然学习成绩还可以，但自制力比较差，对后果预见不足，所以只要有可能就想跑出去玩游戏。当出现这种情况后，家长应该耐心说明这样做的后果，还要表达对孩子的信任和期望。重要的是要孩子明白这样的做法有什么不当之处！而切不可大发雷霆，动辄打骂！约翰·洛克说的"说理是对待儿童的真正办法"就是这个意思。

2. 重犯要约定

可是这个孩子又遇到能出去玩游戏的机会，而禁不住诱惑，

又偷着跑出去玩游戏。家长就应该严厉告诉他这样做是不行的。鉴于他再一次出现了这样的错误，就要和孩子约定一个方案，并要求孩子作保证，并表示如果再犯，他将接受什么样的惩罚。当然惩罚方式是双方都可以接受的约定。同样切不可大发雷霆，动辄打骂！

在这里我要特别说明的是，**孩子要比大人更讲"义气"的**。在这样的信任和尊重下，孩子很难再犯，即使想玩，事先也会与家长打招呼的。

3．再犯要惩罚

当然孩子毕竟是孩子，他又犯错了。

但家长有两种选择，一是保持沉默，并让他明白您已经知道发生的一切，并告诉他你保留采取惩罚的权利，但现在还不打算实施。或是根据约定，让孩子践诺，接受惩罚，并再次让他说出如果再犯，他该怎么办！同样切不可大发雷霆，动辄打骂！

通过以上的做法，孩子哪里还好意思再犯错！

当然，我曾和这个男孩谈了很多，了解到他的父母根本不让他出去玩。所以我与他的父母也做了协商，就是每周在固定的时间允许他玩游戏。在具体实施的过程中，情况虽然也有过反复，但过了不久，孩子就不再旷课逃学了，就连约定时间内的游戏也玩得少了。后来，这个同学告诉我，**他以前去玩游戏不仅是因为高兴，更主要的目的还是想气气他的父母！**

在前言里我就谈过，孩子的错误更多是由于家长教化不当造成的。因为错误和失败，孩子已经得到了惩罚，已经感受到痛苦和不幸了，做家长的不找自己的原因，您怎么还好意思向孩子发火？所以当孩子犯了错误后，家长的第一反应和表现是非常关键的，如果责备更多是根据自己的主观愿望，用生气和打骂等情绪失控的方式,那么你是既失礼又无能的,那是缺乏风度、缺乏理解、缺乏信任、缺乏教育能力的表现,这样的做法只会让孩子看不起。

批评策略还是应以平等对话的交流方式为主,是更偏重于对错误的思想和行动的反思和检讨。为了解决问题和避免错误再次发生,批评也是一次对以后有约定和要求的对话。

所以当孩子犯了错误之后,家长应该先想想自己有什么不对!自己有什么做得不足?所以我经常建议家长,能否和孩子先说一声"对不起"。

当我提出这个建议的时候,有很多家长刚开始还不是很理解,认为孩子犯了错,哪里还有家长说"对不起"的道理。但最终听取我的建议后,后来都会告诉我这次批评教育的效果特别好。当家长对孩子说了"对不起"后,真诚地表达了对孩子的内疚后,孩子都特别感动和内疚。甚至母子抱头大哭,那一瞬间,所有的不快和隔阂都也被这幸福的泪水冲洗掉了。

所以,只要家长您说得在理,那时候孩子想不听您的话都难!

本节要点

1. 批评不是发泄。
2. 批评要有针对性。
3. 批评不能急躁。
4. 要讲究批评的流程。
5. 批评是交流。

家长作业

1. 写一份总结,做自我批评。
2. 和孩子约定时间、地点,让孩子批评您一次。

1.3 孩子为什么不听话

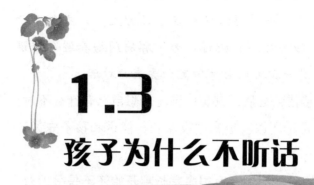

有了不会说话的父母,才有了不听话的孩子,遗憾的是我们的家长并不明白这个逻辑关系。

人与人交流的形式有很多种,说话是其中最普通的一种形式,手势、眼神等肢体动作也是交流的方式。可以毫不夸张地说,人类的发展与进步离不开说话,只有通过说话才能达到信息的沟通与交换。由于对概念的误解、理解的偏差、认识的不足等对信息的错误处理,才导致了最终的行为差异。在企业管理中如此;在军事行动中如此;在对孩子的教育与管理上,更是如此。

父母和孩子在一起做地最多的是什么?就是和孩子说话嘛!当然有的家长除了说话以外,用巴掌比用嘴巴多。

可惜太多的父母太不会说话。

所以孩子才不听话!

一旦家长和孩子话说的不合适,就很容易变成吵架;吵架要是还不够劲,就干脆用上手和脚等粗暴的方式来交流思想了。许多家长热衷于用这种高压的方式来使孩子达到眼下的服从。就连眼睛这种本是用来会意开心的注视也演化成了恶狠狠的瞪眼,似乎不瞪眼,语言的效果达不到似的。所以常常有孩子说:我家人一和我说话就知道瞪眼!

一般说来,我们的家长往往是瞪眼、责骂、开打三部曲,"眼口手"三位一体地来完成一次交流,这实在是亲子交流的悲哀!

因为我们家长通常只关心自己说了什么,甚少关心孩子听了什么,甚少关注孩子听了以后的想法。这样的背景下,怎么期望孩子能很好地接受家长的想法,按照父母的思路去行动呢?对于孩子不听话的这种情况,我们家长能够真正想明白原因的却是不多。

人为什么要说话?说话的目的就是为了沟通和交流。沟通得好,人家就愿意按照这个说法去做。如果沟通得不好,交流不了,你就是抱着真理又能把对方怎么样?人的最大的弱点和优点是有人性,什么是人性?就是情感!古语说:晓之以理,动之以情!不用考虑人性而能做不犯错的东西,似乎只有计算机,可人不是也幸亏不可能是计算机!

所以,
如果父母说的话没有道理,孩子不爱听!
如果父母说的话不是时候,孩子也不会爱听!
如果父母说的话态度不当,孩子也不爱听!
但最要紧的是,不管父母的话有没有道理,只要孩子不喜欢听,就是废话,就是错话。

所以那些感觉自己苦口婆心又很委屈的家长得明白一个道

理：做成一件事，不是只靠良好的愿望就能做到的。

所以为了解决孩子不听话的现象，家长应该学习如何保证自己说话的效果，那就一定得研究一下说话的方式、谈话的技巧了。我想这也是那些看起来很有学问的父母为什么对孩子的问题无计可施的主要原因吧。其实不管什么样的父母，只要你和孩子沟通好了，孩子就会听你的话！

孩子不听话的原因还有一种情况就是：孩子根本没有听懂家长的话。

家长以为孩子明白了，其实孩子什么也不明白，比如要求孩子认真学习，可到底怎么样的认真法？许多家长并没有给孩子明确的指导，所以造成孩子马虎、应付的这种结果，家长是逃脱不了干系的。

所以，说话一定要建立在孩子的理解力、实际经验及个性的基础上来进行。在这个问题上，家长经常犯的错误有两个：

要不以为孩子懂了就只表达愿望，而忽略对实际行动的要素描述；要不就是以为孩子还小不懂，所以在一旁大谈特谈，但对孩子的负面影响却已产生。

孩子不听话的根本原因是父母在孩子心中缺乏威信。原因就是家长缺乏对孩子的尊重，缺乏对孩子个性的了解，缺乏与孩子对话的基本技巧。

一个事业上很成功的家长向我讲述他那个不争气的儿子。我很快发现，这也是一个不会和孩子说话的父亲，但他不是不会说话的人。

为了让这位心急如焚的父亲明白他的问题所在，我便问他："如果孩子回来晚了，也没有打招呼，您通常会怎么做？"

那位父亲说："我肯定要问他，你怎么回事？为什么回来这么晚?"

我又问道:"您的表情会怎么样?"

他讲道:"当然会很生气!"

这位做父亲的家长是一家大公司的老总,所以我又问到:"如果是你的办公室主任没有及时到单位,可能给你耽误了一个材料的送达,您怎么做?"

他毫不犹豫地说道:"我会考虑这个材料是不是很重要,如果重要我就会很不客气地臭骂他;如果不是很着急的材料,我会提醒他以后注意!"

我又问道:"我们现在再打个比方,材料是很着急的,但这个主任是某个特别大的领导的侄子,您根本惹不起也不愿得罪这个领导,在这种情况下,您会怎么样?"

他犹豫了半晌说道:"我会和他说这个材料很着急!"

我追问道:"那您的表情呢?"

他讪讪地说道:"恐怕不会好看,但也不会太难看,哎,说不来,说不定还得有张笑脸相对啊!"他又继续说道:"赵老师,我明白您的意思了。"

我纠正说:"其实您还不明白,首先'迟到'和'材料的送达'是两件不同的事情。虽然两件事情有关联,但您痛恨的是迟到还是材料的耽误?这是您应该分清楚和搞明白的。"

我继续说道:"一个错误的性质不应该根据后果的大小来决定!其一,如果没有什么材料的事情而只是迟到,您会怎么样呢?其二,就是对不同的人您都会用不同的态度,您为什么对孩子偏要选择最不明智的态度呢?您之所以在事业上做得很好,就是由于您知道该如何与不同的人说话,那您为什么就不能把您在实践中成功的经验用到孩子身上呢?这难道很难吗?您的目的是为了解决问题,而不是发您的脾气啊!为什么在孩子身上,您就只会发脾气而不会讲道理了呢!"

那位家长听得直点头,我继续说道:"我相信,您在单位是有威信的领导,但在孩子面前怎么样呢?"他沮丧地摇了摇头,感慨道:"我真是太不注意与孩子说话的方式了!所以我说什么孩子都不听,就是给他买东西的时候他还比较听话!"他苦笑地摇摇头。

所以我们希望家长在与孩子说话前,姑且不论谈话的内容,首先要确定谈话的方式和语气,只有这点做好了,才能把父母在孩子心中的威信逐步树立起来,才能最大限度地保证谈话的效果。

一个领导的威信不是由脸黑的程度决定的,有句话很好:"官不畏我严,畏我廉;民不求我能,求我公!"同样地,做一个有威信的家长也不是靠脸黑就可以的,还要有公平的尊重意识。

孔子说:"己欲立而立人,己欲达而达人"。多给我们的孩子一点人文关怀吧!我们既不需要讨好他,因为您有您的尊严和人格;也不要颐指气使,发号施令,朝令夕改。因为孩子不是您的下属,是和您生命攸关的人啊!即便是面对下属,也不能这样做啊!

从我个人的经验来看,一个人和另外一个人的接触无外乎是身体接触(特指打和体罚等)和语言接触，身体的接触是由于语言的乏力而造成的，所以我们都应该追求语言交流的质量。我想在处理这个问题上做得非常好的大师就是李圣珍老师。

请看李圣珍老师的"教育胜经"20条：

第一，如果用我们现在的家长那种高度社会化的思维去对待来自天性的自然孩子，那么，教育就像拔苗助长。

第二，教育孩子是一门神秘的科学，目前我们对此知之不多，对孩子的心理要把握火候，采取的措施要恰当，使用的语言要到位，逐渐与孩子心意相通。

第三，家长和孩子难以沟通，是因为二者在人格上压根儿就不平等。

第四，家长动不动就用"不好好学习将来就下岗"、"学习不好将来只能卖油饼"之类的话去恐吓孩子，其实孩子根本听不懂。

第五，如果父母不能成为孩子的情感归宿，孩子的心就会"移情别恋"，家长十有八九心血就白费了。

第六，一定要让孩子多读那些能够进入他们灵魂的好书，这是让他们迅速成才的一大秘诀。

第七，孩子遇到困难，切记不要指责，要采取具体的措施去帮助他们逾越这些障碍。

第八，家长不要在物质上过多地刺激孩子，否则孩子会越来越活得像个动物。

第九，孩子不是父母"喜怒哀乐"的发泄对象，也不是实现父母意愿的工具。

第十，要赞扬孩子的优点，但是又要指出他们的缺点，要实事求是地评价您的孩子，同时要注意您的表达方式，做到言

出必行，赏罚分明。

第十一，要给孩子留出一点适当的空间，切勿24小时监控，切勿尾随盯梢。

第十二，不要对孩子说，你这不行，你那不行，这个危险，那个太难，要鼓励他们自己去探索。

第十三，要学会欣赏您的孩子，不要单一化或者僵化地看待孩子的缺点，也不要将自己孩子的缺点与别人孩子的优点相比。

第十四，我教育孩子的过程，有人说是把"动物"转化为人的过程，是把一个只知道吃喝住穿等生理满足的低级行走的、让动物属性占上风的人培养成一个有丰富的生命内涵的大写的"人"。

第十五，我从不给孩子制定远大的理想，但是我要通过我对人性的把握，对教育规律的理解去触发他们的理想，让他们愉快地完成力所能及的工作，积小成而渐大成。

第十六，没有教不好的孩子，只有不会教的父母。

第十七，家长对孩子不要期望过高，不要期望孩子去做那些高不可攀的事，否则只会事与愿违。

第十八，教育之道，不外乎以心换心，精诚所至，金石为开，父母切记己所不欲，勿施于人。

第十九，素质教育，最要紧的不是教育好孩子，而是教育好父母，尤其是母亲的素质，决定一个民族的素质。

第二十，千学万学，学做真人，只要人做好了，升大学，搞搞创造、有所建树，不就是水到渠成的事情了吗？

以上内容摘自《每个父母都能成功》一书，望对各位家长能有所借鉴。

同样教育工作者也总结了家长对孩子伤害最大的10种言行。

第一，恶言——傻瓜、说谎、无用的东西。

第二，侮辱——你简直就是个废物。

第三，责备——你又做了错事，真是坏透了。

第四，压制——住嘴！你怎么就是不听话呢？

第五，强迫——我说不行就是不行。

第六，威胁——我也不管你了，随你的便好了。

第七，哀求——求你再别这样做，好吗？

第八，抱怨——你怎么总是这样做？真让人没办法！

第九，贿赂——你若是考回一百分，我就给你……

第十，讽刺——好我的你啊，你连这也会了？你真够能耐的啊！

我们的家长在与孩子对话的时候，往往会创造性地将上面10条不断组合成新的形式"教育"孩子。比如责备连带讽刺和威胁，"你又考了一个60分，可真不错啊，你真挺能耐啊。怎么？还有脸哭？有本事考100啊！下回再不考好，你就别想出去玩！"这样多套路、多花样、多翻新的组合拳对孩子的打击力当然是不言而喻的。

马卡连柯曾经这样回答别人的提问：如果有人问我，我是否能够以简单的公式概括我的教育经验的本质时，我就回答说，要尽量多地要求一个人，也要尽可能地尊重一个人。

与孩子交流的最主要方式就是说话，那么做家长的就一定要在说话的方式和技巧上下点工夫。而**衡量说话质量的标准就是家长对孩子到底持有多少尊重！**

本节要点

1. 孩子不听话首先是您的话与交流的方式不得当。

2. 不听话的根本原因是对孩子缺乏尊重,你话还未出,他耳已全闭。

3. 说的话有多少威信建立在家长对孩子尊重的程度有多大。

4. 说的话有多少效果取决于家长与孩子对话的方式。

家长作业

1. 总结一下自己说话无礼的情况。

2. 总结一下自己说话无效的情况。

3. 征求一下孩子的意见,孩子为什么不愿意听您说话,是不喜欢说话的内容呢,还是说话的方式?

4. 请详看关于"约定"的讲解,这是树立良好对话机制的平台。

1.4 不会打孩子就别乱打孩子

打孩子当时看起来是一场一边倒的战争,但最后的输家一定是家长。

打是一种惩罚,是父母为了让孩子对一件错误的事情有深刻的印象,避免再次犯错而采取的一种教育对策。由于这样的体罚方式很容易对孩子的生理和心理造成不可逆转的伤害,所以许多专家不建议家长对孩子采用这种极端粗暴的手段进行教育。

给大家讲一个我的一位朋友的故事。

他们家弟兄一共三个,老大比较老实、内向,不过也没有什么出息,老三虽活泼伶俐却也没有什么前途。从老大老三受教育的经历和目前的工作来看已经证明不大可能有什么发展,也不大会出现什么奇迹了。我朋友是排行老二,人很能干而且也至少是硕士毕业了,生意做得不错,是家里理所当然的支柱。而老大和老三都没有上过大学,在经济上对家里从来也没有作过什么贡献，虽然早都进入成年但还经常向老二张口要救济，常因家庭琐事而发生摩擦。虽说血浓于水，但对自己的兄弟也只能是哀其不幸，怒其不争，没有什么好办法。

我对此很感兴趣，就想他的家庭一定有什么特殊之处，或者他的成长有什么特别的地方。

通过了解，三兄弟虽是同一个家庭里生，同一对父母养，可在一件事情上所受的待遇却不一样：原来三兄弟挨打挨得很不一样。老大现在性格虽然比较内向沉闷，小时候本来也很顽皮，父母对他总是重拳出击，为了不给父母理由打他，老大后来就变得很乖，所以后来基本没有挨过什么打。这样也就形成了现在总怕犯错误的个性，当然也是一种很缺乏激情和创造力的个性。老三也很顽皮，父母可能是岁数大了点，"最喜小儿无赖"，一般舍不得对老三下手，只是说说了事。所以老三虽有理由却少有机会挨打。老二小时候也一样顽皮，经常会有猛料被周围的人抖落，所以经常皮肉受苦，总是挨打。不仅如此，本来不是自己的过失，也常被父母误会而招一顿莫名的打。但我朋友回忆说：家里人虽然也打我，但好像抬手重，落手轻。数我哥挨打挨得狠，而我弟挨打挨得少。

姑且不论打孩子对不对，但由于不同的"打法"至少对孩子造成了不同的影响。

坦率地讲，一个人绝对不是因为挨什么样的打就可以成长为什么样的人的。只是在以上的个案里，老大是打狠了，老三是打少了。注意一点，一个家长在没有好的办法管理子女时，打至少也可以算是一个办法吧，但同样的办法也可能因为使用的不同而产生不同的结果。

请注意正确理解我的意思：*教育不需要靠打，即便是打也*

要讲策略。但如果能不用打的方式更好。因为比打更有效的惩罚方式多得很。比如沉默！记得有个相声大家都很熟悉，讲的是有个小伙子租了一位老头的房子住，每天回来得晚不说，睡觉前还有个习惯，脱了鞋的时候总爱往地下一扔，咣当一下，声音很大！所以楼底下住的老头受不了，这么一惊而醒，再睡着就很不容易了，所以就给小伙子提意见说你不要扔鞋。小伙子说没有问题。可不巧当天晚上回来照旧不早，老头已经睡下了，小伙子没留神"咣当"一下就扔了一只鞋出去，忽然想起老头的话来，很不好意思地轻轻地放下另外一只。第二天早上被老头悲愤地叫醒，说："小伙子啊，你别在这里住了，我也不能再租房子给你了。"小伙子问"怎么回事？"老头嚷道："还问怎么回事！为等你那只鞋扔下来，我已经等了一夜！还没有扔下来，受不了你了！你赶紧走吧！"

其实对待孩子的错误不妨也可以采取这样的措施，先不要把鞋扔下来，您要：等等，再等等，用沉默的方式会让孩子得到更多别样的体会。

老挨打的孩子怕的不是打，也根本不怕挨打。因为他皮肉的耐受力已经很强大了，既然他选择一定会被打的错误行为，他已经在身体和心灵上做好了挨打的准备。打有何用？既然打而无用，又何必用孩子蔑视的打的方式呢？

那么当孩子一错再错，实在让人不可忍受，出现了靠批评手段也没能解决问题的时候，做家长的该怎么办？该不该打孩子呢？

家长首先应该马上冷静下来考虑两个问题，第一反思这样的事情作为家长本身有什么责任。第二考虑和孩子如何只用语言沟通的方式来解决。

我们前面讲过批评的问题，其实在一些事情发生后，孩子是很清楚后果的严重性的。孩子首先考虑的不是这件事情本身的问题，而是考虑他将会面临什么样的惩罚，所以就只等责骂声赶紧过去，就等那几巴掌赶紧落下，这事不就完了吗！所以让孩子预料到你将采取这种做法，你就已经输了。这种做法的结果就是，孩子担心和关注的只是拳头而不是错误。

如果教育孩子时一定要选择打的方式，那么就要师出有名，打必有得。没有十分的把握，还不如沉默。

但做家长的还是要慎重考虑使用体罚的方式。因为只要你和孩子使用对话的方式进行责备和批评，这个阶段还算是"人民内部矛盾"，一旦出了拳头，这问题的性质就基本转化成"敌我矛盾"了。请大家仔细体会其中的喻义。

在这种情况下，您教育孩子的目的和意义随着拳头的挥舞而烟消云散了。随着拳头的频繁出击，孩子对您的敌视和蔑视也就越多。实际上，打是沟通受到阻碍后迫不得已而采取的一种身体语言，是语言教导无力的表现，因为理讲不通，做不好思想工作，只有通过肉体的刺激来使孩子长记性。说得不客气点，"打"实际就是无能的表现。

有的孩子不堪如此滥打，便有了这出啼笑皆非的闹剧。2003年8月10日晚，石家庄市"110"接到一个奇怪的报警电话："我偷了一辆自行车，请你们来抓我到监狱吧！我宁愿住监狱也不愿意回到那个破家。"据这位少年说，他是一名中学生，学习不太好，所以每次考试成绩不好都要挨打，这次赌气从家里跑了出来，没有钱就偷自行车，已经偷了4辆，每辆就以10元钱卖给收破烂的，有钱就上网吧玩，没钱就在大街上露宿。后来通知了家长，孩子的父亲介绍说，他家各方面的条件都很好，就是孩子不好好学习，先后转了三次学，一点效果也没有，总以为棍棒底下出孝子。结果就导致了以上闹剧。（摘自《新华每日电讯》）由于父母滥用家庭暴力，那些对家长以牙还牙、以暴对暴的恶性伤害案件也时有发生。难道这些血淋淋的现实还不足以引起我们家长的深思和警惕吗？

所以，一件错误事情发生了，先要指出事情的不当之处。

如果这件错误的事情又发生了，应该采取有理有节有度的批评方式。

如果这件错误的事情再次发生了，可相应采取沉默或适当的惩罚，比如限制娱乐时间、取消某个计划，甚至是适当的打击肉体的方式。

无论是打还是使用别的方式处理或惩罚孩子过失的意义，不是针对事件的结果，关键的是针对事件发生的原因和态度。

批评、惩罚的根本目的是让孩子思考事件的本身，而不是如何避免、减轻惩罚。孩子对可能被惩罚的方式、轻重等考虑地越多，就越不关心事件本身的问题，从事件本身吸取的教训和经验越少！

关于"打"说句题外话，我本人最大的记忆就是父亲曾说过的一句话：孩子，我打了你后，我知道你疼，但我的心更疼。我小时候还不大懂，成人后就懂了点，尤其有了自己的孩子后。现在时时想起来，心中依然隐隐有发颤生痛的感觉。我相信天下做父母的都一样吧。

本节要点

1. 孩子更关注的是拳头，而不是挥舞拳头的原因。
2. 打得不好，孩子会把打当做事情的句号。
3. 如果必须要打的话，也要讲究打的策略。
4. 沉默的惩罚往往比打更有效果。
5. "打"往往是一种无能的被孩子蔑视的方式。

1.5 逼孩子撒谎的父母

——撒谎的孩子可怜,而孩子的父母更可怜!

孩子撒谎多是为了避免挨打而做出的不得已的选择,只要有一次从撒谎中尝到甜头,撒谎的作风就可能被固化下来而成为一种习惯。以后不想撒谎都身不由己了,真是"脱口成谎"。

有时孩子的谎言不是有意的,心理学上讲是无意谎言。比如一个很小的孩子在表述一件事情时,说的和现实不符,往往是由于缺乏足够的观察能力与表达能力,所以表述的结果与实际不符合,这种情况是非常正常的。家长对此也不必担心。

大点孩子撒谎的原因和目的往往也很简单,多是为了达到某些个人目的:比如为了玩游戏骗钱,就靠替学校多收家长的资料费的办法;有时候为了讨取家长的欢心和信任也会撒谎;有时是为了逃避更严厉的惩罚,或者至少目前得不到惩罚,都值得去撒谎。

但无论怎么讲,撒谎如果不是由于语言表达和认识能力的问题,那一定有心理及精神方面的问题,一定是缺乏自信和勇气、自卑懦弱的表现,而这所有的后果多是由于家长的不当教育和白色恐怖造成的。

表面上看,一时的打骂让孩子看起来似乎听话了许多,但孩子并没有从拳脚的噩梦中回过神来,也没有心情和动力去寻找错误的原因,想得最多的是下次怎么避免这顿皮肉之苦,那么一旦出了差错,在对方可能实施暴力打击的矛盾顶点时,只有施展迂回的策略,这样可以对自己的肉体做最大的保护。当然如果骗局没有被揭穿,就万事皆休,如果败露了,那也是以后的事了,到时候再说吧。虽然孩子也知道撒谎的后果:即可能会得到更暴烈的打击,但为了眼下的安宁,也就不惜铤而走险地撒一次谎。

因为怕挨打或为了暂时避免挨打,撒谎是一次相对划算的冒险。我们在前面讲过,家长对孩子一顿漫无章法的批评都是无能的表现,但动辄打骂孩子更是无能和无知的表现,不要说什么:"我的孩子打都不好好学,不打就更无法无天了!"我向来不提倡体罚,因为有些家长在与孩子的格斗中,出拳不讲规则轻重,想打哪就打哪;出手没有预警,招呼都没有打一声就开练。所以孩子就陷入了挨打和撒谎的恶性循环中。在此我建议家长保留体罚的权利,只是有一点要注意,就是"师出有名"。

在另外的层面来看,撒谎的根本原因往往是由于品质上的问题。表面上看起来是孩子为了避免更严厉的惩罚而采取的避害趋利的方式,其实并不仅仅也不简单地是因为怕挨打这个原因。

比如,"是不是你把水壶摔了?"孩子说:"不是我干的!"这样不敢承认错误而采取的有违良心的做法更可怕。有时候是缺乏自信的问题,比如问:"考试成绩下来了吗?"孩子说:"还没有!"其实早就拿回不及格的单子了,这样回避事实的做法说明内心的怯懦和自卑。

如果您的孩子有撒谎的现象,就要很好地考虑一个问题,为什么孩子会这样?为什么孩子不敢说真话?

撒谎这种现象最坏的后果就是孩子与家长之间的代沟越来越深,互相都不信任对方。所以说,*孩子撒谎的毛病更多是父母逼出来的。*在这样的情况下,怎么指望家长可以教育好一个不和你说真话、不说心里话的孩子呢?

不过家长要警惕一种看起来不是撒谎的谎言。比如家长问孩子:"怎么晚了一个小时才回来?"孩子镇定地说:"我在同学家做作业来着。"家长说:"真的?"孩子说:"不信,你打电话嘛。"结果一打电话过去,真的是在别人家做作业来着。而实际上做作业了吗?的确是做了,但只做了10分钟,而"玩"却用去了50分钟。这是典型的包装过的偷换概念式的谎言。这种现象需要家长密切注意,不要被假象迷惑!

前苏联教育家马卡连柯讲:"忠诚老实不是从天上掉下来的,

而是在家庭中养成的。在家庭中也可能教养成为不忠诚老实的人，这完全取决于父母的教育方法。"

所以切记一点，*只要撒谎的事件发生了，对家长就是一个很重要的信号。*因为这证明您在孩子心中的信任、尊严、形象已经像风化的岩石一样正在崩溃。

在我接触的孩子与家长中，有几种情况很普遍。就是家长往往很乐于揭穿孩子的谎言，却甚少分析撒谎的原因。还有的就是对孩子撒谎的行为很恐慌，即便是束手无策也不愿意承认孩子撒谎的事实。如果撒谎的内容是件小事，也就不大计较。殊不知，小谎变大谎，少谎变多谎，孩子会逐渐养成这种难以改掉的恶习。

撒谎的孩子让家长头疼，但究其根本，问题还是出在家长身上！所以*面对孩子的谎言，该令您生气和震怒的不是这件事情本身，是您自己啊！*

当然撒谎还有一种这样的原因，家长本身就是撒谎大王，这样的孩子不会或不喜欢撒谎那倒是一件稀罕的事情。

本节要点

1. 撒谎是孩子对父母缺乏信赖的典型反应。
2. 撒谎的现象下面一定包含着很严重的认识问题。
3. 避免撒谎成为习惯，就要从小事做起。
4. 孩子撒谎的原因应该归咎于家长自身，所以应该对自己表示愤怒才对。

家长作业

1. 请总结分析孩子撒谎的原因。
2. 找个合适的时候，与孩子一起分析原因。

1.6 早恋其实没有什么

——家长越是对早恋恐惧，孩子越容易发生早恋。

朋友阿娟曾对我说过一件事。讲有一次她和几位朋友带着他们的孩子在一起吃饭，席间谈起早恋的话题，一个朋友的儿子当时是初二的学生，阿娟便开玩笑地问起那个孩子，你有没有女朋友？没有想到他却很大胆很直白地说："没有女朋友多让人瞧不起啊！"听到此话，她诧异地望着孩子的母亲，更没有想到的是她的朋友居然面无表情。

事后，阿娟问那位母亲："你也不管管你的儿子，很危险啊！"那位母亲说："我也知道，可是我怎么办，我又管不了，打也没有用，你说我该怎么办？"

闻听此言，阿娟首先想到的是自己上了初一的儿子，别人的事自己管不了，自己的事可得控制好啊，得赶紧问问自己的孩子怎么看待这个问题！可是有了这个想法后，又开始苦思冥想该怎么向儿子问这个有点尴尬的问题，太直白了怕孩子受不了，太婉转了也不知从哪里入手。想了半天也没有什么太好的主意，最后心想必须得说，因为管总比不管强吧！

回到家后，阿娟假装无意地和孩子聊起了学校的事情。

妈妈问："你们班的学习风气怎么样？"（迂回的问话开始了）

孩子说："就那样呗！"

妈妈问："噢，是这样！那……那你们同学有没有因为搞对象而影响学习的？"（干脆进入主题吧）

孩子答："啊？有吧！具体我也不太清楚。人家搞对象又不告咱！"（典型的外交辞令）

妈妈接着问："噢，那……那……你有没有搞啊？"更是故作玩笑状，其实心都跳到嗓子眼上了。（我们的家长真的好累）

孩子说："没有，不用担心。"孩子很放松地说道。

可当妈的却不太相信啊。还得试探试探！"那有没有女同学给你写条啊？"

"没有啊！怎么会有呢！你烦不烦啊，老问这个！"孩子有点不耐烦了。（其实不管真有还是假有，这样的问法孩子一定会烦的，也一定会说没有）

当妈的也不知道该说什么好了，干脆和孩子讲起大道理，什么早恋会很耽误学习的，而且初恋成功的几率是很低的，你现在还不成熟，所以现在看上的以后会不满意的……

孩子看起来很听话似的点着头。

一场谈话就这样艰难地开始，又艰难地结束了。

阿娟心里实在没底，找到我，问该怎么办？

一、什么是早恋？

早恋一般是指较早或过早地涉及对异性的情感体验。由于这种体验是在双方心理和生理都不很成熟时发生的，因此这样的恋情往往不仅没有结果，对当事双方在生理、心理以及其他方面的不利影响也居多，尤其是对我们家长最关心的问题——学习，产生的影响和损失最大，所以早恋就是我们家长眼里的洪水和猛兽！

其实早恋这个说法很不科学，因为大多数的早恋根本还算不上什么。但我们的家长为了防患于未然，只要有点蛛丝马迹，就要想办法拦腰斩断。

正是由于对早恋的担忧和顾虑，我们的家长抱着"宁可错看一千，不可早恋一个"的原则，把孩子与异性的交往也全面控制起来！办法以严加管束为主，比如要求孩子不能接听异性的电话，不能去异性家里玩耍等！为了掌握孩子的心理动态，甚至偷偷拆信啊，偷窥人家的日记啦等。而这样做的家长对此不仅不觉得不妥，反而还振振有词，觉得自己是为了孩子好，这样做即便有点过头也没有什么不对！

但我们的孩子早就对家长的这套做好了充分的心理准备。*记住，我们大多数孩子在打算"恋"的时候，就已经做好了怎么不让父母知道的防范工作！*所以，即使孩子有了早恋，父母往往是最后一位知情者。这样的例子太多了！有时候家长感觉很好笑，怎么管了半天，越管事越多？

二、逼出来的早恋

本来是和异性同学很正常的交往，由于家长的大惊小怪，大呼小叫，急忙对孩子进行管教，动不动"狼啸于室，狐吠于梁"。如果当时正好有外人在场（这时候只要有第三个人就可以算是外

人了），孩子一定会感觉很没有面子，自尊心很容易受到强烈的怀疑、伤害和侮辱。为了表达自己的愤懑，便反其道行之。心想：你不是讨厌吗，我就早恋一个给你看看！

有的则越是禁止，好奇心越强，就试上一个早恋何妨！有的是老听家长说不能早恋，早恋不好，那就早恋一个看看为什么不能，有什么不好。有很多吸毒的人起初也知道毒品的危害，但在好奇心的驱使下，不是很坚信自己有克制力嘛，觉得自己不会陷入嘛！最后不照样陷入泥潭，悔亦晚矣！

有的孩子和家长没有共同语言倒也罢了，可是总是受家长的责备和批评，心里有好多委屈不知该和谁说，找个异性朋友互相安慰也好，就这样，早恋也就不请自来了！

孩子们，尤其是大点的孩子往往最不能接受和最痛恨的就是父母的不信任和不尊重。遇到这种情况时，心理总是愤懑难平，可又无可奈何，怎么办？只好朝着父母期望的反方向快速前进，似乎唯有如此，才能发泄心中的隐恨，虽然孩子也明白这是得不偿失的。

类似的心理反应有，比如当孩子考试成绩不好，家长常说你真笨！孩子心想，好啊，你说我笨，那我就笨给你看，我不是笨吗？下回考试更差了。再比如有许多孩子不爱穿父母给买的衣服，孩子虽然并不讨厌那件衣服的款式，就是因为事先家长没有征询孩子的想法。孩子心想：让你买，买了我也不穿！

当孩子渐渐长大，家长便开始用异样的目光留意孩子和异性的交往，当然免不了嘴上唠叨。每当这个时候孩子心里常会想：好嘛！既然你不相信我，干脆我就找个朋友谈谈，看你们能把我怎么样？况且还有许多这样的情况，就是孩子原本只是与同学的正常交往，由于家长的狐疑而使事情走上了反面。换句话说，大多数情况下，是我们家长把孩子逼上了早恋的弯路。

但不管是什么原因导致早恋，至少有一点我们是可以肯定的。那就是由于孩子太小，他们没有能力驾驭感情和责任的帆船，早恋终究只是一枚青涩的小果。

三、早恋与性教育

国外的青春期教育也好，性教育也好，有些方式是很值得我们借鉴的。比如日本人在小学二年级就开展性教育，他们会把非常逼真的假人搬到课堂，讲解一切关于性的内容。

而孩子对我们的性教育的评价是：*老师只讲我们知道的，却不讲我们想知道的*。我们的国人似乎总把早恋与性交往等同起来。由此对早恋产生巨大的排斥和恐惧心理。正是我们神秘羞涩的性教育，导致我们许多孩子出现了与异性交流的情感障碍。试想，*总包藏和遮掩人类最美好心灵的人的心灵怎么会真实和健康呢！*

还有一点，不知道诸位注意到没有，通常进行性知识教育的时候，我们的那些老师很爱用"性的奥秘"的题目。其实这也折射出很不健康的心态，试问，有谁讲过"吃饭的奥秘"？那可真是成了笑话。如果从小就不会把这个事情当回事，没有把它当成多么奥妙的事，对"性"也就不会有那么多的非分之想了。相反，如果总是遮遮掩掩，"此地无银三百两"的做派，怎么能不让人家好奇？能不让人家上下而求索吗？

阻止对性的全面认识是愚蠢的，而试图阻止性心理的发展更是愚蠢的，我们不可能永远让孩子停留在天真幼稚的阶段。

面对早恋和性，我们的家长和老师太缺乏真诚和勇气了！让我们回顾一下上面这个案例，看看到底该怎么办？

四、对本案例的分析

阿娟家长和儿子这样的场景对于很多家长和孩子来说并不陌生。就我个人了解的情况而言，孩子在面对这样的情况时，虽然嘴上什么都不说，表情也很自然，但对家长的做法心里往往表示更多的嘲笑和警惕。尤其经过这样的突击审查后，做与此相关的事情就会更加隐秘和小心。

阿娟和孩子谈话时的第一个问题就是弄巧成拙，缺乏信心的开场白马上让孩子意识到这次谈话的目的和动机。试想，这样在对方面前玩弄小聪明，能不让对方小看你这样的交流对手吗？缺乏真诚是赢不到真诚的。其实母亲本可以大大方方地说起这件事情，然后请教孩子对这个事情的看法！注意，是"请教"一词。在对感情问题的认识和体验上，从来没有先来后到的说法。每个人都是艺术家和创造者！人类之所以区别动物，是由于人类的感情最丰富、最具有创造力！

第二个问题就是只关心陈述自己的观点，却忽视了孩子对此事的真正反应！当你认为可以和孩子谈这个话题的时候，那就说明你对孩子的心灵和思想深处的某一块已经是有了陌生和未知的，对此其实你不需要也没有必要非得搞清楚！你需要做的是，给他一些经验、暗示和启发！

在这个问题上，谈话的目的不是在这块土地上插上你的旗帜，而应该是播种你的思想。种子不会像旗子一样可以拔掉的。所以最重要的是让他接受你的种子，他会在合适的时候按照自己的方式来成长的！

所以说些早恋会如何影响学习之类的话是没有意义的。人是有情感的，对此您应该谈的是什么样的情感是幸福的？有时候他其实根本就是不懂感情，那你说什么也没有用，所谓的早恋可能就是孩子们很快就要玩腻的游戏！只是这种游戏的别称是"人管疯"，你越管它越来劲！所以孩子要是真的早恋了，你说这些没有用，要是没有早恋，说的这些就更没有用！所以**要调整谈话的策略性，是影响不是灌输，要引导不要教导，要推荐而不是推销**。

第三个问题只关心自己的审美角度，为了使自己的说法更有说服力，阿娟极力证明孩子的女同学没有一个可以配上他的。这可坏了，如果孩子没有女朋友还好，真要是有的话，孩子心里会反问你凭什么说她们不好？这样的做法有泼脏水之嫌，是很不得人心的做法。

再者说，从小不分青红皂白地批判、贬低孩子周围的异性，这样的孩子长大以后往往会发展为苛刻地，甚至不太正常的心理。《大卫·科波菲尔》书中的那位女主人公不就遇到这样的难堪吗？为了避免早恋就去贬损人家实在算不上明智的做法。

家长要明白一点，就是关于情感的成长的问题应与孩子一起成长，而不是越俎代庖，拔苗助长。孩子对情感的体验不可能一帆风顺不受挫折。要想让孩子健康地成长，就要与孩子一起成长。反之，指手画脚和品头论足，只会引起孩子的反感和厌恶。而一个拒绝帮助的弱者更容易遭受痛苦和失败。孩子不是不愿意得到帮助，是否接纳这样的帮助只是取决于他是否把家长当朋友。

第四个要避免的问题是不要临时抱佛脚。我对阿娟说，那个大胆的孩子的家长一定是事务型家长，而不是情感型家长。什么是事务型家长？就是平时只关心孩子的吃喝拉撒睡，和孩子的语言沟通、情感交流少，遇到这样敏感隐私的话题自然难以得到孩子真挚的回应。阿娟认为的确是这样的。所以想要对孩子的情感能有个好的把握和指导，工夫在平时。不能等到问题来了，才想到怎么调整和教育，那就晚了。

家长要明白的是早恋真的来了也不可怕，关键要学会和孩子一起感受。人是有性情的，对某个人有好感也很正常。美好的情感为什么要被压抑？所以爱就爱了，喜欢就喜欢了。但首先要分清楚感情的真正感觉。是喜欢还是好奇？是爱还是喜欢？当孩子发现这个代价如果是太大了，或者是一件太复杂的事情的时候，自然会对此产生减缓、回避，甚至放弃的反应和行动！所以话不在多，在理在情。

说来说去，只要自己心里有一个真正符合自己发展的目标，别的事情形成的干扰是有限的，所有不合理的事情的产生和发展一定是由于有什么地方发生了危机和漏洞。如果说早恋是不合理的，那么一定是由于孩子的情感出现了问题。而家长的不当做法是孩子不成熟情感发生的始作俑者。

我认识一对夫妻，为人非常谨慎，对自己的女儿要求特别严厉，甚至不许和男同学说话，孩子表现倒也很乖，放学后就早早地回了家，丝毫看不出有任何异常的端倪。家长向我反映孩子最近很长时间以来，做作业时总是发呆，成绩也很不好，去学校找老师了解情况，也没有发现什么异常，不知道怎么回事，所以非常担心，不知道该怎么办才好。我问家长这个女孩是否和别的男同学有过密交往，家长斩钉截铁地说："没有！她也不敢，再说学校老师和同学也没有这方面的反映啊。"看得出来，女孩的家长很反感我对这个问题的考虑。后来我便与这个已经上了初二的女孩接触了几次，我虽然好像感觉到了什么，但也没有任何实质性的发现。因为性别差异，我感觉要想与这个女孩深入接触不大方便，就又派了一个女老师与孩子接触，经过一番曲折，总算搞清楚了原因。

原来这个女孩的确没有早恋，但她有个很要好的女同学与班上的一位男同学"好"上了。既然是有了感情的交往，感情的波动也是不能避免的。不管感情出了什么样的波动和不愉快，那个女同学都愿意一五一十地和这个女孩子说，让她帮着出主意。结果这个女孩虽然没有胆量和异性交往，但却踏踏实实地为朋友着想，为朋友的快乐而开心，为朋友的烦恼而忧虑，在这个过程中，其实也真正体验了早恋的酸甜苦辣。只是老师不知道，家长不知道，就连她的好朋友甚至也不明就里。

在与异性相处这种人类俱会敏感的问题上，我们的孩子自然地会动用所有的智慧来开展保密工作。实际上，如果真出现了早恋，家长往往是最后的知情者，这点恰恰说明了家长和孩子沟通上出现了空白与禁忌地带。所以我们应该担心的不是还未成定论的早恋，而是这个现象暴露出的交流隐患。

本节要点

1. 早恋在大多数的时候根本不算是早恋，所以没有理由害怕。
2. 如果真有早恋的话，也是家长教唆和逼出来的。
3. 避免早恋，就要学会正确欣赏异性。
4. 早恋多是由于非正常的家庭状态和有缺失的教育导致的。

第二章 认识篇

错误的认识导致失败的教育

导读

　　孩子成功的前提首先是需要家长的成长和成熟，父母进步是孩子提高的前提！

　　成功的家长之所以有别于那些痛苦失败的家长，关键是他们善于发现自己的问题，勇于承认自己的错误，积极改正自己的缺点，所以才能成为一名轻松快乐成功的家长。而这一切是需要学习的，因为谁也不是天生就具有会教育别人的天赋。

　　影响学习成绩的因素有很多，但有意思的是，一些看起来和学习没有什么直接关系的行为往往对学习的结果会产生很大的影响！本章不仅帮助您如何让孩子掌握正确的、适合自己的学习方法，帮助孩子提高学习能力和成绩，更关键的是还要帮助您如何让孩子能接纳您的意见和指导。

　　您以为很熟悉的事情，简单得不能再简单的事情，自以为很有把握的事情，也许从来就没有做对过啊！因为我们对最熟悉的概念的认识往往是陌生的，甚至根本就是错误的！

　　很多事情从一开始就是错误的，所以如何努力也无济于事！为了更好地改变不良的现状，要从改变认识入手！

2.1 粗心,还是粗心,害死人的粗心

——最严重的也是最容易被忽视的问题:对待粗心的不同态度,很可能引向不同的人生道路。

对"粗心"这个词,您一定太熟悉了。无论在生活还是在学习中,人人都有过这样的体验,并因此而受到损失。比如不小心把钥匙丢在家里,如果一下子等不到家人回家就只好拨打110。或者有的学生在测验时因粗心而导致会做的题目还是答错等。这样的"粗心"所带来的损失通常是不大碍事的,只是给当事人多添了点小麻烦。但是"粗心"若是发生在另外的一些场合,比如中考、高考,它所带来的就不仅仅是小麻烦了,那损失往往不可计算,甚至无法弥补。

大多数人原本是不希望"粗心"的,但在潜意识里认为,"粗心"只能算是个大家都会犯的小毛病。为什么会这样呢?很简单,人人都不会把"粗心"看作"无知"。因为粗心不是不会啊,既然不是不会,就不能算是大毛病,也不算是大问题,当然也就不太值得让人担忧。况且谁都难免粗心,谁都免不了出错,在这样的自我解脱的意识中,对粗心的放纵和宽容也就不难理解了。

比如有个同学在一次考试中,有一道题目由于不会做而丢了分,会很生气,感觉自己很无能,甚至很悲愤。可如果要是因为粗心而丢了这道题目的分,那么这种自我谴责和埋怨的情绪就会淡化许多。

"如果不是因为粗心的话,这回应该考 100 分!"——家长常说,孩子也常说。当家长们在一起聊天的时候,经常可以听到这样的话:"这个学期你孩子考得怎么样?","唉!别提啦,我的孩子这回要不是因为粗心,能考 100 分呢!";或者"这次他因为粗心被扣了 3 分,要不这科成绩能在班里排到第二"之类的话。乍一听,似乎有很多遗憾和埋怨;可隐隐之中,又透出些许的满足和自豪。

唉!这是多么遗憾的认识啊!

不知道各位家长是否注意到一个现象,就是"粗心"这个问题广泛出现在各个年龄段,并不因为是高中生还是小学生而有区别。"粗心"这个问题真是很顽固的。所以,如果对粗心认识不足的话,粗心所带来的灾难简直无法预计。

请注意以下几点:

1. 粗心比无知更糟糕,更可恨

在做练习的时候,一道题没有做对,通常会有两种原因。

第一种,完全是由于不会。

另外一种情况是,经常有的孩子在做题时多个 0;或者少写单位了;或者小数点的位置放错了;或者上边一行是 23,换了行以后就成了 32;或者把一个字写错了……总之,不是由于不会而导致的错误(您和孩子要想想到底有多少类这种粗心的现象)。

而最令人遗憾的是,父母在指导孩子学习的时候,看到一道题目不会做,往往批评和指责更严厉一些,"你是怎么搞的,连这么简单的题目都做不来?!"

而要是由于粗心造成的丢分现象,则常会用相对缓和的口气说:"唉,怎么这么不小心,如果这样,你不就做对了吗?","下回要注意啊!"

殊不知,在对待这两种不同的现象上所采取的不同态度,孩子放松了对粗心的警惕,忽视了对粗心的分析,削弱了对粗心危害的认识。卢梭有句话很精辟:"人之所以犯错误,不是因为他不懂,而是因为他们自以为什么都懂。"

一个概念,从无知到有知的改变是很容易的,而一种"粗心"的现象却是可以经常不断地重复发生的。从这个对比可以很好地看出,哪一个危害更大。列宁曾说过:"无知比偏见离真理更近一些。"我们也可以毫不夸张地套用这句话说:"无知比粗心更容易获得真理。"不怕"无知",因为不会的可以学会,不懂的可以学懂,而"粗心"就可怕了,因为孩子们以为"粗心"不是"无知",所以就一次再一次毫无顾忌地、草率地"粗心",也就一次再一次痛苦地做错,从而浪费许多时间,丧失了许多可能的机会。

所以粗心比无知还可怕,更糟糕。粗心是由于对粗心的无知造成的。

2. 粗心会养成习惯,一旦形成就不好改变了

由于对粗心的忽视,粗心一次次地在学习中出现,慢慢地粗心成了一种惯性,而自己还是不能清醒地认识。

许多同学都经历过这样的情况,通过一个学期的努力,自以为这次考试应该得到一个不错的成绩,可结果又是不尽如人意,很多是由于粗心造成的问题。虽然只是粗心而已,但不理想的结果往往会对自己丧失信心,会认为自己再用功,学习成绩也不可

能得到提高。那么在这个时候,孩子的自信心会逐渐受到打击,对学习逐渐失去信心和兴趣。试想,"缺乏斗志"怎么可能成功?所以"粗心"一旦形成惯性,变成习惯,就再也不好改变了。

"江山易改,本性难移"这句话大家都太熟悉了。为什么有的人从小到大,还总爱丢钥匙、丢钱包。只要仔细留意,但凡事业有成的人,哪个做事不是严谨细致,即使是那些看起来大大咧咧的人,也是"粗中有细"。

希腊有句名言,"性格即命运",那么性格是如何养成的呢?是习惯!那么"习惯"又是如何养成的呢?就是一次又一次地反复。

这就是教育家为什么会强调的一点——"要从小养成好的习惯"这句话的原因!

所以"粗心"很容易成长为一种习惯,如果不幸成为你个性的一部分的话,成功的可能性必然会大打折扣。

3. 粗心不是缺点,是错误!!!

家长在聊起或批评孩子的时候常常会说:我的孩子最大的缺点就是粗心……

每个人都会有缺点,每件事情都会有不足,世界也不是完美的,因为有不足,这个世界才会进步,人也一样。有时候,人的缺点在某些时候是缺陷,有时候可能就是优点,所以我们常说:个性无好坏。打个比方来说,一个人爱发脾气,这应该算是缺点,通常情况下我们可以忍受,甚至可以原谅这个缺点的。但发了脾气就去打人,这就是错误了。而这样的错误是应该被追究的,是需要被改正的。

大家可以容易发现"缺点"和"错误"的区别,但由于它们常常很相似,我们往往会把它们混淆,经常把"错误"当"缺点"。原因很简单,正是因为我们思想里对粗心的危害认识不足,对粗心的属性认识不清,才会造成了我们对粗心的忽视,对粗心的宽容,甚至对粗心的放纵。

综上所述,想要解决粗心这个问题,如果在思想上没有足够、正确和清醒的认识,那么粗心的问题是解决不好的,它会像幽灵一样随时出现,会销蚀本已拥有的成就,更会妨碍将可能获得的成就。

粗心造成的后果有时候虽然不是很大,但无论如何我们对粗心的关注都应该非常警惕和严肃。因为"粗心就是错误",是错误就要纠正而不是给以解释!所以,我们对待粗心的态度应该是"宁左勿右"!

4. 粗心"的现象绝不是"写错字"、"抄错行"这么简单

我们前面谈到,一道题目做错的原因通常有两种,一是不会,二是粗心。很多学生都有过这样的体验,在拿到一道题目的时候,想了好半天没有想出来,这时候别人给了一个小小的暗示,好了,

一下子就做出来了。还有在考试的时候怎么也想不起来,下了考场,得,想起来了!这样的现象该算什么呢?算孩子不会吧,还有点委屈他!算会吗?可又不是!所以很多学生就对自己宽慰地说,没有好好琢磨,"粗心"了一下,所以就没有做出来。而实际上,由于对概念掌握不够精通,理解不够深入,导致不能正确解决题目,而这实际上就是不会!是学习上的"盲点",在学习上有多少这样关键的漏洞往往会被"粗心"这个词给掩盖了。

在经历了上述的这种情况后,孩子们的反应更多的是无所谓,过去就过去了!也就常常会出现这样的情形。

把"无知"当"粗心",想想有多可怕!

5. 怎么解决"粗心"

谈了这么多关于粗心的危害,该想想解决的办法了!我们首先应该对粗心进行分类、总结和分析,再想对策来解决。

先看看题中的案例,如何对粗心的现象进行分析!

题目:10个人每小时可以栽5棵树,问10个小时可以栽多少树?

错解:设栽了 X 棵树。

第一种:X = 10 × 5 × 10 = 500

第二种:X = 10 × 5 = 50(棵)

第三种:X = 5 × 10 = 50

对解:设栽了 X 棵树。

X = 5 × 10 = 50(棵)

答:10人10小时可以栽50棵树。

分析:

错解一:盲目地把数字都乘了起来,有时候是由于没有认真审题,有时候是因为根本不理解题意。

错解二:不是"10×5"而应该是"5×10",这看起来有点挑剔,但这说明我们在做题的过程中应该具备一种良好的素质,做题不只是要得到一个正确的答案,更是准确的思想的完美表达。

错解三:很显然,忘了写单位,这是不完整的。

前两种错误其实算不上是真正意义的"粗心",但也经常以"粗心"的面孔被评价(家长和教师尤其应该注意这一点)。出现在这种简单的题目中,似乎无碍大局,一句话似乎就纠正了,但到了学习的高级阶段后,思路可能因为这点偏差而造成失误。这就是为什么有许多同学在做题时,苦思冥想而不得其解的原因,虽然只要别人轻轻点拨就明白了,原因就是规范抓得不够。**因为规范不仅建构了最优的思路,也最大限度地避免了失误。**

久而久之,付出却没有回报,学生对自己解决问题的能力会越来越缺乏自信,越来越感到束手无策。原因就是因为这样的学生往往以为自己明白了,其实对基本的概念没有真正地深刻理解和掌握。在辅导学生时,我曾经有过许多次这样的经历。

学生拿到一个看起来很复杂的题目时,没有多想就对我说:老师,我不会做。我便说到:你再审审题吧。可学生还是说:老师,我一看就不会啊。实际上题目并不难,但是这个学生缺乏自信去解决。而我们的家长和那些家教老师在遇到这种情况的时候,往往做出一副很得意顺手的样子,详详细细地给学生讲解。殊不知,这样却是害了学生。

而第三种就是典型的粗心了,但人们往往不在意。像这样的粗心有很多种,但是这类粗心都有一个特点,就是形式都比较简单,且经常会重复出现。这就是真正意义的"粗心",对于不属于"粗心"的错误我们在另外章节讨论。

关于对"粗心"现象的分析方法已经比较清楚了,接着我们该

做什么呢？首先，对自己所有出现的粗心现象做一个总结，当然要很具体，很详细。

针对学生经常写错别字这样的粗心现象，我们做过一个统计，没有一个被认为是"错字大王"的学生最常出现的错别字会超过 20 个，再多的错字往往也是由于不熟悉导致的。

有个五年级的小孩，在他的作业本、作文本里到处都有错别字，家长对此很灰心，孩子自己也感到很没有信心。我和孩子便一起整理和统计他本子里所有的错别字，孩子本人及父母发现，总是写错的字原来才这么几个，感觉很意外，真是从来没有想到！经过对错别字做了整理，并对其中一些字做了详解，比如把"以为"会写成"已为"这种典型的粗心归类，而经常导致用错的"的"、"地"、"得"的原因，更多是由于对"的"、"地"、"得"的用法并没有本质掌握造成的。在对错字进行详细耐心地罗列和分析后，一周以后，这个学生作文里的错别字就减少到只有三个，这令他和父母都很惊讶、开心，因为只出现三个错别字对于他们的孩子来说是多么难得和不容易！

只要对"粗心"进行完整详细地整理，这些现象就可以在思想上、意识上得到强化，学生在以后类似的环境中，只要遇到这种现象，大脑就会自动提出预警和反应，这样粗心的现象就可以最大限度地得到扼制。打个比方，人人都知道在冰面上走路要很小心，因为冰上很滑。同样，遇到类似可能粗心的境遇时，就如同在冰面上走路，也会变得小心翼翼。犯错误的可能性自然会少了许多。

其实，解决"粗心"，就像在冰上走路一样，小心即可，因为在冰上摔过跤，所以你会记得，除非冰上摔过的那一跤对你没有什么印象！只要用心一点面对"粗心"，"粗心"很快就会从你的视野消失，虽然这并不能完全保证不出现低级的错误，但是可以很好地降低由于"粗心"而产生的错误率,做题质量和学习效率自然就得到提高了。当然,解决"粗心"的主要办法在于检查,具体内容请详看后文。

据科学家调查研究发现:一个习惯的养成通常需要 21 天。所以我们为学生设计的 3A 双赢训练能够很好地解决"粗心"这个问题,这也是其中的一个很重要的思想原则。

当您明白了这个道理,我想您一定有信心也有决心来根除"粗心"这个坏习惯,建立好习惯吧!对于您和孩子来说,只有没有经过启发和提高的认识,但没有什么习惯是克服不了的。

本节要点

1. "粗心"比无知更可怕,粗心可耻。
2. "粗心"其实很容易被修理。
3. 只要不怕麻烦地对待"粗心","粗心"就不会麻烦你。
4. "粗心"是最低级的一种错误。

家长作业

1. 要和孩子共同总结所有具体的粗心现象,并在一个休息日里对所有科目里的错误全部整理出来。
2. 过一个月后,再看看"粗心"的现象还有哪些余留。

2.2 孩子很聪明，可为什么总学不好

——天生的聪明是不值得夸奖的，只有女人永远不厌倦人家夸她天生的漂亮。我们都知道，美是创造出来的，真正的聪明亦如此。正所谓：艰难困苦，玉汝于成。

"小时了了，大未必佳！"这个典故是出自东汉名人孔融小时候。有个人讥讽孔融说，你虽然小时候聪明，但大了未必成器。不想弄巧成拙，被孔融反唇相讥："想君小时，必当了了。"后成为经典笑谈。

现实中确实有许多小时候看起来很有潜力、很聪明的人，成人后却没有做出相应的出色表现！而这个现象实在是太普遍了，为什么有这么多的"小时了了，大未必佳"的人啊？这是为什么呢？还有就是我接触的许多家长都爱讲这样的话：我的孩子很聪明，可就是成绩不理想。这又是为什么呢？

美国斯坦福大学心理学家刘易斯·特曼曾于1921年开始对1440名天才儿童进行了30年的追踪调查，发现有20%的儿童

在幼儿期智商很高,但成年以后没有什么成就。与那些成功者相比,其差距不在智力方面,而在非智力因素的个性品质上。例如,缺乏上进心、主动性、自觉性、勇气、毅力等。

意志和性格是成才的重要因素。但一般家长总是更重视孩子身体素质和智能的培养,给孩子提供了充足的物质条件和学习条件,却忽略了孩子良好性格的培养,也不了解培养哪些个性品质对孩子的成功至关重要。所以孩子尽管很聪明,但在学习成绩出现问题的同时,身上已经表现出懒惰、自觉性差、依赖性强、对其他事物都不感兴趣、意志薄弱等问题。

1. 过分炫耀聪明其实是在践踏聪明

许多家长因为孩子的学习问题找我咨询,在叙述孩子基本情况的时候,有很多人会有意无意地频频提起自己的孩子是如何聪明,也会说起许多往事来证明这一点,甚至谈起别人对孩子聪明有过如何的赞誉等,言语间神情很陶醉的样子。当然他也很快意识到今天到我这里来的目的,似乎也感觉到孩子今天如此糟糕的学习成绩与他的聪明太不相配了,可也不知道原因是什么,也不知道该怎么办,只是嘴里还一直嘟哝着"我那孩子挺聪明的啊,可就是……"我心里也在想,是啊,没错!那么聪明的孩子怎么就学不好呢?做家长的怎么就不想想?

表面看起来,学习作为一种高度强调智力的活动,对于聪明的孩子来说,没有学好的结果真是不能接受。就好比奔驰车怎么就跑不过马车?其实道理很简单,不会利用自己的天分,就好比捧着金碗讨饭吃。推着奔驰车走,怎么能快过马车?虽然很多家长也明白这个道理:**天分是用来做事的,不是用来炫耀的。**但却总在有意无意地做着践踏聪明的事情。如果不是对孩子聪明的态度不恰当,聪明的孩子是没有理由学不好的。

聪明是好事！理解力强、接受得快的孩子在知识的掌握上的确比其他孩子的表现好得多。在开始上学的时候，老师面对的是参差不齐的学生，讲课时对某个知识点总是讲若干遍，一堂课可能就只围绕着一个知识点来进行。聪明的孩子往往在听第一次的时候就掌握了，所以在后面的反复教学中缺乏兴趣和耐心，也就懒得再听了，因为不需要听也掌握好了。所以在学业刚开始的时候还不会出现太明显的差距，聪明孩子的考试成绩一般来说也不差。但随着功课的深度和广度的增加，一堂课中不可能像小学那样只围绕一个知识点进行再三讲解，而那些以前看起来不很机灵的孩子还像以前一样耐心地从头听到尾，所以他们学得很扎实；可那些聪明的孩子由于已经养成了"听半节，玩半节"的听课习惯，在一堂课的前半部分还能听进去，到了后面就无法控制自己，开始走神溜号，课堂上得到的知识自然也是一知半解，听课效果与那些普通孩子相比可想而知。慢慢地，聪明的孩子也就被那些所谓一般的孩子甩到后面了。这也是聪明的孩子为什么聪明反被聪明误，而表现为"不扎实"的最主要原因！

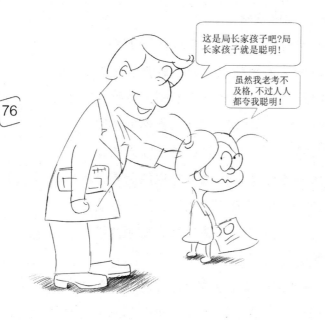

而我们的家长有时真是虚荣得可怕，总喜欢说自己孩子多么聪明，试问，有谁听说过哪位成功者是笨蛋，又有谁听说人家

成功者谈到自己的成功体会时说是因为自己的聪明。你和一个有经验的教师聊聊的话,就会发现那位老师会说:考上大学的孩子多是因为扎实。笛卡儿说过:"拥有灵活的大脑是不够的,最重要的是,正确地运用大脑。"在西方国家,"聪明"一词不是恭维话。甚至在所有的地中海沿岸国度都有这种十分敏感的迷信:不能向父母称赞孩子,因为这会给他们带来不幸。我倒宁愿不从迷信的角度来欣赏和肯定他们的做法。

盲目乱夸孩子聪明没有好处,反而会促使聪明孩子的结果并不理想。要让孩子知道自己该做什么才是聪明的真正体现。

2. 笨孩子大多是被骂笨的

人的智商表现是符合正态分布规律的。正态分布规律是概率论里的一个概念。大家通过这样的一个现象可以很容易地理解什么是正态分布规律。比如人们身高的规律就很符合正态分布规律,意思就是像姚明一样个子特别高的人很少,而个子特别矮的人也一样很少,中等个子的人最多。

智商的表现也是如此,特别聪明和特别笨的人都很少!我接触的许多所谓的笨学生原来也不笨的。

有一个9岁的男孩子,学习成绩极差,学校的老师每天都要给他补课,但他的学习还是跟不上其他学生,最后老师实在是受不了,就让学校把学生劝退了。该生在我那里做了全面的测试,其中不仅包括智商的测试,还有学习品质、个性的考察,结果非常糟糕。我和孩子聊天时问道:一只鸡有几条腿? 他说有两只。我继续问道:两只鸡有几条腿? 他想了想说:两只鸡三条腿。真让人哭笑不得。我又问他左手是哪只,他迅速地抬起了右手,然后又问他右腿是哪条,那个孩子毫不犹豫地抬起了左腿。对于孩子这种智商低下的表现,家长心里非常焦急。

　　这样的孩子不仅学习上很难和正常孩子看齐，就连生活能力、人际交往都有很大问题。家长再三希望能够得到帮助，我虽然心里感觉不是很乐观，但还是为他做了特殊的安排和训练。没有想到一个月不到，这个孩子的表现就发生了非常大的变化。我又对孩子进行了测试并对结果进行分析，还对孩子7岁以前的成长情况进行详细咨询，最后发现这个孩子其实不是智商先天有问题，而是由于在智力开发的最佳时期训练不足而导致的智力发展低下。只是最可悲的是，家长对孩子早已失去信心，认为孩子很笨，所以就疏于调整。平时与孩子讲话时也是口无遮拦，对他的心灵的伤害和刺激非常大，我曾经问孩子："你最讨厌爸爸妈妈说你什么？"孩子回道："我家里人总是说我笨！"这是多么让人心酸的回答啊！

　　我接触过许多看起来是智商存在缺陷的孩子，但很多其实不是大脑真的有问题，而是家长的教育方法不当造成的。这种情况的出现是非常令人遗憾和痛惜的。不仅是家庭的悲剧，更是孩子的悲剧。

　　由于工作的关系，我经常遇到那些由于早期开发不足而造成的智能低下的孩子。这些孩子就是由于小时候没有得到父母及时合理的调教，智能的发展受到了不可逆转的损伤和局限，使那些本来起点比较高的孩子最后落入平庸，那些本来并不笨的孩子最后真的变得很笨。上面的那个9岁的小男孩就是如此！

　　但还有一种情况比较普遍，虽然家长对孩子的早期开发很关注，孩子开始虽然也会有所起伏，但总体表现也还不错。但由于家长对学习的认识不当，对孩子个性的培养不够，使孩子对学习、生活等事物的认识和态度不当，思想上缺乏积极性和进取心，使自己的智慧和能力的发展受到极大的阻碍，浪费了宝贵的学习机会,最终甚至失去了继续受教育的机会。

比如当孩子的考试卷子发下来后,家长一看到成绩不很理想,便说:"你怎么那么笨?怎么刚刚考了个及格?真丢人!"许多家长在责备孩子的时候,不是努力探寻造成事情发生的个性原因和背景,往往只是盯着事情带来的后果,然后简单地以"你真笨"之类的话来批评。遗憾的是,许多家长不知道这句话与夸孩子真聪明的后果一样大。因为此时孩子脑子里想的是:你们既然认为我笨,那我考个60分也很不错了。也就习惯地把考试不理想的责任一股脑地归因于自己"笨",当然也就不屑去考虑考试失败的真正原因。所以如果下次考试考了40分,心里也没有什么负担了,因为他认为反正自己也够笨的,所以出现这样的结果也很正常。逐渐地,孩子既没有信心也缺乏进取心,那不笨还等

什么啊！慢慢地也就真的变笨了！

大家都知道那些伤残病人在手术后一定要做机能的恢复训练，那过程虽然是非常痛苦的，但又是必须坚持的。原因很简单，如果在机体恢复过程中没有得到及时训练，会导致肌肉萎缩的恶果。

"大抵为学，虽有聪明之资，必须做迟钝功夫始得。既是迟钝之资，却做聪明底样功夫，如何得？"(语自朱熹)这句话是说资质略逊的人若想得到真学问，必须得做足工夫，因为聪明人想做成事情还得孜孜不倦，更何况资质略逊的人呢！

本节要点

1. 大多数的孩子很聪明，所以没有必要有事没事地夸聪明。

2. 如果孩子真的有点笨的话，也是被您骂或说出来的。

3. 真正的笨分两种，一种是由于天生的智障，另一种是由于没有得到合理的训练与开发。

4. 真笨就不说了，可怕的不是原来就是真笨，而是不笨变假笨，假笨变真笨。

5. 应该夸奖和鼓励的聪明是，经过努力后含金量和价值有提高的行为。

家长作业

1. 统计和留意自己在与孩子的对话中出现"聪明"或"笨"的频率与次数。

2. 改掉语言中习惯的"聪明"和"笨"的说法。

2.3 请了家教老师,为何总也不管用

——总以为请了家教可以放心了,实际上给学生又增加了新的风险。

我们为了了解学生和家庭教师的教育教学情况,曾于1999年3月与山西电视台联合对太原地区的五百多名从事过家教老师的在校大学生、在校教师、其他人员等做了详细调查,调查内容包括以下几点(这里只做部分说明):

(1) 了解从事家教工作的各种人员的分配情况。

(2) 了解从事家教行为使孩子学习成绩有明显提高的比例有多高。

(3) 了解从事家教工作的在校大学生更适合辅导什么样的学生。

调查结果如下:

（1）家长聘请在校大学生做家教的比例为27%，在校教师占58%，其他人员占15%。

（2）家教对孩子学习成绩有提高的比例平均为37.9%。在校大学生的有效率最低，其次是教师，其他人员效果略好。

（3）在校大学生对高二、高三年级学生的辅导效果相对明显。

从以上结果来看，大学生的教学效率低的主要原因是缺乏教育理论和方法的训练，自己本身还是个孩子，怎么能奢望其有足够的素养和经验对别的孩子产生积极的影响呢？而教师的教学效率不高的原因主要是由于大班集体制的教学习惯，面对个体进行辅导时往往显得力不从心。而其他人员虽然不是教育出身，但因为相对较好的学识背景及社会体验，为了弥补对教学大纲了解不足，所以面对学生个体时更讲究策略，所以教学效果相对好些。

教学效果比较明显的家教老师更注重培养孩子的学习习惯和方法。年级比较高的学生，对学习目的有比较正确的认识，更尊重和珍惜家教老师的教学，所以成绩提高比较明显。

但总体上来说，请家教在时间、金钱、期望的投入上与实际获得相比远远不能令家长满意。

随着社会物质文明和精神文明的不断进步，人们对教育的认识也在不断加深，并越来越体会到教育的重要意义和深远影响。望子成龙，望女成凤，成为每个做家长的心愿。于是家长们在孩子教育上投入的心血和资金愈来愈多，家教市场也在不断升温。几乎所有的家长都希望自己的孩子从小就能出类拔萃。所以，当孩子在校读书的同时，几乎所有的家长都会毫不吝啬地对孩子的教育进行义无反顾的投资，唯恐他们输在起跑线上。家长们在想方设法地为孩子寻求一个好的教育环境的同时，也苦于自己的精力与能力有限，于是，很多家长便不惜重金为他们聘请了家庭教师，希望借此提高学习成绩，进入理想的学校，让孩子最终能够成为自己想象中的高才生，既能出人头地，无衣食之忧，也能给自己脸上增光，光耀门庭。于是，家教不仅成为都市里的一个热门话题，也被热情的家长促成了一种新型产业。

对于如何给孩子请家教，什么情况下需要请家教这样一些问题，我本人不想对此做过于简单化的陈述。我以为在人的本性中总带着一点依赖的色彩，尤其在请家教这个问题上表现得尤为突出。在这里特别想提醒各位考虑一个问题：什么是家教？

有许多人对家教的想法过于狭隘、简单和功利化了，说到根本，**家教不是指那些你用金钱或者其他什么方式请来的为你的孩子辅导课程的人。**

首先，家教就是你本人。每个父母都是孩子最直接的、影响最大的家教。对这点理解不当，孩子将会丧失最有利的受教育的机会。但是不幸的是，我们的家长在孩子遇到困难的时候，想得更多的是谁可以来解决这个问题，换句话说，谁可以帮助自己来解决孩子的学习问题，也可以这样理解，孩子的学习问题可以靠谁来解决！但这个"谁"不是别人，而是"您"！

有很多的人都认为，孩子在思想或生活上遇到困难，家长应该及时给予必要的帮助，而孩子在学习上遇到困难，只要请个好的家教就可以万事大吉了，这是个大错特错的认识。当然您可能会有许多理由来说明请家教的好处，比如说您的文化课知识不足以帮助孩子解决学习的疑难问题，但这其实是孩子学习问题上最次要的部分。或者您会说，别的孩子都请家教，为了使孩子的学习不比别人差，所以也要请家教的话，那这就太愚蠢了。

在您自己没有承担起孩子的家教这个责任的时候，请家教往往是浪费时间、浪费金钱的最好办法和选择。

学习只是孩子生活中的一部分内容，学习的表现与生活的表现是息息相关的。打个比方来说，学习成绩表现不好，好比一个人不能正常行走。这个原因到底是什么呢？如果只是脚或腿受了伤，这个问题比较简单。但如果是一个高位截瘫患者，他不能正常行走，原因不是腿坏了，而是脊椎断了，为了恢复正常行走的功能，对腿怎么拼命地实施刺激也是无济于事的，这点是显而易见的。而不解决对生活的认识、态度、习惯的问题，学习成绩即使有了提高也是昙花一现，请家教更不过是自欺欺人。所以我们经常强调一个观点，就是孩子的生活品质没有得到本质的提高，学习品质也不会理想，自然对提高学习成绩的期望也是一种奢望。

所以没有搞清楚孩子学习上的问题所在，也不知道正确解决的办法，只是简单地用请家教的办法来提高学习成绩的想法是一厢情愿的，不大容易出现家长期望的结果。

诚然，为了使孩子能得到更好的教育，家长们费尽心机选学校、选班级、选老师、选专业。总之，自孩子一懂事，就开始了无尽的操心。直到有一天，孩子顺利地进入大学的校门，这才暂时放松一口气。在这条求学的路上，奔跑的不光是孩子，还有父母忙碌的身影。其中滋味，唯父母才知。

不可否认，家教在某种程度上对一些孩子学习成绩的提高有所帮助。然而，在家教浪潮这个现象的背后，我们不难发现里面夹杂着一些与教育宗旨本身相抵触的东西。为孩子请家教就是许多家长因为孩子的学习表现不佳而首选的一种解决方式，到底有哪些不合适的地方呢？目前家长在这个问题上主要存在以下几点误区。

1. 家长不了解孩子的学习情况

比如孩子的数学功课差，怎么办？觉得找一个教数学好的老师就可以了。找什么老师呢？当然是孩子的代课老师啦！为什么呢？孩子的老师当然最了解自己的孩子了。如果老师没有时间不答应怎么办？那么再找别的老师，实在不行，就找大学生嘛！

表面上看是对症下药了，可实际上问题不少。

大家仔细想想，没有学好数学功课的现状只是一个结果，连学不好的原因都没有找出来，没有做很多的考虑就想着去找数学老师来补课，岂非太盲目和冒失。再者，你的孩子在学校上那个数学老师的课就没有学好，怎么可能把人家请到家里就能学好呢？据我的观察和统计，许多老师在为学生做家教时，只是用许多题目来练习罢了，真不知道这会有什么用。即使成绩暂时得到提高，孩子一旦离开老师这个拐杖成绩立马就下滑了。

所以很多家长并不真正了解孩子的学习情况，并不明白孩子学习不佳的真正原因。千万记住一点：*学习成绩不理想只是一个*

结果而不是原因。

2．家长不了解孩子

自以为是的家长兴高采烈地为孩子请来了家教，但有许多的孩子根本不愿意承认自己请过家教，甚至也不愿意请家教。同样是生病，但很少有人认为有病请医生是可耻的，但对于学生来说，请家教本身多少说明了他学习上的无能，因此在他的心理上往往本能地拒绝和排斥。而我们的家长为了追求学习成绩，不顾孩子心理的反应，只是说给你请个家教就好了。孩子的成绩即使得到提高，也很难在心理上产生成就感，或者干脆把提高成绩的希望寄托在家教身上，如果成绩还是没有提高，他可以很简单地解释说是家教没有请好，就这样把这件事情的原因解释了。

那么孩子学习不理想到底该怎么办？在这个时候，做家长的应该关心的问题是，孩子功课差是因为接受能力、理解能力等智力因素的原因造成的？还是由于学习作风、学习习惯不良的非智力因素的问题造成的呢？亦或是因为父母离异、转学、教师责备或与同学关系不佳引起精神和情绪的变化，或受某些具体事件引发的心理问题？或者干脆是他的老师水平太差？如果没有搞清楚真正导致学习差距的原因，拍脑袋、想当然地去请家教，最后效果肯定是不会理想的。

说到底，家长了解最多、最深刻、最感兴趣的是孩子学习的结果，而不是孩子本身！关心的是成绩，而不是创造成绩的孩子本身。那么在这样不恰当的认识下，请家教到底有多大的好处就很难估计了！

那么什么情况下，需要给孩子请家教？我的建议是，那些由于转学、代课教师出现变动造成孩子功课表现比较差，学起来比较吃力所以需要得到提高的，或者孩子希望对某功课进行强化的，在这种情况下，孩子首先对家教在心理上没有太大的排斥，因为学生学习的主动性较强、目的性较明确，请家教的效果通常会比较好。

请家教的目的与意义何在呢？

最直接的工作目标是弥补孩子课业不足和缺陷的部分，实现这个目标的最好办法是调整和改善孩子的学习方法和习惯，所以，最根本的举措是改善孩子的生活品质与不良习性。如果做不到这一点，即使成绩有所提高，也只能是暂时的。那么我们怎么能请到合适的家庭教师呢？

1. 家长应该根据孩子的状况请家庭教师

了解孩子的问题后，再请相应的家教是家长应该认真考虑和研究的。但是选择有丰富教学经验的老师呢？还是选择思维活泼、视野开阔的大学生？是选择男性老师？还是选择女性老师？我个人认为，请家教切不可盲目，在做出请家教的决定前不仅要对孩子的问题有所分析了解，还要就请家教的决定与孩子一起探讨，征得孩子的同意，然后同孩子一起安排和设计有目的、有计划的教学，这样才能做到既不耽误时间，也不浪费金钱，两全其美，从而才有可能达到最佳效果！

2. 请家教前要注重与老师的沟通

当我们对要请的家教有了初步的想法后，一定要对所请的教师有足够的了解。如果对自己的判断和选择感到不是很有把握，可以和孩子的代课老师聊聊，对为什么请家教以及请什么样的家教的问题，应该积极与老师交换想法和意见。在确定家教以后，还应该让家教与老师做定期沟通，使双方对学生都有正确和及时的了解和把握，更好地使学校的学习和家庭的教育工作配合起来。

有的学生自以为请了家教后，似乎觉得没有老师教也可以学

会了,所以在学校上课也敢不认真了,反正晚上有家教给他讲解。当然更有甚者,有的老师听说某个学生请了家教,感觉是对自己的不尊重,在学校里时不时会给孩子某些刁难,例如往往会说:"你不是请家教了嘛,怎么还做不出来?"在这种情况下,孩子学习的积极性很容易受到打击和伤害。

所以为了不使双方的教学互为障碍,在请家教前与老师交换意见,在家教的教学期间让家教与老师做必要的沟通是非常有必要的。

3. 如何有效地评价家教的教学

说到这里,我不禁想为家教说一句公道话,孩子功课学得不好,很少有人追究学校老师的责任,当然也不太敢。但是有的家长请了家教,以为花了钱就似乎能买到成绩,如果孩子的学习成绩变化不大,就很不高兴。当然有些家教唯利是图,不管这个孩子适合不适合自己来教,甚至自己适合不适合做家教也不关心,只要有人给钱就去当老师,真是误人子弟。

有个笑话,有个罪恶不赦的坏蛋被阎王打到十八层地狱,感觉很不幸,可是突然听到底下有人在哭,便问:"谁在底下哭啊?"底下的人说到:"是我啊!""你怎么会在我的底下?你是干什么的?我已经够坏的了,不过才到了十八层地狱,难道还有地下室不成?"那人说道:"是啊,我原来是当老师的,像你们再坏不过是夺人钱财,害人性命,而我做得不好,就是毁人灵魂啊,所以你也应该明白阎王为什么把我打到十九层了。"

我个人建议,家长给孩子请回家教后,一定要让家教老师拿出他的教学方案和计划,并定期向家长汇报教学的进展、问题与困难,这才是家教的真正做派。那些"到点来,到点走"的家教,就会给孩子拿许多习题进行讲解和演算,这样的家教十有八九是混钱的，赶紧撵走罢了！

4. 什么样的人适合做家教？

从事家教的人员主要分两类，一种是在校教师，优点是了解教学大纲和教学中的难点、重点，但作为在校教师很容易将职业习惯带入家庭教学中，因为他擅长集体教学，在面对个体学生时，往往力不从心，所以效果很一般；其次是普通大学生，优点是与孩子容易沟通，对课业还比较熟悉，但这些学生又未受过教育理论的系统培训，教学设计比较凌乱和盲目，所以教学效果也难以保证。

那选择什么样的人当孩子的家教最合适？从我们工作的经验来看，选择已经毕业一年以上的大学生，尤以理工科类的最合适。因为年轻，容易和孩子交朋友；已走入社会，不再是天真的大学生，可以避免被学生策反；因为不是文科，所以全面辅导学生的能力较强；因为不是老师，避免了"重大家、轻个体"的教学习惯。当然要经过专门的教学培训就更好了。

5. 家教应该具备什么样的素质？

做家教的人员首先要有责任心，足够的洞察力，扎实丰富的知识面，三者缺一不可。没有责任心，想来就来，想不来就不来，难以得到孩子的尊敬和配合；缺乏洞察力，不能很好地了解孩子，即便用了很多心思，也不能有的放矢；如果知识面不够全面和深刻，课业上不能给孩子及时的辅导，也会贻害无穷！

为此，我们对家教的教育理论及模式做了大量和细致的研究与实验，形成了一套完整和成熟的结论，即在开展家教教学前，需要对学生思维、个性、学习行为等方面进行全面考察，家庭教师本人应该接受系统的教学培训，而且其教学应该在严密的教学管理下进行。

同时我们认为，家教的主要目的不是给孩子辅导课程，而是帮助孩子掌握学习的能力。所以我们教育中心的家教老师的工作，是围绕如何提高学习兴趣和掌握合理的学习方法这两点展开的，辅导课程只是上述工作的载体，所以经我们这样训练辅导的学生，学习进步有效率高达98％。

遗憾的是，我们的家长往往对孩子的学习问题认识不足、不准，对家教也不知道该做什么样的要求，只好自作主张，往往本末倒置，盲目乱请家教，教学效果自然很难如愿。

所以请家教不仅要充分了解孩子，也要了解教师，这才能"知己知彼，百战不殆"。

本节要点

1. 您首先应该是孩子的第一家教，教方法、育认识。
2. 请家教前一定要了解孩子和家教。
3. 您需要和孩子的家教多沟通。
4. 请家教的目的不只是为了学习成绩的提高，更应该关注孩子的学习品质的提高！

2.4 生活品质对学习到底有多大影响

——一个不会生活的人也不会学习,同样,不会学习的人也不懂得生活。

生活是生命存在的方式。不同的人有不同的活法,生活质量是对这种存在的结论性评价。所谓"贫则独善其身,达则兼济天下"的生命观,还是"人不为己,天诛地灭"的价值观,再如"人生在世,吃喝二字"等,形成这些不同的人生态度都与其生活经历、个人体验的不同有很大关系,其实也都是由不同的生活品质决定的。

什么是生活品质呢?也有的家长曾问:生活质量和生活品质有什么区别?我解释道:"生活质量是实际结果评价,而生活品质是主体属性评价。"生活品质包括三个方面:生活行为、生活态度和生活能力。

这三者尤以行为最重。行为是受意识支配的有目的的活动,是态度和能力的综合体现。因为所有的结果都是由于行为引发的。光有想法，没有行动是不会有结果的。为什么有的人是"语言的巨人，行动的矮子"，空有一腔雄心壮志，没有行为也不会有结果的。从行为方式和内容来看，人类的行为大多分为重复行为和创新行为两种类型。

比如人们总要吃饭、洗澡、放松、娱乐等，这类行为叫重复行为。但有时也要做许多以前从来没有做过的事情，即创新行为。例如人们会说：我头一次参加婚礼。对于如何到达婚礼的现场可以用熟悉的重复的经验来完成，但参加婚礼本身可能对这个人来说是一次全新的体验。所谓创新总是伴随着过去的体验。他虽然没有参加过婚礼，但婚礼本质是一个聚会，而他一定参加过别的主题的聚会。

行为不仅以重复为主，而且即便是具有创新性的事件也深深地带着习惯的烙印。大量的重复也就形成了习惯，为什么教育家总提醒家长要孩子养成好的生活习惯，就是这个道理。好的习惯会帮助你得到好的生活质量，而不好的生活习惯会给你带来很多不必要的麻烦。习惯的养成来源也受限于态度和能力。

但行为的表现又同时受能力和态度的影响。那个用脚写字的人之所以有这样的习惯通常是由于双臂残缺而得来的，一般体格正常的人不会选择这样的方式。态度即是认识、精神、情绪的综合体现，态度对人的影响也很直接，是"为"与"不为"的问题，还是"能"与"不能"的问题。可悲的是，很多正常的人反而不如那些残疾人做得更好。看起来是"挟泰山以跨北海，是不能也，非不为也"的现实，身残志坚者往往能置死地而后生，异军突起，做出超越常人的事迹来，我们的海迪大姐即如此。

依此类推，学习品质和生活品质一样也可分为三个部分：学习行为、学习态度和学习能力。

实际上，一个人具备什么样的生活态度和方式与他具备什么样的学习品质有很大的关系。

人们常常用来表达祝愿和要求的话是这样的，"希望你生活学习两不误"、"生活学习一起抓"等诸如此类的话语。人们对这些话真是说得多，却想得少。我认为这是非常错误的语言。我不否认这些话所表达的意愿是良好的，但这样的说法所体现的思想无助于问题的解决和目标的实现。

让我们对这句话做个简单的分析：说这句话的人的身份通常是家长或者老师一类的人，这话自然也是让孩子或学生听的。

首先听者会不假思索地随着说者的思路来认识，既然把学习和生活分开了说，那么把学习和生活当作两件独立的事情就

很正常了。再加上由于许多家长在调整孩子生活习惯、自理能力、待人接物方面的忽视及包办代替的不利影响，在这种带有缺陷的教育的推波助澜下，把学习和生活本来是"你中有我，我中有你"，甚至是"你既是我，我亦是你"的相互依存、互相促进、共同发展的关系，很容易转化成"有你无我，有我无你"的对立关系。

把学习和生活简单粗暴地隔离，甚至对立的思想和实践，铸就了中国家庭教育的一大特色：重学习轻生活，重智育轻德育，重知识轻素养，重功课轻实践。但令人啼笑皆非的是，所有的人都知道这样做的弊端和后果很严重，但还是不遗余力、锲而不舍地沿着错误的方向继续努力。真是生出几多"虽知山有虎，只得虎山行"的无奈啊！当然这有教育体制、认识不足、无可奈何的原因，但为什么认识到了这个现状而不能积极去做改变和调整？其根本原因是对生活认识的物质化，并对学习认识的功利化，这两点把人们送上了错误的列车。

学习品质受生活品质潜移默化的影响和作用是最大、最深刻的。但我们这里探讨的学习更集中以学业的获得过程为主。如何塑造优秀的学习品质，那一定也只能也应该从生活入手，比如我们对学习强调"高速高效"、"仔细认真"等要求，也一样可以在生活中找出对应的要求。

在对学生生活与学习品质关系的调查中发现：大多数学习成绩不理想的学生的生活品质评价也很低，学习表现良好的学生在生活品质上表现要明显高出成绩一般的学生。我很少发现那些学习出色的孩子的家里乱糟糟的，倒是那些成绩一般或较差的孩子家中不是乱七八糟，就是秽物横流，袜子满屋，书籍乱摆，不是找不到橡皮，就是不知道钢笔帽钻到哪里去了，当然最后也总能在不经意的时候找回来。

有的家长会说,您说得不对,我孩子自己的那屋里就很乱,但成绩还不错。在这种情况下,我通常会告诉家长,你孩子的成绩就快掉下来了。

曾经有个家长通过朋友的介绍找到我,想给她上六年级的孩子咨询有什么补习班。通过对孩子学习方式、生活行为及细节的了解,我最后建议要对该学生的学习方法进行调整,同时要对学生的生活品质进行训练,特别是要加强孩子生活自理能力的培养。但那位家长认为,孩子学习那么忙,哪有时间做那些琐碎的事情,再说自己也有时间,完全可以代劳。我便耐心地解释道,虽然孩子的成绩目前表现不错,更多是由于他自身的条件不错,所以提醒她这样把孩子的事情大包大揽的做法,不利于培养孩子独立的生活能力,对学习的影响将会表现为缺乏后劲,我委婉地提出了这个孩子到了初中学习很可能就会出现问题等。那位家长却不以为然,很不屑地说道:"你的工作好像是给那些差学生准备的吧,而我孩子的功课很好,目前只是需要再强化和提高。"认为我的说法是小题大做,极不耐烦地离开了。

过了不到一年,那位母亲忧心忡忡也满怀歉意地来了,见了我的第一句话就是:"赵老师,不好意思,我孩子现在的功课真的掉下来了,为什么啊?该怎么办才好?"当然这次,她也不再马上问有什么补习班的问题了。

有的家长会说:我的孩子可是非常整洁,个人卫生也很好,可就是成绩差,那又是为什么?那我告诉你,这种情况很少,原因比较复杂,比较直接的原因是由于学习方法有问题,或者是个性有问题,或者就是阶段性的,但根本原因还是对生

活的认识和理解出了问题。

比如，我们可以通过个人生活环境的状况，来评价生活品质的优劣。试想，一个生活上马马虎虎的人，怎么可能在学习上一丝不苟呢？而生活品质不仅体现在个人卫生和内务上，还有饮食起居、待人接物等方面。

在我接触的许多家长的经历来看，太多的家长在大多的时候和我谈他孩子的学习成绩是如何的糟糕，如何不理想，却很少谈及孩子的生活小节和作风。从来都没有想到不良的生活习惯会对学习产生多大的影响！

我们的家长给孩子太多的关爱了，什么事情都不让孩子插手，目的很简单：要孩子可以专心学习。其实，表面看起来为孩子节约了一些学习的时间，但却助长了孩子不良习惯和认识的衍生，逐渐地养成了以自我为中心的不良意识；在孩子独立性日益缺乏、生活能力下降的同时，惰性和依赖性却增长了；生活面狭窄了，视野也随之受到了局限；"衣来伸手，饭来张口"的生活氛围，让孩子的品性和能力的发展受到了极大的阻碍。一开始，孩子可能是"高分"，但终究会"低能"，最后连"高分"也会丢掉的。

比如说：由于孩子当天作业比较多，到了睡觉的时间已经很晚了，所以就不强调孩子洗了自己的袜子再去休息。而洗一双袜子不过是5分钟，但我们的家长只看到为孩子节省了5分钟时间，一厢情愿地以为是帮了孩子，但实际上，家长却忽略了一些已经暴露出来的大问题，就是孩子为什么不能抓紧时间做完作业？为什么没有在合适的时间内完成作业？为什么不做了自己该做的事情再休息？是不是以后不完成作业也可以去休息？

也有的孩子因为家长事事为自己操心，如果学习成绩上不去，会感到很对不起家人，尤其考前的营养补助，与自己说话时的那种低声下气的态度，也给孩子平添了许多不必要的心理负担。一旦考试结果不佳，不是考虑如何发现自己学习上的问题和不足，而是沉溺于失败的苦恼中。此时我们的家长也是愤愤不平，这样含辛茹苦地一切为孩子着想，结果还是让人不满意，简直气就不打一处来。最终形成这样的恶性循环，孩子在习惯这样安逸的生活方式的同时，又恐惧担心不理想的学习成绩。

人的行为风格和认识是统一的，是不能简单地被割裂开来的。比如同样是与陌生人打交道，一个性情属于开朗活泼的人与那些内向的人相比就会更积极主动。一个人的性子比较急，经常会表现为吃饭时狼吞虎咽，走路时风风火火，当做作业时出了错，拿橡皮擦都会经常把纸擦烂。所以，这种生活上的品质很容易迁移到学习的行为上，我们马上可以发现，生活上毛毛糙糙的人，学习上也很马虎；生活上懒散的人，对待学习也不能积极进取；生活上不讲究礼节规矩的人，在学习上往往也毫无章法。

再举一个现象分析。平时对父母缺乏同情心，对家庭里发生的大小事情漠不关心的孩子，考试成绩即使不理想，他也不会太在意的，因为他懒得理会父母看到那份卷子时的感觉和心情。如果只是孤立地看待学习这件事情，而忽视其他方面的培养和教化，往往事倍功半，越是焦虑学习的问题，不注重生活品质的培养，越不可能有积极的结果！"皮之不存，毛将焉附？"学习品质的好坏是个性、思维优劣的体现，而生活品质的表现贯穿一个人方方面面的始终，也是孩子个性、思维的综

合体现,如果这点做好了,往往事半功倍。

当然,有的家长也注意到应培养孩子的生活能力,但却容易犯一个通病,就是只让孩子浮光掠影式地做点家务活,不想让孩子过多地付出精力和时间,表面上看是合情合理的,但这实际上也没有意义。做事情不是给谁看的,也不是为了讨价还价,是由于需要才做啊。只有真正投入了,才能从实际行动中体验和感受出有价值的东西。

人们往往会有个不自觉的习惯,做事情前总喜欢简单地以一件事情的大小来决定做与不做。比如吃完饭收拾碗筷是一件小的事情,因为是小事情,就觉得做与不做无所谓;而考试中有道题目由于粗心做错了,觉得是小事情,就轻而易举地放过了。正确的事情不分大小,错的事情也没有小事情。所以要注意的一点是,"勿以善小而不为,勿以恶小而为之。""日积月累",身上的坏毛病越来越多,生活习惯越来越差;而学习上的漏洞越来越多,成绩也就越来越差。

平时在生活上对待事物养成了好习惯,自然会把这样的作风迁移到学习行为中。这就是为什么生活品质的优劣直接影响到学习成绩好坏的原因。

对生活品质培养不良的教育方式有这样几种类型,主要包括溺爱型、否定型、过分保护型、放任型、情绪型、干涉型、物质型等教育方式。

溺爱型家庭教育方式不利于孩子养成勤劳勤俭的作风,却能助长孩子学习不努力的不良习惯。

否定型家庭教育方式不利于孩子的社会道德的形成以及学习努力精神的养成,孩子文明素养较差,个人信用较差,勤劳勤俭精神较差。

过分保护型家庭教育方式妨碍了孩子独立性的发展和勤劳勤俭道德的养成，同时助长了孩子的不良习惯和不思进取的思想。

放任型家庭教育方式不利于培养孩子的社会道德，孩子学习不努力、勤劳勤俭作风较差。

情绪型家庭教育方式的家长反复无常，导致教育措施的随心所欲，造成孩子思维混乱，情绪不稳定，心理压抑，对学习、生活的态度更多是凭着感觉和喜好走。

干涉型家庭教育方式的家长喜欢事事插手过问，培养的孩子不仅容易养成依赖心理，缺乏独立性、创造性思维和个人主见，而且孩子缺乏学习的主动性，学习不努力。

物质型家庭的教育方式的家长喜欢用金钱或衣物等作为调动学习的动力和杠杆，这样的孩子贪婪、斤斤计较、目光短浅，擅用金钱的标准衡量事物的价值，对学习缺乏积极性。

不良的家庭教育方式有个共同的特点，就是对孩子的生活品质的要求和追求不足，导致孩子个性的缺失，不良习惯的养成。

不会生活的人，就不可能会学习；而不会学习的人，也无法真正地生活。在这样的情况下，学习品质不高导致学习成绩不理想的结果也就不难理解了。

生活品质是对生活中的各种行为和表现的一种总结性评价。它不仅体现在行为习惯上，也很鲜明地体现出本人的意识和思想。所以在我眼里，生活品质的教育实际上就是素质教育，是思想的教育，是意志的教育，是爱心的教育，是责任心的教育，是能力的教育，是创造力的教育。

本节要点

1. 生活品质对学习品质的塑造和形成起着决定性的作用。
2. 对的事情不分大小,错的事情也没有小事情。
3. 只关心学习成绩而忽视生活修养的教育是没有前途的。
4. 如果想提高学习成绩要从生活品质的提高着手。

家长作业

1. 罗列出孩子生活习惯中的不足之处。
2. 对孩子做明确的说明和要求,并明确用多长时间来改善孩子生活品质的不足。

2.5 父母的文化程度对子女的影响大吗

> 无论文化程度高低，可怕的不是不懂教育，而是做人的水准不高。

各种学历的家长我都接触过，但那些学历比较高自以为有文化的家长在教育孩子方面遇到的困难和承受的痛苦，一点也不比那些没有学历的文盲家长少。

我从来不认为父母的文化程度与教育子女有太大的关系，这句话看起来多少有点偏激。虽然我知道，科技大学少年班的学生的家长以教师、干部为主，不然为什么会有音乐世家、世代为医等情况。家庭的影响对个人的成长是很大的。但这并不代表没有文化的父母教育不好孩子，更不能证明文化程度较高的家长一定能带出好孩子。

有谁能告诉我孔子的爸爸妈妈是谁？毛主席的父母怎么样？有很多名人的家庭出身并不好。我承认出生在有较高的文化水平的家庭的孩子的起点要高些，但要注意，这只是个起点！如果没有利用好这个条件，那么结局很可能会更痛苦和难以忍受。家长痛苦的是自己虽然是研究生、博士生导师，却发愁自己的孩子怎么就不爱学习？而孩子痛苦的是生在这样的家庭真是不幸和沉重啊！

曾经有一位母亲，她是铁路上的一个工人，丈夫是机车司机。对我讲她的孩子是如何不听话和如何不爱学习！而且惭愧自己没有文化，认为是自己没有文化不会教育孩子，所以孩子既不听话，也不爱学习，便问我该怎么办？我说这简单，就把她孩子叫了进来，我说我来和你的孩子聊聊。通常我和孩子的交流是不容许家长在场的，但那天出于我特殊的目的，我想给家长演示一下如何与孩子对话。

我问孩子："你最喜欢的玩具是什么？"

小孩说道："汽车模型。"那个男孩当时是小学四年级。

我又问："你将来想干什么？"

小孩兴奋地答："做最好的、最快的汽车。"

我便说："你的想法真了不起。那你知道汽车为什么会动？"

小孩迟疑了一下："有发动机呗！"

我又问："发动机为什么会动？"

小孩说："有汽油啊！"

我再问："为什么有了汽油发动机就能动？"

孩子答不上来。

大家请注意，我的问题看起来很傻，说话似乎也很啰嗦。但要记住：你明白的孩子未必明白！所以和孩子的对话一定要耐心。为了更好地实现谈话的目的，前面的铺垫一定要很扎实，而且不能令孩子生厌。

后来我就谈了最早是怎么有了汽车，开始的汽车是靠什么运动的，然后我就讲火车的基本原理，然后问孩子火车的那个大胳臂是干什么的(说实话，虽然我知道它的作用，我却不清楚那东西具体叫什么)。然后慢慢地谈到，那个大胳臂转一圈火车会跑多远等，这些其实都是很有意思的算术题目啊。

各位可以看出来，我和孩子之间的话题的倾向和目的都很简单。我还与孩子讲，如果想做最好最快的汽车，就要学好算术，要不你都不知道你的汽车能跑多快，那不是笑话吗？孩子听了哈哈大笑。而且我还告诉孩子他的思维能力很强，但没有很好地利用，所以和那些头脑一般的孩子的成绩差不多，所以这是很遗憾的。听了我的话以后，孩子从开始不相信自己是很棒的，到后来表情很庄重地表示要好好干！我留意到他的拳头紧紧地握着，腰杆也挺了起来，完全不是一开始那副沮丧颓废的样子。

请注意一点，有许多孩子从来不认为自己是很厉害的角色，以为自己就是个中游，甚至认为自己就是板凳队员，根本不可能

比别人强，也根本没有信心做好该做的事情，"差不多就行"是这种孩子的基本行为和心理特点。

自始至终，孩子的母亲一直听着我和孩子的对话。她很惊奇孩子对我的话很感兴趣，说道："还是有文化好！"我说道："今天我是靠自己的常识来解释关于汽车和火车的事情，你也听到了。我的学历虽然比您高，但我说的却全是您懂的和熟悉的内容啊，也就是您也可以表达的内容。我这样和孩子说话的目的就是为了告诉你，你完全可以靠自己的经验和擅长来指导和调整孩子的。"那位母亲听后恍然大悟地点了点头。我讲道："你的确是不太会教育孩子，但原因不是因为你没有文化！而是你不懂如何跟孩子说话！"

只是谈了一次话而已，孩子迸发出的热情和兴趣是那么高，以至于学习成绩提高幅度之大令自己和父母都很惊讶。期末考试结果从班级最后的几名一下跃升到第九名。

我们前面讲到沟通遇到的障碍往往首先是情感的障碍，就是对话的双方从一开始在情绪上就是互相对立和冲突的，在这样的拒绝的心态下，无论沟通的内容多么富有意义，而沟通的目的是很难实现的。第二就是沟通缺乏基本技巧，沟通的效率和效果都不能让人满意，在语言层面上如果不能解决问题，通常只能诉诸"武力"了，沟通的情绪越是紧张，沟通的等级越是低级，何谈效果啊！

老舍先生在谈到教师对自己学术成就的影响时说："从私塾到小学，到中学，我经历过起码上百位教师吧，其中有给我很大影响的，也有毫无影响的，但是我真正的教师，把性格传给我的，是我的母亲。母亲不识字，她给我的是生命的教育。"

有一次我做完讲座后，有位家长特意到后台找到我，向我咨询一个问题,他这样讲:"我没有文化,说实在的,孩子的数学题我已经不会做了!您说我可怎么办?您看,我带着录音机,就怕漏了您的话!"

看着这位因为孩子而表情凝重和焦急的父亲,我非常同情也很理解他的良苦用心。我笑道:"您不用担心,首先一点,您应该感到放松。因为您没有文化,您的负担不重,比起很多有文化的家长,压力小得多,他们更担心自己的孩子成绩上不去啊。"

那位父亲的表情稍微松弛了点,我接着讲:"这是笑话。不过呢,您更要有信心,很多名人和成功人士的父母都没有什么文化,恐怕他们还不知道有录音机的,还不如您啊!"

那位家长总算笑了笑说:"呵呵,也是!"

我继续说道:"有一点,您要明白!那就是——您不是文化课的老师,您是孩子的父亲!您应该给予孩子的是做人的教育,不是加减乘除的训练。孩子需要您不是为了给他讲功课,所以您没有必要因为这点感到自卑!如果您为了几道题,却忘了做父亲做家长的责任,您是永远得不到孩子的认可的。只要把这个责任尽到了,我相信,孩子长大以后会感激您的,会因为您感到自豪的,也不会因为您没有文化而鄙视您。所以您千万不要有对不起孩子的愧疚心理,不要因为没有文化而怕当不好父亲,也不要怕孩子小看您,只要教给孩子做人的道理,孩子不会辜负您的,您放心吧!"

这位父亲感动地点着头说道:"我明白了,太谢谢了!"只是不知道,这位家长现在情况怎么样了!

说到这里,我想告诉那些因为种种原因没有得到基本教育训练的家长,您本人有没有文化没有关系,关键要学会跟孩子说话,做好生命教育。教给他诚实总可以吧,教给他努力也可以吧,教

给他自信更可以吧，没有必要因为不会做孩子的几道算术题就感觉惭愧。

反观那些学历比较高的家长，自以为孩子的题目难不倒自己，很喜欢在孩子面前表现自己的解题能力。殊不知，孩子在这样的教育习惯下养成了懒惰依赖的思想，丧失了独立思考的能力。可怜这样的家长错在哪里还不知道，还很委屈，怎么我的孩子就不爱学习、就不听自己的话呢？怎么隔壁那个修自行车的孩子就那么有出息？

有个现象或许是我个人的感受，但在我熟悉的几所大学里，表现最差的子弟的父母往往却是很著名的教授！这些让人尊敬的教授却往往因为孩子而抬不起头来，真令人扼腕叹息。为什么会这样，其实老舍先生说的话就是答案，因为那些失败的高学历的家长关心的，给孩子的也是偏重知识的教育，而不是生命的教育。

那些自身素质比较高的家长教育危机的确是遗憾，有统计数据表明，少年班的学生70%以上来自教师和干部家庭。这其实很有力地说明了父母文化程度对子女的影响。"龙生龙，凤生凤，耗子生儿会打洞。"这样的俗语也不是没有道理。我本人在这里更多强调的是，自视颇高的父母一定要警惕，不要因为自己的成功而自以为是，而那些文化较低的家长也不要妄自菲薄。

做父母的要教育孩子什么，自己应该心里有数。切不可以为自己学历高就自以为教育不会出纰漏，而也不可因为自己文化程度不够高就丧失了教育子女的信心和努力。您需要做的是给他足够的良知和正直，给他足够的信念和方向。这就很好了！

本节要点

1. 文化程度不高照样可以教育出优秀的孩子。
2. 教育孩子的先决条件不是文化程度,而是您人格的程度。
3. 只关注知识的教育是没有结果只有后果的教育。

家长作业

分析一下自己对孩子生命及个体的关怀程度。

第二章 认识篇
错误的认识导致失败的教育

2.6 如何正确对孩子实施奖励和鼓励

——缺乏对孩子的奖励和不会奖励孩子,一样会伤害孩子的自尊心与自信心。

一、为什么奖励无用?

南京有个叫周弘的家长非常了不起,在那么大的困难和压力下(女儿是聋儿),把女儿培养成了一个出色的孩子。他提出一个很有感召力的口号,就是要学会欣赏孩子。这在教育实践上是非常积极有效的一个策略。

所以当许多家长听说周先生要到本地做讲座,都非常积极地参加并很兴奋地听他的报告,看他的书,学习他的做法。过了一段时间后,但不知道为什么效果还是不理想,心里还直纳闷:我的孩子起点和基本情况比他的孩子强多了,为什么怎么做都不如人家呢?

为什么呢?原因其实很简单,欣赏孩子是一门艺术,也是一门很讲究技巧的艺术。如果抱着现世现报的想法,其实不是真正的欣赏孩子，是势利的怂恿，怎么期望得到您想要的结果呢？

有一位家长跟我说起一件事情。有一次这个做父亲的带孩子开着车在街上行驶着，孩子突然看见一个刚开业的很漂亮的餐厅，说道："爸爸，这次我要是考好了，你就带我到这里吃饭。"这位父亲赶忙应答："没问题，儿子，只要你考好了，别说一次，就是两次也可以！"后来因为成绩不理想，"请孩子吃饭"这件事也就作罢。

事情虽然过去了，但这位父亲总感觉有点不对头。便咨询我该怎么办才好！到底该不该带孩子去吃这顿饭？我说："其实您一开始就错了，想去什么地方吃饭、游玩等，只是生活内容，没有必要也不应该把吃顿饭当作奖励的措施和学习成绩挂钩。"这样做有三个不好的结果。

一是让孩子把去这个地方吃饭当成学习的目的，学习成绩成了满足个人欲望的手段，成了实现个人目的的工具，这样理解和看待"学习"无疑是非常糟糕的。

二是如果对这个饭店不感兴趣了，那么对学习的投入和努力便会懈怠下来。对此，孩子也有很好的解释，"反正我也没有吃那顿饭，所以你们也不要对我的成绩有太多要求"；或者"我已经不想去那家饭店了，所以也没有必要再那么刻苦学习了"。

三是孩子会以为只要学习好了，就什么都可以做了，这是非常错误的，也将导致无限制地放纵自己的认识。为什么有的孩子会有这样的念头，即"只要我成绩好了，干什么都可以，即使是错误的事情，家长也会原谅的。"这是非常普遍的现象。我们经常会听说，谁谁的孩子学习那么好，结果却干出了令人发指的事情来，"刘海洋泼熊"的事情就很有代表性！

我便又跟家长讲道，正确的做法是：当时您就应该和孩子说，

今天没有时间了,星期天爸爸带你来吃,好吗?孩子一定会很开心地答应。这样一来,把学习结果和个人欲望满足分开,是为了不让孩子错误地认为,只要学习好就能实现物质愿望,把物质目标作为学习的目标,同时避免孩子以后会习惯性地以学习作为砝码和家长对立、要挟。

有很多家长经常与我谈起给孩子零花钱的问题,不知道该不该用钱作为鼓励孩子学习的方式……实际上,提出这样问题的家长的"金钱观"可能就有很多问题。

很多人在很小的时候对钱就很有感觉了。许多孩子因为家长给的零花钱松,结果变得大手大脚乱花钱;而有些家长对此管理就很严,可是许多孩子却学会了偷钱;出于对钱的复杂情感,在钱的问题上,家长对孩子的教育也是各行其是。

有人喜欢片面参考国外的某些办法来做:比如孩子做了什么家务就给多少钱。但却把孩子应该的义务和积极有价值的付出混为一谈。事实证明这样做的弊端越来越多。孩子作为家庭成员之一为什么不能主动完成应尽的义务?还要通过本来应该做的事情来索取这不该得的报酬;让孩子错误地用金钱来衡量和评价一件事情的意义,而不是用思想、道德、价值等方式。我实在无法想象这种教化方式对孩子到底有什么好处!其结果只能培养——贪婪。

而且过早错误地理解钱的功能,很容易使孩子对钱的认识走向极端。导致孩子以为钱是那种万能的东西,产生了金钱至上的错误认识,这只会对孩子产生不良影响。当孩子遇到挫折和失败时,总以为用钱就能解决,只要有钱就可以搞定,当然也无所谓学习啊努力之类的想法了,所以就有了花钱雇同学做作业、考试的事情发生。而这样的尴尬常常出现在那些经济条件比较好的家庭。

　　有这样一个教育孩子的故事：国外有个大富翁为了不让孩子被富裕的生活影响，干脆诈称自己破产了，大房子换成小房子，上班也变成徒步了，为什么要这样做？就怕因为安逸使孩子丧失了生存能力。我想这样的父母一定不会因为孩子做家务而给赏金的。但许多家长盲目地照搬某些做法，只要孩子做了什么事情就给钱来鼓励。实际上没有搞明白什么情况下该给而什么情况不该给。许多事情是孩子分内的，肯定不应该通过金钱的刺激才做。尊老爱幼，拾金不昧，洗自己的衣服，帮助家长做点家务，难道需要给钱吗？千万不能让孩子成为金钱的奴隶！

　　但是，也有一些富翁给孩子规定了许多"做人的原则"以及要达到的"目标"。但行之过头就适得其反了。美国的亿万富翁老巴菲特就是一个典型的彻底失败者。

　　老巴菲特的儿子从他那里借了400英亩的农场。老巴菲特却规定了一个很残酷的条件，土地的使用费根据儿子的体重增减来决定。而以前老巴菲特也对他的女儿要求过，"如果体重维持一年不变，30天之内可以随便购物"。不过他附加了一个条件——因妊娠体重增加是允许的。他女儿果然钻了这个空子，她怀孕了，并同父亲公司的一位职员结婚了，但后来很快就离了婚。现在老巴菲特的两个已经50岁左右的儿子和女儿至今尚无能力从他那里独立出来。

　　钱真是个奇妙的东西，没有钱的人总是想象有钱的日子一定很美好，有钱的时候往往却想起没钱的日子。人只有在没有钱的时候，才更明白该干什么！钱多了，反而就忘了该干什么！

　　实际生活中，我见过许多人，没有钱的时候还不错，一旦有了钱，就什么问题都来了。当然，说这些，不是不让你挣钱，只

是说有的人只有挣那点钱的本事，如果没有本事驾驭钱，反而成了钱的奴隶，被钱给压迫死了！钱是很厉害的，多少人因为钱走上不归之路。金钱是那么难以把握，成人尚且如此，何况孩子？就好比一个人的本事就是骑自行车，而你给他一辆摩托车，他只能还当自行车骑，很快就要出事故了！有许多曾经挣过大钱的人，注意，我说的是"曾经"，为什么变成了"曾经"？因为玩不动太多的钱！太多的钱是一把双刃剑，可以让一些人更好地实现自己的理想，也可以让一些人迷失了自我。

当一个人眼中只有钱的时候，那他已经是穷途末路了。卢梭说得好："我们手里的金钱是保持自由的一种工具，我们所追求的金钱，则是使自己成为奴隶的一种工具。"所以会挣钱但不会因为钱而失去自我才是真本事。

只有土财主才喜欢晚上在被窝里数钱，而真正的富翁更关心的是自己的思想值多少钱。当然所有的事情不是只用钱来衡量的。喜欢钱不是坏事，关键是如何看待钱！君子爱财，取之有道。我以为最好的办法就是让孩子晚一点对钱有感觉，关键是不要总把钱和别的事情简单地联系起来。钱自然可以换来许多的喜爱，但如何得到钱却要付出思考和行动。

有道是："贪得者分金恨不得玉，封公怨不授侯，权豪自甘乞丐；知足者藜羹旨于膏粱，布袍暖于狐貉，编民不让王公。"正所谓："贪者亦贫，知足亦富。"（引自明朝洪应明的《菜根谭》）。讲的就是：对于贪得无厌的人，分给他金银他却恨没有得到珍贵的珠玉，封他为公爵他恨封不到具有实权的诸侯，明明是有权有钱之人却甘心成为乞丐一样；对知足常乐的人，藜草做的羹汤比膏粱做的菜肴还感觉鲜美，穿着布衣比狐貉皮还暖和，虽然身为平民却比王公贵族都还快乐)同一件事物，不同的认识，不同的追求，不同的做法，感觉和体会也不同，结果也不同。

泰戈尔有句话说得非常好：鸟翼系上了黄金，就再不能在蓝天上翱翔了。许多人知道"欲速则不达"，但很少有人注意紧跟这句后面的话：见小利则大事不成。

其实对待学习的态度和钱是一样的，对钱的认识和态度少点功利和崇拜的结果是越挣越多也越有意义。钱只是完成你生活的一个工具，而不是生活的目标。越是为了学习而学习，为了功课而做功课的，虽然成绩暂时可能不错，但由于缺乏真正的学习目标，对学习认识的偏差，学习成绩就会越来越不如意，后劲不足而导致最后的遗憾。

有个故事是这样的：在一个本来很安静平和的街区，不知道从哪里来了一帮很调皮的小孩子，总爱用脚踢垃圾桶，大家都很头痛，可又没有好办法撵走这些孩子。于是有个老头对这些孩子

们说，只要每天不断地踢垃圾桶，他可以给一块钱。孩子们欣然应允，老头便很守信用地付钱给小孩，但很快事情出了点变化，老头和孩子们商量说：我的钱不多了，能不能从每天一块钱降低到五角钱。孩子们对此深感愤怒，对老头叫道："什么？凭五角钱就要我们给你费劲吗？哼！"然后，小孩子们就四散而去了。实际上，我相信，即便是不调价格，孩子们也会很快离开的。只要把由兴趣驱使的行为调整为由物质驱使的行为，谁都会很快厌倦的。不知道您从这个小故事里领会到了什么？

我们前面讲了关于钱的问题，其实所有的物质奖励，包括钱、玩具、游戏时间等都可视作物质奖励，这些都应该根据生活的实际需要来做，而不应该和学习联系起来，不能把物质奖励作为学习的前提，更不能把学习当成调整与孩子关系的根本！哲学家苏格拉底说："不要靠馈赠来获得一个朋友。你须贡献你真挚的爱，学习怎么用正当的方法来赢得一个人的心。"

二、精神鼓励怎么最有效？

前苏联有一位教育家曾说过：*如果问我为什么可以成功，我想我教育成功的哲学基础就是完全建立在鼓励上。*看过家庭教育方面书的家长很容易发现自己平时的表现实在是不大妥当，对此也甚感不满，是啊，为什么老要批评孩子呢？为什么不鼓励表扬？好多书上讲了，孩子是需要鼓励的，也暗下决心以后一定要在这方面多加注意！

多鼓励孩子这个做法是没有错的，出发点也是对的。所以每当看见孩子做了一件事情，就赶紧媚笑地对孩子说：你真了不起，会为父母着想了！如果这次的考试成绩有了进步，虽然心里还不是很满足，也会说：来啊，为你这次取得的进步庆祝一下！

孩子最不喜欢的就是廉价的表扬。这样不负责的鼓励和假惺惺的表扬让孩子感觉很不舒服，在孩子心里就会产生这样的结果：你们讨好我、哄我继续干你们想让我做的事情。因为许多孩子本来是自觉自愿的去做某件事，由于这样的恭维话一出口，觉得似乎是上了家长的圈套，尤其那些对家长很逆反的孩子更是如此。最后很容易出现的现象是，越是家长鼓励和表扬的事情孩子就越不爱干！

而且这种鼓励和赞扬简直和夸人家弱智一样，也很容易引起孩子的反感！许多家长喜欢说孩子真聪明，这样的孩子会很容易形成这样的印象，做成一件事情是因为聪明才成功的，而做不好则由于自己还不够聪明。所以一旦遇到挫折和失败便很容易以为自己不够聪明而放弃努力，遭遇挫折和失败以后也不大去考虑是什么原因造成的。既然如此，如何才能成功？

的确，从一个苛刻的家长转变为善于鼓励的家长也实在是不容易，但更要注意不要过分和过头。面对孩子的每一个进步，我们要及时进行表扬和鼓励，但这不能作为结束，不能让孩子产生满足和沾沾自喜的感觉，更重要的是让孩子知道还有什么问题和不足，在已经获得的成就的基础上继续努力。

著名的科学家巴斯德说："对于学者所获得的成就，是恭维还是挑战？我需要的是后者，因为前者只能使人陶醉，而后者却是鞭策！"

所以千万不要把鼓励和表扬简单化，要对那些自我人格的超越有及时的评价和赞誉，而不是对那些本来熟捻于心的事情做出表扬，做不好的话，就会：画虎不成反类犬！

家长最容易出现的问题是什么？就是片面地认为只有孩子的学习才是头等大事，所以想尽一切办法对与学习相关的行为

进行激励，这是非常愚蠢的联结。首先，人做的许多事情不是为了得到别人的鼓励而做的，是自身的需要。把该做的事情和经过努力做的事情混淆，这种急功近利的做法只会导致孩子产生学习是功利的进而厌倦的感觉。这就是为什么有许多孩子认为学习是给父母学的，为什么会产生为了达到某个私人的小目的才去学习的行为，而一旦目的达到了，或者对目的不感兴趣了，也是造成对学习无心恋战的原因。

本节要点

1. 不要把生活的必要行为作为奖励和学习表现挂钩。
2. 廉价的和恭维式的赞扬只有副作用。
3. 没有提出问题和不足的赞扬与鼓励是不完整的。
4. 赞扬和鼓励应该发自真心，而不是虚伪的客套。
5. 水平再差的表扬也比讽刺和挖苦强。

家长作业

1. 回想自己以前是如何满足孩子要求的。
2. 与孩子对现在的鼓励方式进行协商和约定。

2.7 做人从吃开始，育人也从吃开始

——不夸张地说，吃相、吃法等一切与吃有关的人的表现是人性的窗口！

孩子生下来第一件事情是哭，哭完就要吃，真乃食色性也。吃是人类基本的行为之一，也是实现人类所有活动的物质前提。《礼记·礼运》称："饮食男女，人之大欲存焉。"司马迁《史记》中有郦食其对刘邦的话："王者以民人为天，而民人以食为天。"还有一句话讲：仓廪实而知礼节。没有吃是不可以的，没有吃的社会一定要动乱。

不同的人对吃的态度也不一样，有的态度是有奶就是娘，有的做法是不受嗟来之食。中国文化里有很大的一块就是关于食文化，连老外都佩服我们的吃，当然SARS被吃出来也许是对我们人类的惩罚，虽然自然界对人类的惩罚不只是在这件事上，可相同的一点是都和人类的贪欲有关。

食文化不仅讲究菜品菜系和色香味，也讲究礼法。在旧时

候，女人和孩子都不可以上正桌的，而且吃饭的时候也不可以嬉戏打闹，否则长辈会说你没有规矩，轻则离桌，重则这顿饭没得吃。

有人观察人喜欢在牌桌上，通过观察打牌的态度可以了解一个人的禀赋；也有人通过饭桌考查人，饭桌上的吃相、举止也能透露一个人的个性。看来，人的本性在吃的时候的确表现得更彻底！

有个讲吃的寓言，说上帝给刚到天堂和地狱的人准备了一桌很可口的饭菜，但提供的筷子却很长，这样的筷子是没有办法把菜夹到嘴里的，所以在地狱那一桌的人只能看着饭菜流口水。上帝摇摇头去了天堂，却发现大家正吃得很开心，怎么回事？原来天堂里的人互相用长长的筷子夹给桌对面的人吃！看来能去天堂的人真是与混到地狱的人有区别。

吃真是很有意思。

我去过许多人家做客，见过许多孩子的吃，常常让我感到很失望。孩子往往不等父母落座，已经动起筷子了，吃菜的时候还很挑食，在盘子里毫无顾忌地拨来拨去，看见大家酷爱的菜肴，不管别人而只顾自己闷头大快朵颐。可怜父母默默颔首，看见孩子吃得多还开心不够。饭后，孩子把碗一推，把肚一捧，走了！说到此，很多家长对别家孩子的做派不以为然，可事到自己头上，却似乎忘掉了任何的不当！不消说在饭桌上肆意玩闹，掉筷摔碗更是时有发生。

说起筷子，老外就很崇拜我们，人家曾做过一项调查，研究为什么中国人比西方人聪明，结果是由于中国人擅使筷子，而筷子的使用对大脑的发育很有帮助。

虽然筷子用得不错，可是我们的孩子还是不会吃啊！

现在的许多父母应该对自己小时候的事情还记忆犹新吧，那时的父母总会把仅有的几片肉夹给孩子，真是舐犊情深。而现在的父母就怕自己的孩子受制，总是给孩子吃得好吃得多，但却经常把孩子吃出病来。现在的孩子经常不是吃拉肚子的药，就是吃减肥药。都是因为"吃"惹的祸！

古语都讲：若要小孩安，须得三分饥与寒。这是讲合理的饮食对生理发育有很大的影响。而富兰克林也说过一句话：人吃饱了，就没有创造力了。这又是指在总是衣食无忧的情况下，人的思想缺乏了基本原动力，正所谓"饱暖思淫欲"。

可叹我们的孩子在今天还是吃不好。因此我们不仅要讲究吃的礼仪，还要讲究吃的科学。

我们的家长对孩子的吃的教育太淡漠了！这种只顾自己不顾别人的吃，充分体现了孩子自私、霸道、缺乏爱心和责任心的性情。育儿先育"吃"，连"吃"都做不好，怎么做好人？所以对"吃"这件每天都要做的事情，一定要有章有法，有规有矩。胡适就说过很深刻的一句话："家过三世，才知穿衣吃饭。"

在饭桌上，大家心情都很愉快，其乐融融，许多想法和事情就是在席间相互沟通的。饭桌其实是开展家庭教育的最好场所，只是许多家长不大注意这种机会，一不留神，反而在饭桌上丧失了个人的威信与魅力。虽然也有很多专家强调"桌上不教子"，我认为这没有错，但应该学会"桌上育子。"

比如"挑食"看起来是件小事情，但这件事情解决不好，从身体发育角度来看是有负面影响的，对父母的威信而言，是受到打击的。连一件这样的小事情都无法有效地控制，您还有什么信心和能力去对孩子其他方面进行教育和调整？

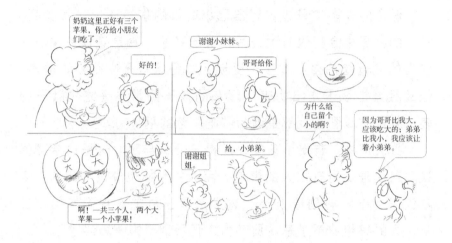

有个母亲带着两个孩子去餐厅吃饭,还特意点了萝卜菜给孩子吃。哥哥长得结实,什么菜都吃,而妹妹娇小瘦弱,皱着眉头,用筷子在盘子里拨来拨去,一看就是个"挑食"的孩子。母亲对孩子讲道:"多吃点菜,不要挑食,不注意营养怎么可以呢?"这样一连说了好几遍,可是妹妹依然把嘴撅得老高,母亲有些生气了,用手拍着桌子,可没有一点效果。这时候,旁边的服务员走近那个女孩,在她耳边言语了几句,令人惊讶的结果出现了,妹妹一边大口大口地吃着菜,一边斜着眼看着哥哥,似乎很有信心的样子。那位母亲非常纳闷,把服务员拉到一边问道:"您是用了什么办法,使我那个倔强的丫头听话的?"那位服务员轻松地说道:"马不想喝水的时候,随你怎么拉,都不肯接近水槽。要想让它喝水,就喂点盐,渴了再牵去喝水,自然就乖乖地跟着你走。不瞒您说,您带孩子常来这里吃饭,哥哥常常欺负妹妹,所以我刚才激您女儿说,'你不是惹不起哥哥吗?如果你吃了萝卜,还有那些菜,你就会有力气,比哥哥还要强壮,那时候你哥哥还敢欺负你吗?'"

瞧，"四两拨千斤"！一件很平常很普通的小事，但这样聪明的做法是很值得我们家长朋友借鉴和学习的。饭桌是与孩子交流的前沿阵地，在这里的表现同样可以折射出您其他方面的作为。

当然，作为"偏食"这个问题，还有一个比较严重的后果就是，在学习上很容易导致"偏科"。在生活上有了拒绝接受全面的营养的思维和做法，就为在功课的学习上找到拒绝接受全面的知识和素养的思维依据和行为惯性。

做人做事，皆从小节做起。"放开肚皮吃饭，立定脚跟做人"。家长朋友，教育孩子从饭桌开始吧！

本节要点

1. 不会吃饭怎么做人？
2. 建立个人威信应从饭桌上开始。
3. 饭桌上对孩子的教育成败很大程度上影响在其他方面的教育作为。

家长作业

1. 检讨一下自己在饭桌上的失败之处。
2. 召开一次家庭会议，建立关于吃饭的规矩。

2.8 教育孩子应以什么为标准和目标

——家长教育孩子最大的误区就是只关心孩子文化知识的学习,而忽视了对其爱心的培养!

很简单,教育孩子的目标是培养有爱心的孩子。那么最好的教育孩子的工具是什么呢?是爱心!

实现这个目标是靠培养孩子的责任心来达到的,其前提是对孩子有足够的尊重和信任,方法则是与孩子有正确完善的约定。

目前我国家庭结构通常只有一个孩子,家长的文化水平普遍比以前高了,但与几十年前相比,许多父母却感到孩子越来越难带了!

我们的家长在谈起孩子时总是忧虑和牢骚并存,即使孩子的学习成绩尚可,做家长的也还要考虑怎么可以学得更好、是否需要补课找家教、不让他和差的同学来往,甚至孩子的同桌是否会影响自己孩子的学习……总有操不完的心!每天连学习都顾不过来,别的事情就只好先放放吧,只要孩子不出大乱就好。

可是，对孩子的思想道德教育不能也绝不仅仅是满足于不触犯治安管理条例和刑法，难道个性褊狭和道德低下的孩子会令父母满意吗？当然不会！所有的家长都非常明白这一点：如果孩子学坏了，学习成绩再好也没有用。

可是对孩子思想道德和生活品质的教育，家长无论在花费的时间还是重视程度上，与对学习的关心和干预相比明显少了许多。我们可以理解形成这种不正常现状的历史原因和社会背景，但我们不能也无法承受这种错误做法的严重后果。家长对此虽然也感觉不大妥当，但在无可奈何的同时似乎无法也无力改变眼下的现实。

于是乎，四方求助，到处咨询，随时关注，专家的报告也听了，教育书也看了，老师也找了，该做的努力也做了，该想的办法也想了，每天忙忙碌碌地，可还是不知道到底该怎么对孩子进行教育。到底怎么回事？真是烦恼多多！

有一次，有一对父母听说我对学生很有办法，便通过朋友找到我，希望我能帮助他们的孩子。

首先我要求家长把孩子的情况做全面基本的介绍，其中家长讲到，孩子目前学习成绩很差，而且基本上不学习了。

我又问到孩子其他方面的情况，家长说孩子对生活上的事情也不做也不关心，交往的朋友也很简单，就是特别关心家里的经济状况。这个孩子在经济上很有头脑，已经通过玩游戏到转让游戏卡的方式挣了一千多元钱，而且平时非常关心母亲每天的营业额等生意上的事务。他也很关心父亲的工作，因为父亲是领导，总是有人来找，孩子不仅对父亲的业务、工程的操作手法很熟悉，对来的什么人、想办什么事情也非常有洞察

力，看见来家里的客人没有带礼物就会很不客气。

所以家长第一担心孩子的学习成绩，第二担心孩子的思想太社会化。经过将近一个小时的讲述，我总结了家长介绍孩子过程中的几个特点：他们提到自己的孩子很聪明的次数我都数不清；他们没有表示自己在孩子的教育上有任何的不足，只是说自己有一段时间关心不够罢了；他们只关心孩子的学习成绩，对生活作风的要求几乎没有，或者只满足于不偷不抢不打人而已；他们多少为孩子的经济头脑和社会化意识感到沾沾自喜，全然没有意识到危机。

当我对孩子做了初步的判断后，家长希望我和孩子见一次面，我答应了，但我没有意识到我将面临一场非常困难的会面。

整个接触过程中，孩子似乎没有对我表示多大的兴趣，这是很出乎我意料的，因为基本上所有见过我的孩子都非常喜欢和我对话，而这次却很反常。于是，我对谈话方式做了必要的调整，与孩子做了明确的约定，我对孩子讲："你可以不回答我的问题，但不可以说假话，我保证我们的谈话是保密的。"孩子很痛快地答应了。

从这以后我们的配合还算不错，我了解到他实在不喜欢学习，而且很厌烦妈妈的啰嗦，当然也很喜欢钱。后来我问道："在你认识的人中，你认为谁最重要？"孩子随口答道："没有谁！"我以为我的问法让孩子有误会，我说："干脆这么理解我的问话吧，就是这个世界上有谁死掉了，你会最伤心？"没有想到孩子依然淡漠地说："没有谁！"关于这个问题的回答，孩子给我留下的印象最深刻，从他冷漠的表情和冷酷的回答中，我感觉到了这个孩子的问题不是很简单就能解决的。惟有的一个问题让我不至于对他太失望,就是当我讲到"你的母亲曾经因为你而哭过"时,他不大相信地问我是什么时候、在什么地方、因为什么而哭,我一一作答。说完后我问他有什么感想,过了好一会儿,他说了一句:"感觉有点惭愧吧。"虽然语气还是有点轻飘,至少我知道一点,他总算还有廉耻之心。对话中我还问起一个问题:"你爱玩什么?"他说:"也没有什么!爱玩电子游戏!爱睡觉!"我心想:**这可怜的孩子,连业余爱好都那么微薄!**

这种孩子生活在优裕的家庭中,物质上的要求没有满足不了的;周围充满恭维声,精神上的虚荣也很容易得到;父亲大权在握,没有人敢批评他……总之,自我感觉很是良好。

其实我们这个社会有太多的媚俗,同样调皮捣蛋的事情,教育者对普通人的孩子的评价可能就是没有教养之类的,而对家庭有些背景的孩子的评价就可能是活泼可爱之类的;对差的学生可能就是不可救药了,对好的学生来说可能就是好马失

蹄。当然我们无法祈求人与人之间绝对的公平，但这种做法其实对哪一种孩子都没有好处。表面上看，那些有背景或学习好的学生的面子和自尊心得到了保护，家长的虚荣心也得到了满足，但实际上却贻害无穷。

我向来都认为，只要孩子还有比较肯定的愿望和追求，他就一定会进步，这也是我的学生中的大多数人都会有明显的提高和进步的原因。如上所讲的那么冷漠的孩子我的确遇到的不多，他们缺乏勇气面对自己的懦弱和懒惰，他们缺乏信心去克服自己的缺点和不足，他们也缺乏足够的机遇来解决自己的困境，所以只好从根本上拒绝进步，而这样的孩子普遍的一个特点就是缺乏爱心，直白地讲就是不爱父母。

孩子不爱父母的原因有两种：一是他们的父母没有教给他们爱的能力，没有机会让他们表达自己对别人的爱，父母只是把爱给了他们，他们只是从爱中感受到了舒适和温暖，但他们以为这爱是天上掉下来的，天生只会享受爱，而不会去爱。二是由于父母的不当做法，失去了孩子对父母的信任和尊重。对父母的感情往往是爱恨交加。处在青春期的孩子由于思想不稳定、精神冲动等原因，容易做出一些惊世骇俗之举，也是根源于此。基于此，如何期望孩子对父母有多少爱呢？

试想，如果孩子对父母没有爱，怎么会关心父母的疾苦和忧虑？如果孩子对父母没有爱，怎么会对父母保持应有的尊重？如果孩子对父母没有爱，怎么指望他在乎父母对他的关心？缺乏爱心的孩子也没有责任心！一个对家庭没有责任心的人，一个对自己的集体缺乏责任感的人，一个对国家对民族缺乏责任的人，你能期望他有什么作为呢？这样的人不仅不会爱别人，连自己都不爱！

从根本上来讲，对低年龄段的和学习比较差的孩子来说，学习并不是一件很有乐趣的事情，甚至对那些成绩优秀的孩子也是如此。不管他们是否需要学习，是否已经从学习中感受到乐趣和成就感，学习毕竟是很苦的。

只是有一点，学习虽然是苦的，但孩子也会承受。我常讲一句话，**孩子是最讲义气的，成人讲信用的程度比起孩子来说其实差远了**。很多家长或许曾经有过这样的体会，信誓旦旦的话出自成人之口往往并不可靠。但对孩子来说，如果孩子喜欢某个老师，他教的这门课，不管以前自己学的是好是差，都会因为喜欢这个老师而喜欢学这门课。这是为了让这个老师也喜欢自己，为了得到老师的肯定。这个老师的话他最听，"爱屋及乌"，所以学习成绩也一天比一天好。因为他服这个老师，如果他不服这个老师，别说做作业，就连课都懒得听。

朋友的话最管用，有这么一句话"辛辛苦苦一整天，不如哥们一根烟"，说的就是老师与学生谈了一天的话而起到的一点效果，因为所谓的朋友的一句话，可能就被废掉了。如果孩子真的很服你这个家长的话，有什么理由不听你的话呢？所以学习即使是苦的，但为了得到你的认可和肯定，他也愿意付出！那孩子为什么要背道而驰？就是因为孩子不把你的话当回事！就这么简单！

人的目标最终都是自己选择的，但在孩子成长的过程中，家长的一个重要责任就是培养孩子具备选择个人目标的能力。给他嫉妒、狭隘，他会卑微、懦弱；给他溺爱，他会自私冷酷。因此，期望他是科学家，请给他科学的思维；希望他是音乐家，请给他艺术和美而不只是冗长的练习。

教育是否有效果和效率与操心多少无关，起决定作用的是

行动和模范。很多家长很累很辛苦，总是围着孩子转，却毫无效果，而有时候一件小事、一句话就会起到意想不到的作用。

因此，我们在孩子面前不要忘记：爱是一种双向的情感交流。即孩子在接受爱的同时，也希望去爱别人，在爱别人的过程中练就"爱"的能力，得到别人的尊重和情感的满足。这是幸福的源泉，也是面对困境却乐观向上的原因。

心理学家马斯洛的"自我实现论"强调"完美的人性"，其内涵是让人的友爱、合作、求知等潜能得到充分的发挥。他认为自我实现者的成就与童年情感等因素的发展关系很密切。童年情感的正常发展如遇到障碍，失去爱、安全感和尊重，长大后他就很难向自我实现的方向发展。也就是说，健康的人格意味着既能接受爱，也能给予爱。所以，我们希望孩子长大后有所成就，就必须铸造孩子健康的人格，重视孩子爱的能力的培养，尊重孩子家庭成员的地位，和孩子共同分享家庭幸福，共同承受生活的酸苦。

高尔基说过：说起爱，是连母鸡都会做的事情，我们不仅要给孩子爱，还要孩子学会爱。要让孩子爱你，你一定要学会尊重孩子，要让孩子尊重你，你就要懂得信任孩子。

家长在教育过程中的最大问题就是缺乏让孩子学会爱自己的父母的教化。这取决于家长与孩子之间的互相尊重，而获得尊重的办法就是信任！

随着人们生活水平的提高，孩子过生日的规格和档次也越来越高，但令人担忧的是，过生日的水平却一点也没有随着时代的进步而进步。让我们从给孩子过生日这个事情看看我们的家庭教育到底有什么缺失。

孩子生日那天作为孩子呱呱落地的日子，家长的心中的确是有别样的感受，想要郑重表达一番是无可厚非的。

许多家长都希望给孩子过个有品位有意义的生日，买书、文具之类的，可你很快发现，孩子根本没有看你给他买的书，虽然生日那天，孩子也会笑盈盈地说："谢谢爸爸妈妈的礼物，我一定要好好学习。"

在生日那天，孩子似乎所有的事情都可以做了，只要不太过分和过火，父母一般也不会太计较，好像大赦一般。不仅如此，还可以吃上生日蛋糕，收到很多礼物。有的小孩在家里过了生日不过瘾，还会出去和同学们过。慢慢地，过生日那天本来是父母表达心意的一天，却逐渐演化成了父母还债的日子。如果一不留心忘了给孩子过生日，那你一定是犯了不可饶恕的罪过了，生日那天，孩子整个就是皇上。即使如此，大家也都乐此不疲，因为不管怎么说，即使再发愁过生日，生日也还是要给孩子办一办的。

我实在不能容忍这样的以孩子为中心的生日过法了。

耶和华说：要让女人受苦，其中就有分娩之苦。我们每一个人能来到这个世上，无一不是母亲承受巨大的痛苦而来的。既然如此，我们有什么颜面在生日那天还向父母索取呢？生日那天应该想到的是，这是父母给你生命的那一天，应该感谢父母的所有劳顿和辛苦，应该回报父母谆谆的爱意，哪怕给父母一声感谢，或是一个拥抱和一个吻。说得直接点，*孩子的生日应该是孩子送父母礼物的一天*。至于什么样的礼物，应该是孩子绞尽脑汁去思考的，而不是父母下班后急急忙忙去买的蛋糕。

不仅在生日那天要注重培养孩子对亲人表达真挚的爱的精神，就是在平时，也应该多加注意，比如对自己的老人的关心和体贴，应该经常让孩子共同参与，让孩子在表达对他人的爱

的时候感受那份付出爱的快乐,这对孩子人格的塑造有极大的好处。只要做好了,您很快就会从中感受到别样的欣慰。

所以,我以为**家长在生日这个问题上应该要回自己的主权,生日不是孩子漫天要价的日子!**重要的是要让孩子学会爱父母,你不知道培养他这一点,只知道给孩子单方面的爱,那就会让孩子陷入自我中心的旋涡,会让孩子得上一种爱"人"缺乏综合症。

有人说了,如果孩子的生日让给父母过了,那什么时候给孩子过啊?很简单,"六一"国际儿童节啊。世界各国都给孩子们想好了,您还担什么心啊?许多国家的儿童节的日期和我们不一样。到了儿童节那天您再表达对孩子的关怀也好啊。至于怎么过,就我无须啰嗦了。

对于如何过生日的看法纯属个人意见,只是本人对天下家长的一个建议罢了,弃取自便。但我认为这是个大问题,所以特别写了本节。

本节要点

1. 孩子往往比成人更"义气",更有信用。
2. 教育孩子的目标和根本是培养有爱心的孩子。

家长作业

无(因为您知道该选择什么,而不是我给您指定什么!)

2.9 关于责任心——一个沉重的话题

一个沉重的话题:没有生气的、满不在乎的孩子通常也没有什么理想,因为他心灵中缺乏一个关键的东西:责任心。

在这个现代社会里,神经衰弱这种病似乎很流行,但有一种病更厉害,就是精神衰弱症。

当我与学生聊天的时候,常会问的一个问题是:"你将来想干什么?"什么样的答案都有,但我总的感觉并不是很好。总结起来,这些答案有两个特点:一"少"一"多"。

"少"指的是有气魄的理想和目标少,孩子们的回答多以做工程师、白领、医生、老板、金融家等为主。像周总理在年幼时就说出"为中华之崛起而读书"之类的话我根本没有听到过。

"多"指的是不知道也不想将来的答案多,学生们认为将来太遥远,想多了也没有用,大了自然知道干什么了,或者说家里人已经替他们想好了。

我曾经看到一个这样的报道:某市教育部门曾组织力量对该

市8个县(市、区)70多所学校的中小学生德育情况进行专题调查，结果表明：在奋斗目标上，不少学生趋向务钱化、务权化，好多学生表示自己将来并不想成为科学家，而一心想当官、做老板。无独有偶，另一个城市的教科所在前不久也对该市3所重点高中和8所普通中学的学生做了一次德育工作调查，结果有七成中学生将读书是为了当"大款"、做"大腕"作为自己的人生奋斗目标，其中有13%的学生竟然表示只要有钱，干什么都行。

我还经常会遇到这样的情况，孩子与家长一起到我这里来咨询学习的问题，当我对着孩子问叫什么名字时，家长往往赶忙报出孩子的名字，我再问孩子你多大了，家长也会急忙在旁边插嘴道：今年12岁了。唉，真是可怜天下父母心。再问你将来想干什么，孩子爱说：我妈想让我当医生，说医生有保障……

这样的话我听得太多了。为什么会这样呢？只是简单地埋怨社会的压力是不现实的，那么如此脆弱、不爱思考、缺乏进取的一代到底因为什么才成了这样？说到底，是一个人没有责任心。

而关于孩子责任心的教育问题，真是一个沉重的话题。

许多孩子从来不洗自己的衣物，房间也都是乱糟糟的；吃了饭，从来也不晓得帮助家人收拾碗筷；看到家里来了客人，甚至连招呼都不会去打一个；在公共场所，大声地喧闹着从来不会考虑旁人；只要家里人不催促去写作业，便会在电视机前一直呆着；拿到考试卷子，只看看分数而从来不会对错题给予足够的关心……

可是当因自己赖床而快要迟到的时候，却吆喝母亲赶紧送他上学；当自己不小心做错了什么事情，却总能找出无数的借口和理由；家里人一旦没有满足他的一个小小要求便不依不饶；拿回糟糕的成绩单却说谁都有可能犯错；也会因为过失而流眼泪，但事情过几天后就什么都恢复了原来的模样……

孩子为什么会变成这样？难道从小就是如此吗？您不还记得昔日那个可爱的孩子吗，怎么现在是这样的？

在我开始做教育研究的时候，和家长一样最关心的是学生的学习成绩，因为学习方法对成绩的影响最关键，所以我强调学习方法的训练。但后来又发现生活品质对学习的综合素质影响很大，所以就开始用情境教学的办法来训练孩子的生活品质。再后来发现孩子的生活素养和品质和父母的教化关系最大，所以，我现在调整学生的学习品质的首要工作是围绕家长进行的。因为孩子再有千般不好、万般不对，与家长的作用与影响也是密不可分的。把家长的工作搞上去了，孩子的学习提高自然不在话下！

可是对家长的指导到底应该包含什么内容，家长对孩子的教育重点应该放在哪里？我的体会很简单，就是——培养孩子的责任心！

没有责任心的孩子，不仅对自己的事情不关心，对别人也不关心；不仅自我奋斗的愿望淡薄，而且推诿推卸推脱的习惯也甚为顽固。

有个孩子上了高二，很聪明(又是一个很聪明的孩子)，学习成绩不稳定但也有发挥很好的时候。母亲很焦急，托人找到我，请我到了家里。到了孩子的房间后，我简直不知如何下脚，也不知道坐到什么地方。经过与孩子愉快和顺利的交流，我感受最深的一点就是，虽然他已经是高二的学生，但说话做事还是比较幼稚，可以说是一个还没有长大的儿童，连少年都不算，虽然个头也大了，喉结也突出了。

但一次指导不能指望解决太多的问题，所以我首先表达了本人的一个希望，就是把房间收拾干净整齐。虽然我知道他家几天

后就要搬到新家了,但我还是提出了这个看起来似乎没有实际意义的建议。经过一个小时的努力,房间焕然一新,我们去请家长过来参观。孩子的母亲又惊讶又激动,说道:"都快10年了,这个房间从来没有这么整齐过。"她甚至都不相信是自己孩子整理的。为此,我向他的父母表达了两个看法:一是给孩子足够的信任,要让孩子多经受一些挫折对孩子有好处,不要事事包办;二是不要太多过问、干涉、评价孩子的学习,而是应该注意孩子的生活品质的培养。后来,我无意中发现他们夫妇的房间虽然比孩子的要整洁一些,但还是很乱的。原来如此。

其实在以前章节里介绍的很多案例中,许多孩子都存在责任心不够强、依赖心过强的问题,这都是家长一手遮天的结果。既然父母负了责任,孩子自然在责任的问题上表现低能;既然对孩子缺乏责任心的培养,孩子自然对许多事情满不在乎。

有个上初三的同学,个人素质很不错,人很善良,小的时候还担任过一部电视剧的主角。学习情况与上述的那个同学差不多,也是学习表现很不稳定，既有孩子气，也是个粗心大王、脾气大王，品质上倒没有别的大毛病。有一次去了他家，我就摇着头地看他把饭桌上仅有的三个鸡翅都大口吃掉了，只是最后才问了他家人一句："你们怎么不吃？啊，我都快吃完了，你们为什么还不赶紧吃？"就这句话，也令他的母亲高兴地发抖。他家是双职工家庭，所以并不富裕，但父母把所有的能力和爱全给了孩子，头发也白了，心也操尽了，但是很不满意他目前的学习情况。我接触孩子不久，孩子粗心的问题就有了很大的改善，但是时常还会小犯，就这样并不能令我满意的结果，家长已经是很兴奋了。后来出了个很滑稽的事情使孩子的问题发生了很大的转机。

有一天晚上，他母亲哭着给我打电话，请我务必去她家一趟。我便急忙赶去，家里人都闷闷不乐。事情的原委是这样的：中午的时候，孩子下学没有骑自行车回来，是同学给带回来的，家里人问他怎么搞的，孩子说车子丢了。他父亲想：车子又不好，又是存在车棚里，怎么会丢？但还是很小心地琢磨了一番问孩子，你那车子那么破旧，有谁会偷啊？你找过没有？孩子说你真麻烦，我难道没有找吗？找了半天也没有啊。他父亲又追问难道你没有问问看车的师傅吗？孩子说我也问了，就是没有找到。事实上，孩子的确是很认真地找车子来着。

既然如此，大家只好赶紧吃饭。下午上学时候孩子就又和同学一起去上学了。这个当父亲的越想越不对，怎么会丢呢，没有道理啊，那么破烂的车又有车棚怎么可能嘛！下午的时候，便提前下班去了学校，一查问，结果是看车棚的师傅给收了。那位师傅说，你家的孩子中午就找来着，但态度不友好也不客气，因为他乱放，所以我给他挪到后面去了，本打算下午下学的时候告诉他，中午也就没有多理他，让你家的孩子难受一下也是想让他长

个记性。这位父亲赶紧谢过就在路边等孩子下学出来，原以为孩子会高兴，结果孩子和同学一出来，看见自己的自行车和他的父亲一起站在那里，一下子就火了。回了家后，也不吭声，谁也不理，当家长的也是一肚子怨气，怎么搞的，给他找回车子了，怎么还这样对我们？实在痛苦愤懑委屈得不得了。于是，他母亲便给我打电话，问我该怎么办！

听完家长的哭诉，我就用四个字给这个孩子做了总结："恼羞成怒"。

恼之何来？无须多说，丢了车子自然很恼！

羞从何来？本来自己可以找到，但没有找到，感觉羞愧；在同学面前丢了面子，更是羞愧；车子被父母找到了，在爸妈面前也感觉很难堪。

恼了，羞了，怎么办？为了遮恼掩羞，只有靠"怒"了。只是这"怒"很自私，很脆弱。

我说你们不要着急也不要难过，这是好事情！孩子能怒，说明他还有廉耻之心嘛。做家长的一下就破涕为笑了，但转念又说："哎，赵老师，您就别安慰我们了。"我说你们不要管，该怎么办还怎么办，这事情我来善后，就当没有发生过。

我到了孩子的房间，直接地向他说明了他怒的原因，并对此表示理解，而且表示他的父母也很理解他，所以让他不要介意今天和父亲发的没来由的火。孩子流着眼泪听着我的话，我知道他自己也很懊悔和愧疚。然后我着重给他分析了为什么会丢车子的事情，从前到后，从各个角度，包括心态、情绪、认识等，细细地回顾和总结了一番。孩子的表情终于出现了少有的凝重，然后说起了在学习上的问题，为什么还时常出现那些不该犯错误的现象等。最后，我说你也不小了，不要老拿父母当出气筒嘛……

过了一个多月，孩子中考的化学成绩居然是100分，到现在我还能想起他母亲欣喜若狂的表情。

人经常有这样的经验，就是因为一件突发的事件，甚至是路人的一句话，但从此深深地改变了。这个孩子就是因为看起来和学习无关的"丢车事件"而在内心发生了震撼和顿悟。做家长的要特别注意这样的敏感点，及时抓住让孩子"顿悟"的时机。为了做到这点，做家长的就需要对孩子的问题做出正确的分析和判断，只有这样，才不会让"事半功倍"、"他山之石，可以攻玉"的好时机溜走。

但也不能总是心存侥幸，坐等这样的"顿悟"。我告诉你，这一点一定会来的，但什么时候我也不知道，就好比那个出租车司机，他一定是"顿悟"过了，但对于学习这件事情来说，那就太晚了。

每个人都应该有责任心，父母的责任心真正应该体现的地方不是孩子的衣食方面，而是在心灵的塑造上。如果不能正确地爱孩子，教育孩子，其实就是缺乏责任心，父母简单地以为自己付出了，当孩子的却没有什么话对自己说。

有一位女学生的家长与我说："我这孩子，我够对得起她了，书包文具哪样不是班里最好的？别人没有电脑我给她配了，别人有了电脑，我给她买了液晶的，如果她不争气，将来没出息，她也不能怨我这个老爸，你说呢，是不是这个道理？"可惜可悲可叹的是，和我说这种话的家长太多了。

对孩子盲目地给予自以为是爱的行为，不仅无效也是家长本人缺乏责任心的表现。不培养孩子的爱心，不注重孩子责任心的养成，让孩子习惯了只关心自己，自然就会漠视他人；给孩子太多关爱和呵护，当然缺乏对别人情感的敏感和尊重，这样如何能

培养出孩子的爱心和责任心？没有爱心的孩子一定缺乏责任心，缺乏责任心的孩子虽然可能会有爱意，但不懂如何爱别人也不会爱自己，最后在行动和思想上就更缺乏对别人的爱和关心的考虑了。

缺乏责任心的孩子在生活上如此，在学习上更是如此。很多孩子认为作业也好，考试也罢，其实是给父母做的，因为他并不认为这是自己想做和喜欢的事情，也不关心这个事情结果的好与坏和会对父母的影响有多大，认为父母和自己一样，只是三天的不快而已。

一个没有爱心的人一定是危险的，明朝洪应明的《菜根谭》就有"恶人读书，济私助恶"的精辟总结。无独有偶，西方的但丁也说过："*道德常常能填补智慧的缺陷，而智慧永远填补不了道德的缺陷。*"一个没有责任心的人，充其量不过是行尸走肉罢了。

有一位老师曾经给我留言，"我虽然对这个问题也有所认识，但遇到实际问题就不知道怎样处理。不知道平时具体应该注意什么……希望雨林老师能对这个问题多谈谈，使我们可以得到一些指导。"

我这样回答："要我说的话，就是教给孩子吃饭，说话，礼貌，不乱扔东西，有同情心，快乐而不妒忌等。这很简单，就是从小的地方做起，要让他明白他应该给别人带来快乐。就这么简单，不然，你要怎么样？其实做家长的自己心里光明了，对孩子自然就坦然了。孩子身上出现的所有问题都和家长个性及人格的缺陷有直接的关系，这个问题您可以自己慢慢琢磨。"

当一个人意识到给予是责任，同时也一定会发现给予是快乐，这种责任的实现是幸福和满足的，大到为国为民，小到为父母为自己。这样的人生当然快活。

有爱才会有责任，有爱才会有幸福。所以，真心希望我们的孩子不仅不得神经衰弱症，也没有精神衰弱症。

本节要点

1. 没有责任心的孩子的父母虽然爱孩子但缺乏真正的责任心。
2. 没有责任心就意味着缺乏超越自我的基本动力。
3. 责任心是一个人实现自我价值和目标的内在动力。

家长作业

1. 回忆一下孩子对自己有过什么样的爱和关怀的表达。
2. 总结一下自己缺乏责任心教育的不足之处。

2.10 你问我说——和家长的对话录

什么是好学生?

(1) 好学生是指那些明白学习方法、学习意义及学习目标的人。

(2) 是每天都会有进步的人,而不是只是学习成绩好的人。

(3) 受老师、学校、环境的不利和不良影响较小的学生。

什么样的学生没有前途?

不是傻子、天生智力有障碍的人,就是没有爱和不会学习的人。

怎么能证明学生有希望?

他只要说过:我想考好!

什么是教育孩子的捷径?

对爱心的培养!不爱自己,怎么会爱别人?不爱别人,怎么和别人交流?没有爱,也不会有理想!没有责任心……什么也不会有!

家教中最大的失败是什么？

溺爱的结果是孩子连自己也不会爱！无知无畏，无爱无求，一个无爱的人眼里什么也没有！

如果孩子的老师不理想怎么办？

那您就得做一个好的家长！

好的老师都有什么特点？

好的老师从来不受教育体制的影响！

为什么有很多孩子不快乐？

约翰·密尔说过："凡在不以本人自己的性格却以他人的传统或习俗为行为的准则的地方，那里就缺少人类幸福的主要因素之一。"我们的教育更多是以自我感觉为中心的，而不是利它的，主观即便是利它的，也是一种高高在上而让人生厌的行动。

难道我们要他好好学习、做好人错了吗？

家长的大多想法当然没有错，错的是您实现想法的做法。

为什么孩子不愿意做我们要求他做的事情？

就是因为您大多数时间希望他做的事情是出于您的要求，而不是由于他的需要。

这个要求和需要矛盾吗？

不，要求和需要有许多时候是一致的。但是，要求虽然可能合理，但由于通过不恰当的方式提出，孩子宁可放弃和拒绝这个需要。

为什么孩子不听话？

不是因为家长的话孩子听不懂，就是因为孩子不爱听家长说的话。

我们的家长和孩子为什么都不快乐？

使个人对幸福的感觉成为牺牲品的原因，是由于技术和物

质至上主义的结合增加了我们生活各方面的压力。为了所希望的一切而拼命奔跑。孩子也是牺牲品。

应试教育有多大危害？

微观上来讲，应试教育对孩子是没有什么影响的，它影响的是一代人的思维方式。

怎么避免应试教育的不利影响？

学校教育环境是不能选择的，所以只有靠家庭教育来弥补。

怎么搞好家庭教育？

不仅培养孩子具备良好的人格，更要培养孩子科学思维的态度以及创新精神。

素质教育管用吗？

不是因为说搞素质教育才搞素质教育，是本来就应该搞素质教育。

孩子为什么不爱学习？

因为孩子不爱父母。先教他如何爱父母吧！

孩子对学习很厌倦，怎么办？

那就不要学习了，先找他喜欢做的事情。耽误一天、一周、一个月也没有关系。

孩子为什么总喜欢和学习差的人在一起玩？

那是因为您的孩子缺乏幽默感！当然和差学生在一起的时候往往很轻松。

孩子很小就喜欢异性了，怎么办？

那您希望怎么办？喜欢难道是罪过吗？

家长教育子女最容易出现的几大问题？

①不会批评；②对粗心忽视；③只关心学习而忽视生活品质的培养。

家长最大的错误？

不要以为孩子就应该听话，重要的是应该让孩子知道如何选择做对的事情，而不是埋头就知道去做对的事情！

孩子最讨厌家长的几个现象是什么？

唠叨啰嗦，看分胜过一切，不信任不尊重！

孩子最看不起家长什么？

出尔反尔。

孩子最怕家长什么？

不是打和骂，是失去家长的信任。

孩子的弱点是怎么形成的？

没有机会体验失败和挫折。当体验失败和挫折的时候，更多体验的是痛苦，而不是考虑产生问题的原因。

孩子的成绩总是出现反复是为什么？

因为承诺好处，也因为您的陪读太辛苦！

聪明的孩子最有前途吗？

不是，是问题最多的孩子。当然是指脑子里总有新问题的那种。

怎么培养孩子提问的好习惯？

不要老是直接告诉他答案。

在生活上应该对孩子注意什么？

不要吃多了，不要太暖和了。

怎么获得孩子的尊重？

要学会对孩子说："对不起，我错了"。

对孩子的要求从什么地方开始做起？

先要求一点，当您回了家，孩子无论干什么，都要和您说"爸爸，回来了？"然后帮您摘外套，换拖鞋，倒茶水，再去做

自己的功课!

还要注意什么?

收拾自己的房间和书包,要不就不要住。要对客人礼貌。要按时起床。要饭前洗手,就这么简单。

那学习上呢?

要搞错题本。

还要注意什么?

开始制订学习计划,按照可能一开始感觉麻烦的正确的方法来组织学习。

重点是什么?

要知道自己的作业该怎么做!

那对作业认识的最大错误是什么?

认为老师布置的题是作业!吃饭是根据自己肚子的情况来决定的,不是因为有多少饭菜而定的。难道做多少饭就吃多少吗?不做就不吃了吗?

怎么就能成功了?

懂了吃,就懂了。

什么样的家教最没有威信?

就是教育孩子做连自己也不大愿意的事情,实际上自己也做不到。

最有效的教育办法是什么?

学会与孩子做好约定的教育。

孩子爱撒谎怎么办?

您和孩子撒谎吗?

我的孩子虚荣心很强怎么办?

虚荣心其实本不算什么坏事,只不过所有的坏事情因为虚荣心而起。虚荣心和自尊心只差一点。

我的孩子没有自觉性，怎么办？

因为他不喜欢做那件事情！

怎么就可以不让孩子没命地玩？

让他玩，玩到感觉无聊的时候。

他老想着玩，什么时候他才可以自觉自愿地学习？

不要老和孩子说学习的事情，相信我，没有人愿意一直玩下去的！

我的孩子没有朋友，为什么？

您忘记给他宽容和大度了。

我的孩子胆子小，怎么才能勇敢？

你老抱着他，所以他的脚跟不敢着地。

我们家孩子上的学校质量不高，我们孩子还有希望吗？

我很高兴您的孩子有机会上更好的学校，只要你想。

学校的老师对孩子不公正，又不敢和老师说，怎么办？

公正永远是有限的。真正的公正在于你的心灵，不在于别人说什么，怎么对您。去学校不是享受公正，是追求您要的东西。

孩子偏科怎么纠正？

先不要偏食。

孩子不偏食只是偏科啊！

那就问他为什么不偏食？

孩子学习不好，怎么请家教？

您就是家教，先把您该做的事情做好了，就不用请家教了。

提高学习成绩的最有效办法是什么？

只要把所有的错题做会了，就没有问题了。

我们做家长的没有文化，怎么教育孩子？

谁说没有文化就不能教育孩子？您不要说您有没有文化，要想您对孩子有没有尊重。

我最烦孩子懒惰，有什么好办法？

孩子最烦你啰嗦，孩子有什么好办法？

我爱人总袒护孩子，为什么？

因为您爱人没有把孩子当人，只是把他当孩子了。

那孩子什么时候算孩子，什么时候算人？

做他能做的和应该做的事情的时候是人，反之，是孩子。

我的孩子比同年龄人看起来要小，怎么回事？

如果是看起来年轻没有什么不好。

他是做事显得幼稚，不是指外表，那是为什么？

那是因为他不想长大。

为什么不想长大？

因为您没有教他长大！

怎么就可以让孩子像父母爱孩子一样爱父母？

从人类总体表现上看，要求孩子像父母爱孩子一样爱父母是不大可能的，只有孩子成了父母才有可能。目前我的看法和办法就是：在孩子过生日那天，为父母准备礼物！

怎么使孩子成为我们父母想象的那样的人？

您们首先要成为孩子所希望的那种父母。

那么什么是孩子希望的父母？

知道尊重孩子，可以理解孩子，善于鼓励孩子，充分信任孩子，给孩子真正不自私的爱，给孩子一双发现美的眼睛，让孩子有一颗善良的心。这就够了，您所希望的其他美德和品质，诸如责任心、意志力、创造性等也就随之而来，当然您希望的好成绩和美好将来也会如期而至。

别的都明白，那么什么是自私的爱？

就是自以为是的爱，自以为只要对孩子有爱就可以对自己的错误原谅而无须检讨的爱，自以为只要对孩子有爱的做法和想法就一定是正确的爱，自以为孩子是自己的，所以孩子的将来也是自己的爱。您越关心孩子的将来，他的现在就越不好过。

做个成功的家长难吗？

不难，只要您把眼睛从孩子身上转移到自己身上就成功了一大半！

孩子怎么就能学习好？

要知道学会学习，而不只是学会知识！

最后再问一下，怎么学会学习？

会生活！不知道生活的意义，是不可能会学习的！

本章总结
——家长如何提高教育水平

很多家长都对我发过这样百思不得其解的牢骚,主要意思就是说:在我们小的时候,家里子女多,家庭经济情况也不好,父母很多也没文化,根本顾不上管孩子;而现在呢,就一个孩子,生活也富裕了,父母大多都受过教育,母亲还常常陪读,怎么孩子这么难带?说到成绩,成绩不理想,论说做人,脾气个性又那么糟糕!这是怎么回事啊?

曾经有社会学者对家长教子能力做过综合的比较调查,方式是这样的:用10年前对当时的家长做过的同一份调查量表对现在的家长进行统计调查,发现现在的家长教子能力明显下降了。

这真是令人费解,为什么社会进步了,综合水平提高了,反而教育子女的能力下降了呢?

原因是这样的:由于这一代的家长大多出生在二十世纪六

七十年代，这代人在幼年——人生最初的价值观、世界观形成的时候，我们的国家正处在动荡时期，所以这一代人的思想认识要较上一代人表现得更加多元化和复杂，而且总体的人文评价、道德指标不如以前。

在这里，谈到这件事情只是希望家长注意：不是孩子难管了，是家长自身的问题多啊。

犹太人在世界上的成功是很令人瞩目的。截止到2001年为止，犹太人获得诺贝尔奖的人数已达129人；美国前400个富豪家族中，犹太人占23%；大家耳熟能详的爱因斯坦、思想家马克思、政治家基辛格、电影导演史蒂芬·斯皮尔伯格等都是犹太人……为什么只占人类总数1%的犹太人可以如此辉煌？

就像我们有《论语》，对于犹太人来说，有一部汇总了对《圣经》进行解释和研究的伟大著作《塔木德》，而犹太人成功的秘密就在这本书里。

在他们的家庭中，当孩子到了七八岁的时候，母亲肯定会问孩子一个问题："当遭到异教徒的袭击必须逃命的时候，你会带着什么逃走？"对于这个问题，回答"钱"或者"宝石"都是不对的。这是因为，无论是钱还是宝石，一旦被夺走就会完全失去。正确的答案是"教育"，与财物不同，只要人活着，教育就不可能被别人夺走。犹太人就是根据《塔木德》的教导来开展教育的。犹太人成功的第一个关键就是重视教育。

这种对教育的深刻理解和认识从小就在犹太人心中扎了根，所以想让犹太人失败也不可能，他们可以失去财宝，可以失去家园，可以失去国家，但拥有智慧在全世界畅通无阻。

为什么？因为他们知道该如何教育！教育使犹太人聪明、坚强。

我们的华人自古也很重视教育,"修身齐家治国平天下",没有中国的四大发明,很难想象今天会是什么样的世界,但辉煌也已成为过去。在今天这样的世界上,我们是否应该从刚刚可以"中国制造"的窃喜中,毅然走向"中国创造"、"中国发明"。那就需要从我们千千万万的家庭教育中做起。

那就需要我们真正重视教育,不仅教给孩子真正的智慧和品德,更要对自己进行教育。

没有家长不望子成龙而求成心切的,于是他们很关注别的成功家长和教育家的做法及说法,这是对的,但要注意几个问题。

在开始的时候,要学会选书。教育是门学问,无师很难自通,所以要注意学习。既然要学习,就要有明确的选择。不仅要留意报纸、电视、杂志、书籍,更要知道选择什么样的方式来提高自己的教育理念。其中看教育类的书籍要以实际为主,看后切不可盲目照搬,实际也照搬不了,因为别人的孩子的情况和您的孩子是不可能一样的,所以要有鉴别地选择合适合理的部分,这就是很多家长为什么买了许多书,却有什么也没有看到的感觉与体会。关键是要看书中别人的家长解决孩子问题的思路,而不简单地看具体的解决办法。因为您不可能在书中找到每一个问题的答案。

成功的家长都具备很强的共性,那就是尊重孩子,因为尊重孩子也能获得孩子对您的尊重。只要有了尊重,什么问题都能得到解决。很多家长的失败就是由于这个问题没有处理好!

在与孩子交流和沟通的时候,要学会对话。我们在很多章节中,也很多次地谈到沟通的重要性、交流的方式等。说到底,孩子不听话,是因为您的话不中听,不管您的话有没有道理,只要孩子不爱听,一切努力和辛苦都白费了。

在对待孩子的态度上,要学会道歉。人非圣贤,孰能无过?为什么孩子一犯错误,我们做家长的就一定要揪着不放,总也不能忘怀,而轮到自己出了错误后,不是不吭声,就是百般抵赖,总之厚着脸皮不肯承认。殊不知,这样的做法只会得到孩子的蔑视和反感的。试想,这样又如何获得孩子的尊重和认可,如何树立自己的威信,如何能让孩子听话啊!

对待学习的问题,要懂得学习。孩子如何开展自己的学习,是很讲究方法的。家长在指导孩子的学业时,往往过多注重学业本身具体的问题,而甚少从方法上考虑,这是非常不经济的做法,"授人以鱼,更要授人以渔"讲的就是不仅给人鱼吃,更要告诉人家如何捕鱼。

所以家长要重视对学习这门科学的学习,只有自己的认识对路了,对孩子的指导就会少走弯路。而且自己对自己素养的积极培养,本身就给孩子树立了很好的榜样,要知道,榜样的力量是无穷的。

前苏联教育家马卡连柯就针对家长的自身行为在教育上的决定意义讲道:"不要以为只有你们同孩子谈话,或教导孩子、命令孩子的时候,才是在教育孩子。怎样穿衣服,怎么跟别人谈话,怎样谈论别人,怎么表示欢乐和不快,怎样对待朋友和仇敌,怎样笑,怎样看书读报——所有这些都对儿童有很大的意义。您们的神色上的少许变化,孩子都能看到和感觉到。您们思想上的一切转变,无形之中都会影响到孩子,只不过您们没有注意到罢了。"

我经常对家长讲,孩子每天都有进步,而您呢?既然您的今天和昨天一样,您有什么资格对孩子指手画脚啊?所以要想

让孩子有进步，自己首先得有进步。不仅体现在学习，还有做人、做事等方面，这样家长说的话才有说服力。孩子也喜欢这样的家长。和孩子一起进步是多么令人开心的事情啊！只有真正学会尊重孩子了，学会和孩子对话了，知道学习的真正意义了，这才能算是学会爱孩子，学会教育孩子了！

有人说，教育是科学，也是一门艺术，这话我同意。既然是科学，我们就要用科学的态度和方法来对待教育，所以做家长的不仅要研究孩子，也要研究自己，不仅要研究教育，也要研究学习。这话似乎生硬了点，但做家长的是无论如何也绕不过去的。有的人以为自己的文化不高，是不是就可以不做什么"研究"呢？其实不然，文化只是说明了某方面的专业能力，更主要的是自己做人的态度和行为，这一点，是教育孩子的最深层次、最根本的力量。

高更(Panl Gangen)说过："艺术不是抄袭就是革命！"教育孩子也是艺术，是绝不可能靠看几本书就可以实现，也不是听名人做几次报告就学会的。实践证明，盲目地模仿是不可能做好教育的，所以必须从自己的内心深处对自己发动一场革命。不仅在思想上，更要在行动上。只有这样，您的孩子才会在您科学的、饱含艺术的教育中受益。

失败的孩子背后一定是失败的父母和教育，虽然理论上讲，理想和成功的家庭对孩子的发展和成长最有利，但失败的孩子又往往来自理想和成功的家庭。理想和成功的家庭应该是那种父母文化程度比较高，婚姻感情良好，经济情况无忧的那种，那么这种家庭中失败的家长有什么特点呢？根据我的多年体会，他们很啰嗦，既不信任孩子，也不尊重孩子，虽然父母很爱孩子，但孩子却很不喜欢父母，甚至讨厌痛恨父母。你不妨问问自己的孩子，你喜欢爸爸妈妈吗？这样的家长关心孩子的学习成绩甚于生活作风，关心身体甚于心灵，这样的家长虽然爱孩子但却不会爱孩子。

家长要明白一点，不要因为有了对孩子的爱，就有了自己可以犯错的理由。就是由于许多人太自信了，以为有了爱就可以忽视别的一切，这样的"爱"太自私，太窒息，太沉重了，有还不如没有罢！这种爱的教育一定是失败的。许多孩子知道父母是爱他的，但他却感觉很痛苦，虽然不知道为什么会这样，但许多孩子在父母沉沉的爱下感觉很压抑。

爱的表达虽然是情绪和主观的，但却不能不讲究科学和方法。所以我们强调的是科学的爱，理性的爱，有智慧的爱。而不是盲目的爱，冲动的爱，自以为是的爱，让人不胜其烦的爱。

"临渊羡鱼，不如退而结网"。所以，想要做一名成功的家长需要做好几件准备工作。

一是少说几句话！就是那些没有用的废话和啰嗦话。

二是多做一件事——鼓励，就可以使自己的教育效率很快得到改善和提高。逐渐地，随着你教育经验和水平的真正完善，一定能实现您作为家长的梦想！

当然还有一点请家长注意，至少我个人发现，那些公认的、著名的教育家的理论从来不是几个字和词就可以概括的，可以概括的只是对教育的基本认识，是开展教育的基本原则和宗旨。从古至今，从东到西，对教育的认识和理解是万法归一的：即对受教育者的尊重。在这个基础上，开展的是爱的教育，是对责任心的培养，强调个性的和谐与完善，建设有创造性的个体，培养追求高尚情操的人。

国家、地域、文化的不同，注定教育不可能是万能的，教

育也不会是完美的。但教育给予我们的信心与力量足够让我们不会因此而放弃我们的责任和义务,放弃我们将努力到手的成功。

拙作如下,为求工整,虽不押韵,倒也切意:

学习表现不理想,生活品质有问题!
善待错误勤总结,成绩自然日日新!
少说认真和聪明,多讲努力和自信!
合理鼓励善批评,个性思维才上进!
要为孩子前途明,尊重还须责任心!
爱心教育为重点,本是父母教育经!

我们关心的,与其说是教育的目的,还不如说是人的目的,这是教育者和被教育者共同的目的。让我们引用德国杰出的学者兼政治家罕波尔特(Wilhelm Von Humboldt)说的话作为本章的结束。"人的目的,或说由永恒不易的理性诏谕所指令而非由模糊短暂的欲望所提示的目的,乃是要使其各种能力得到最高度和最调和的发展而达成一个完整而一贯的整体。"

在本章,我们谈的家庭教育的着重点主要集中在孩子的个性、生活、学习等方面,所以我们列出正确与错误开展家庭教育的基本问题对照,如下所示,敬请参考。

正确的思想与做法

家庭教育的主要任务——培养孩子的爱心和责任心；

完好的家庭教育体现的是尊重,追求的是人性完美；

正确的教育目标:爱心；

孩子实现目标的个人机制:强烈责任心下的自主积极态度；

实现教育目标的外部手段:相互尊重的交流与约定。

错误的思想与做法

家庭教育的主要失败——只关心和注重家长个人的感受；

失败的家庭教育体现的是霸道而不是人道,追求的是功利而不是生命的权力；

错误的教育目标:成绩；

制约孩子实现目标的个性:缺乏主动性及自觉意识的被迫与消极态度；

错误实现教育目标的外部手段:单方专制的要求和管制。

第三章 学习篇

学习,一个需要得到正确理解的概念

3.1 你真的懂"学习"吗?

在一个晴朗的日子里,你知道天为什么看起来会是蓝色的样子?

每天太阳都会升起又落下,这又是为什么?

为什么苹果会掉到地上,而气球又会飞上天?

人为什么会变老?

……

呵呵,这些对我们来说都是太熟悉的现象,但你是否认真问过"为什么会这样?"是否明白其中所包含的种种原理呢?有的事情伴随许多人经历了一生,虽然感觉很熟悉可仔细想想后,却发现其实很陌生;以为自己明白,但实际并不清楚!

所谓"学习"也是如此。

我每次为家长做关于培养学习习惯这样一类讲座的时候,都希望可以遇到一个能够把"学习"讲明白的人,但结果每每令我失望。

当我问到"什么是学习?"的时候,众多家长的答案如出一辙:上学就是学习;做作业就是学习;或者是上完大学就不用学习了。我再问怎么就可以学习好?家长会说:认真完成作业;专心听讲等。

上学几乎是每个人人生旅程中必经的一段,它伴随着我们从蒙昧到理性,从一无所知到充满智慧……"学习"与我们距离如此之近,对我们如此之重要,甚至它每时每刻都在被人关注,还是很多人每天都要经历的,却很少有人能讲清楚、说明白它的真正含义。

不懂学习的意义,不明白学习的含义,一些人为它而累,因它烦恼,视它成负担也就不足为奇了。

第三章 学习篇
学习,一个需要得到正确理解的概念

其实像"学习"一样被我们经常挂在嘴边却并不被我们真的理解的东西还有很多,而"学习"对很多人来说,并不仅仅是不明白而已,还包含了很多想当然的误解成分。

想取得优异的学习成绩,却又不懂得到底什么是学习,这就好比一个人想得奥斯卡最佳导演奖却不知道电影是什么,这听起来的确荒谬可笑。

所以在了解如何教育孩子之前我们有必要先彻底了解一下到底何谓"学习"。当然,这个彻底的了解要建立在正确、准确、精确、翔实的基础上。让我们开始吧!

3.2 学生为什么会学不好?

"学生为什么学不好"的原因有个人的,也有社会的,有家庭的,也有环境的,看似原因有千千万,其实寻本溯源可以归结为八个字:"不爱学习"和"不会学习"。

很多人对学习的解释,主要指的是学生在校期间接受文化知识的活动。所谓学习的过程通常是指听课,做作业以及期末复习,学的好不好,更多是指学校文化课考试的成绩。这种对学习的片面理解势必造成这样的现象:为学习而学习。

由于一些家长错误思想的灌输,让孩子把上学读书当成一种手段——如果你不经历这段炼狱似的生活,你就永无出头之日。他们几乎在孩子刚有些思想的时候,就夜以继日的告诉他们这些至理名言,导致许多孩子根本看不到也不明白学习到底有什么意义,感觉老天真是捉弄人,怎么生下来没有几天,还

没有玩够,就被家长送到一个叫学校的地方,还要被叫老师的人管着,上课不能做小动作也不能说话,下了课还得做作业,哎,动不动还得复习!可大人们却可以不用学习,上课,而他们却只是一个劲地讲,要好好学习,要不长大没有出路那样的话。

孩子从进了学校的开始就眼巴巴地等着毕业,如同忍受烈火煎熬的火鸟等待重生一样,他们并不明白为什么不学习就没出路,父母只告诉他们这个结果,并每每用恶狠狠的语气说:"考不上大学就去扫马路"。他们更不明白为什么很多名人没有上过学也很成功,为什么许多没有高学历的人一样幸福快乐地生活。

所以,孩子们总是觉得家长是在想方设法地骗我们去学习啊!虽然孩子也知道学好了对自己没坏处!

所以学生在谈到学习的意义和对学习的看法时,许多孩子认为是为了父母而学习,或者认为学习是为了自己将来找个好工作而已。

所以在学生谈到对待学习的态度时,更多是围绕对学习的情绪体验和反应上,而无论其学习成绩表现如何,大多数的学生并不喜欢学习。

原来从一开始,孩子就把学习当成痛苦的生命历程,当成煎熬,只是为了未来不去扫马路,他们只有忍受学习带来的万般苦痛,为的不是别的,而是有朝一日凤凰涅槃,与学习永别。正是本着这种态度,学习就变成了被动的行为,甚至具有某种不可抗拒的强迫性!!被动的学习,毫无创造性的学习是死"学习",成绩不好,是因为对所学知识没有真正掌握,因此不能灵活运用!

这其中,还有不可忽视的社会原因。有一年,上海市一所市重点中学接待了一个美国的教育代表团,主人特地请了一位优秀的物理特级教师上了一节公开课。课上得非常精彩,用我们传统的评课标准来看,教学目标明确,教学内容清晰,教学方法灵活,有理论,有实验,教学过程活跃,师生充分互动,气氛热烈祥和,教师语言生动,教学时间安排精当。课上完了,听课的中国老师掌声雷动,钦佩不已。然而美国客人却面无表情,当接待者请他们谈一谈自己的观感时,他们说,这堂课老师问的问题学生都能回答出来,既然如此,这节课还上它干什么?

美国客人的反问让人振聋发聩。既然学生都能回答,老师还问这些问题做什么?这节课的任教教师是一位特级教师,可以说代表了我们中国教师的上课的最高水平,然而就是这么一节我们认为非常优秀,几乎完美无缺、天衣无缝的课,却让美国客人百思不得其解,一语击中要害!这个要害正是长久以来我们应试教育的弊端的集中体现:我们的学生早已适应了你来问我来答的学习方式,我们的老师也早已适应了我来问你来答的教学方式。

关于学生的创造性是如何被我们不正确的教育方式扼杀的例子已经太多了。一个最著名的例子就是:一位老师在幼儿园的黑板上画了一个圆,问小朋友这个圆是什么。结果在两分钟内,幼儿园的小孩子说出了 20 多种不同的答案,有的说是苹果,有的说是月亮,有的说是烧饼,有的说是老师的眼睛……老师又到小学、中学去问学生们相同的题目,但是答案的数目却越来越少。到了一所大学,老师同样在黑板上画了一个圆,问大学生们这是什么。结果两分钟过去了,没有一个同学发言,老师只好请班长带头,班长迟疑地说,这大概是一个零吧!

有一位美国的专家年先生曾出过这样一道题：在一栋一百五十层的摩天大厦前面，老师把三十只卡西欧 G-Shock 计时手表分派给全班三十个学生，看谁能在一个小时之内测量出摩天大厦的高度是多少。条件是只可以用老师给的手表，不可以用绳子、尺子之类的测量仪器，也不可以离开现场。据年先生自己说，他曾经对一个班的初中美国学生说这个问题，在五分钟之内，学生们就提出了上百个解决的办法。而整个论坛的中国教师和学生到最后也没想出 10 种方法。这个例子促使我思索，我们基础教育的问题究竟在哪里，为什么我们中国的学生乃至整个民族如此缺乏想像力和创造力？症结究竟在哪里？

有一个比喻说小孩子的头脑在入学之前是一片空白，等着我们用美丽的画笔去描绘最美的图画。在我们的观念中，小孩子是无知的，是要教育的，是等着我们去塑造的。于是，从幼儿园开始，学生就不得不接受像军队一样的教育。在小孩子充满奇思异想的年龄，他却不得不在老师的教导下，学会回答问题先举起右手，并且还要学会正确的举手姿势，手臂不能离开桌面。在小孩子最有求知欲和表现欲的年龄，他却不得不学习各种各样的规范，上课要坐得笔直，手必须交叉放在桌上，根据老师的指令做各种动作，上学下学要排整齐的队伍等。难怪参观过我们幼儿园的外国人也都是非常不解，进而控诉我们的幼儿园是最军事化的地方，就连迎接外宾时都是排着很整齐的队伍叫着"欢迎欢迎"的词，这个与他们理解中的幼儿园完全不一样。

学生经过漫长而又短暂的小学和初中之后，他们的创造性也就几乎丧失殆尽了。取而代之的则是老师持之以恒坚持不懈地灌输给他们的一个概念，即老师提的任何问题都是有标准答案的，不但有标准答案，连解题过程都要求标准，第一步必须写什么，第二步必须写什么。所以到最后，学生对于老师提出的问题，他所关心的不是他自己怎么看这个问题，而是老师怎么看这个问题，老师的标准答案是什么？所以中国的学生年龄越大问题越少，而美国的孩子却是年龄越大问题越多。我们的教育不是鼓励学生提问题，而是扼杀学生的好奇心和求知欲。而这，是违背人的天性和教育的本质的。

　　由于文化的差异，同样是成人聚会的场合，在西方他们往往不会像我们那样，"大人说话，小孩子不许插嘴！"或者，"大人说话，小孩子一边玩去！"通常会把小孩子当成和成人一样的平等的谈话对象，他们觉得这很自然，小孩子可以平等地参与讨论话题，可以自由发表自己的见解，而不用担心受嘲笑。在活动时，小孩子也完全可以扮演与大人相同的角色，不会因为年龄的因素而受歧视。在这样的一种文化和社会观念的影响下，小孩子非常勇于表达自己的观点，根本不必在乎别人会怎么看，不用担心自己的观点太幼稚而遭到大人的讽刺与批评。

　　现在，我们的素质教育提倡培养学生的创新精神，可是，在这样的教育体制、教学模式下，很难真正培养出具有创新精神的学生来。我们必须从头反思我们的教育观，我们的学生观。每一个小孩都是一个丰富的世界，从懂事起，他就有许许多多的为什么在脑子里。著名漫画家几米在其作品《布瓜的世界》中深刻地揭示了孩子们的问题世界。整本书都是由许许多多个为什么组成的。为什么天是蓝的？为什么动物有四条腿，而人只有两条？大人有时被问得不耐烦了，就说，没有为什么，可孩子接着问，为什么没有为什么？大人只好说，等你长大了

就知道了。孩子又说,为什么你长大了,却还是不知道?

多么可贵的探索精神啊!我们现在所大力倡导的研究性学习不正是追求这样的一种境界吗?在我们的教学中,最低级的层次是老师讲,满堂灌,当然,老师们现在也都知道这是不对的,于是,在各种各样的公开课中,满堂灌的情况基本上不存在了,取而代之的是老师问学生问题,这是目前最普遍的情况,表面看起来好像师生互动,气氛比较好,实际上本质没什么改变。仔细分析一下这些老师的问题,效果相当于老师讲了一段之后,问一下学生,你们在不在听啊?学生回答,在听。于是老师接着讲。这实际上是换了形式的满堂灌。真正的教学,应当是本文一开始举的例子中美国专家所表达的意思:学生自己提问,大家一起回答。问题不是老师问出来的,而是应当由学生提出来的。但是现状是,在我们的教育下,学生能自己提出问题的太少太少了。

所以,我们当前最重要的工作就是培养学生的问题意识,让学生多问为什么。问为什么其实本来应该是孩子的天性,我们所要做的只是恢复和保持孩子的天性罢了。每一个孩子天生都是很会学习的,而就是我们的学校,教会学生学习的学校,通过他们认为正确的教育,让本来会学习的孩子逐渐变得不会学习了。孩子的问题意识是与生俱来的,不需要培养,只要别扼杀。一旦扼杀,再恢复就很难了。但愿我们的教育,使得小孩子在成长的过程中,能够保留对这世界的一份好奇心,我们的教师,能够保护学生的提问意识,尊重学生对这个世界的感知,而不是用我们眼中的世界去强行代替孩子眼中的世界。

孩子永远是对的。它应当成为家长和教师的一条准则。在对世界的认识上,孩子原本是比我们更准确的。在教学的过程

中,不要权威,取消标准答案,让学生永远不停地问下去,终将成为我们的唯一选择。

但是,我们通常时候没有办法对社会和教育环境做更多的选择,那么改变我们孩子的命运和学习观就需要通过家长的努力来实现。我们会发现两条很有意思的规律,一,优秀的老师是不受教育制度和社会制度制约的,也就是说,任何时候任何条件下都会产生伟大的教育家。二,有各种各样的成功者,但他们的父母一定给予他们最好的教育和帮助。

然而,有许多家长或是老师,只是简单地希望孩子要学习好,用那些自以为是的其实并不合理的条条框框把孩子死死圈住,其结果并没有让孩子们投入到学习中去,反而让他们一点点丧失了对学习的兴趣,开始就把学习当成洪水猛兽唯恐避之不及。许多孩子并非仅仅由于贪玩,只是由于不理解学习的真正意义,而错误地认为一踏进校门,就开始了漫长的炼狱生活。

有一位老师在教孩子英文的时候,遭到孩子极大的排斥,他让孩子念"A",但那孩子固执地摇头,咬着嘴唇不出声。老师只好耐着性子和气地对孩子说:"你是个乖孩子,来吧!跟我念A,很简单的,听话"。可那孩子依然还是不张口,只用

第三章 学习篇
学习,一个需要得到正确理解的概念

抗拒的眼神看着他。老师火了,大喊:"念A!"可那孩子还是只发出"恩恩"的声音。老师没有办法,只好把孩子的父亲找来。两人一起软磨硬泡让孩子念A。最后孩子屈服了,从他嘴里发出一个清清楚楚的A字的音。老师被这个成功而鼓舞,说道:"太好了,现在念B。"可那孩子火了,用他的小拳头敲着课桌喊道:"我就知道念了A会有什么事。我念了A你就会让我念B,然后我就得背整个字母表,还得学读和写,后面还有算术题等着我做。这就是我为什么不愿意念A的原因!"

试想,对学习的兴趣和认识如此低迷,如何指望他主动投入学习,取得好成绩?

由于学习本身即定存在的、需要付出的自然性以及不恰当地被赋予的功利色彩,是造成学生学习兴趣不高的直接原因!

在孩子对学习存在理解偏差和消极认识的情况下,学习自然也就成为生活中的一种负担,而不是一种需要和必然。对于很多学生来说,所以"不爱学习"成为一个必然。

您现在就不妨问问孩子,什么是学习?为什么要学习?学习有什么用?学习有意思吗?

我希望做家长的您一定要有勇气,面对孩子真实地回答啊!

只让孩子知道学习不好有什么后果的教育理念是不可能激发孩子对学习的乐趣和愿望的,也无助于让孩子明白什么是学习以及懂得如何去学习。

不理解学习当然不会爱学习,不懂学习自然很容易厌烦学习。这就是学不好的两大原因。

3.3 关于学习的经典理论

我们发现,到底什么是"学习"的概念如此重要,就让我们先看看摘自《学习科学大辞典》里关于学习的概念吧!

学习是一种既古老而又永恒的现象。由于不同的历史条件,不同的研究角度,也形成各种不同的学习观,纵观古今中外学者关于学习概念的论述,比较有代表性的有下列十种:一是说文解字说。我国古代,"学"与"习"总是分开讲的。《辞源》指出,"学"乃"仿效"也,即是获得知识;"习"乃"复习"、"练习"也,即是复习巩固。最早把"学"与"习"联系起来的是孔子,《论语》曰:学而时习之,不亦说乎!后来,《礼记》又曰:"鹰仍学习"。这就是学习一词的由来。二是行为变化说。行为主义认为学习"是一个行为变化的过程"。三是经验获得者行为变化说。《教师百科辞典》认为:"学习是指人和动物在生活过程中获得个体行为经验的过程。"四是信息加工说。信息论学者认为："学习是学习者汲取信息并输出信息，通过反馈与评价得知正确与否的整体过程。五是学习功能说。《现代汉语词典》中将学习解释为"从阅读、听讲、研究中获得知识或技能"。六是学习认识说。著名教育心理学家潘菽认为，"人的学习是个体掌握人类社会经验的过程"，"学生的学习是认识的一种特殊形式"。七是学习活动说。军队学者朱兆民认为，"学习是在师授、书授（自然条件）等外部因素影响下，个体自我修养、自我教育的一种社会活动"。八是学习"求知"说。谢德民在《论学习》中指出："学习的定义最一般、最简单、最本质的表述是求知。"九是学习"效应"说。学习学研究者寇清云认为，"学习过程是产生效应的过程"。十是学习"内化"说。中央教科所潘自由认为学习"是客观世界在主体中内化并使主体发展的过程"。上述十种学习观各有其合理的方面，为我们充分认识学习的本质提供了十分有益的启发。

从学习科学的角度来研究学习，我们认为要通过两个方面来理解学习的概念。第一，从学习的外延来看，是泛指包括动物和人类在内的学习活动。而我们通常所讲的学习一般是指人类的学习或在校学生的学习。第二，从学习的内涵来看，学习就是主体与环境的相互作用，经过内化而获得经验并外化为行为表现的活动。所谓"主体"即是参加学习活动的主体，可以指人类，也可以指学习；可以是个体（个体学习），也可以是群体（集体学习）。所谓"环境"，即是学习的客体，学习的外部刺激。这个客体包括社会生活、社会实践等直接因素，也包括各种书刊、实验设备、电教手段等间接因素。所谓"内化"就是客体作用于主体的学习过程，通过感知—理解—巩固—运用的学习过程,所谓"获得经验"是指个体或群体参加学习活动获得的以内隐的知识形态表现的结果。所谓"外化"就是主体反作用于客体的学习过程。其所获得的结果是表现于主体的外显的行为变化。所谓"活动",是反映学习既是一种认识活动,又是一种实践活动。从发展的意义上讲,学习是促进学习者身心的全面发展,即德、智、体等方面的全面发展的过程。总之,学习活动应包括学习的主体、客体和学习活动的结果三个基本要素,即学习就是主体与环境的相互作用,经过内化而获得经验并外化为行为变化的活动,这就是学习的实质。

对于上面这一段话您看看就算了,先对学习有个基本概念就可以了!

科学家研究学习的工作是通过对学习行为赖以发生的条件、客观表现、发展规律等几方面来进行的。人的学习从方式来讲可以分为两种:教室中特意的学习(intentional learning)和生活中无意间的学习(incidental learning)。

我个人认为,**学习是一种使个体可以得到变化的行为方式。我们希望活动主体——学生通过学习可以具备某种经验,并且通过经验的积累达到一定的能力。**对经验的简单理解就是对文化知识及社会认识的获得,而能力则是实际行为中表现出的自我掌控程度。

由本人提出的 *3A问题学习理论*就是通过对个体的学习品质,即学习行为、学习态度和学习能力的评价并进行"问题"的发现与解决的解释与指导思想。

第三章 学习篇
学习,一个需要得到正确理解的概念

3.4 影响学习成绩的原因

　　本书的目的很明确，就是要帮助孩子取得好的学习成绩，帮助家长更有效地实现这个目标。从技术角度而言，影响学习成绩的最直接的因素就是学习方法，但它又并非唯一因素，因为学习成绩的提高需要很多方面的努力，而不只是方法本身。既然如此，我们就有必要对影响学习的各种可能性因素做相应的了解和分析。

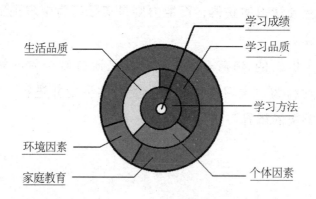

在此之前，有一点问题需要家长朋友做必要的了解，就是大约有3%～5%的学生由于存在智力和学习障碍的问题而不能适应学校的基本学习活动。如果您的孩子属于这样的范畴，需要接受特殊教育或专家的专业指导！本节将不做更多的说明！

在智力水平同等的情况下，决定学习成绩的关键因素是学习方法。如果孩子的学习成绩目前不是很理想的话，千万不要气馁和灰心，只要方法跟上了，成绩就一定会提高。

通过以上几方面内容的了解，我们首先可以做出一个简单的解释和分析。

(1) 对学习成绩影响最直接的因素是学习方法。

(2) 学习方法的形成受学习品质、生活品质、个性因素三方面制约，同时这三方面又互相影响和作用。

(3) 对学习品质、生活品质和个性因素的培养起决定性作用的是家庭教育和环境因素，其中家庭教育起的作用是最主要的，而家长的重要性也就不言而喻。

构成学习行为的主要内容：学习环节和学习秩序

学习品质主要组成部分：学习态度、学习能力、学习行为。

生活品质主要组成部分：生活态度、生活能力、生活行为。

个体因素主要组成部分：个性因素、心理素质、身体素质。

家庭教育主要组成部分：亲子关系、教育方法、教育认识。

环境因素主要组成部分：社交关系、学校质量、家庭文化。

从对以上三点的分析中我们不难发现，对学习成绩起最决定作用的是家庭教育的水平，而影响学习成绩的最直接的技术因素是学习行为。所以一套合理的学习方法和懂得如何做家长的父母是学生获得好成绩的重要前提。3A双赢训练就是一套很好的帮助学生改善学习方法的训练体系。

3.5 如何提高学习成绩

如何提高学习成绩几乎可以说是我们关心的"终极目标",下面就让我们一起对这个问题进行分析。

众所周知,做一件事情没有科学方法就不可能合理高效地达到目的,学习更是如此。构成学习行为的两个方面是学习环节和学习秩序,环节是针对"点"的事情,秩序是针对"线"的事情,通过"点"和"线"的完美结合来解决各个学习单元的问题。而学习方法就是学习环节和学习秩序的不同组合,换句话说,把握好学习环节和学习秩序就可以得到高效的学习方法。很显然,做一件事情没有科学方法是不可能达到目的的。

举个简单的例子来说明"环节"与"秩序"之间的关系与区别——让我们想象一下"如何炒一盘可口的土豆丝",显而易见,保证正确烹饪的程序(线)和完美的烹饪环节(点)是成功的关键。大家都知道,如果炒菜的顺序不对,比如先放土豆后放油，那最后的味道真是不敢想象，同样，即便炒菜的先后程序没有错，但要是土豆丝切的大小不匀或是忘了放盐，或者盐放的多了或少了，那么这道菜最终的味道也是难以令人满意的！

不同的人为什么做同样的事情而结果不同，就是因为"秩序"、"环节"的微小差异而有迥异的结果。也是为什么在一个班级里，在同样的教学条件下，资质也相差不多的学生的学习结果却有那么大的不同的原因。

为了更好地说明这个问题，让我们以一顿早餐为例。

母亲要给孩子和丈夫准备一份简单的早餐。她的打算是这样的，早餐的内容是煮鸡蛋、馒头、小菜和米粥。当她进了厨房，先把馒头放在笼子里和水一起热上，然后淘米，在等水开的时候，把切好的蔬菜凉拌了放入盘里，水开了以后，把米放进锅里。差不多在粥熬了一半的时候，把洗干净的鸡蛋放入粥里。就这样大约20分钟的时间，一份简单的早餐就做好了。

另外一个主妇也要准备这样的早餐，不过她是先淘了米，然后热水，等水开了后，再把米放到锅里，等粥熬好以后，才开始切菜，等凉菜拌好后，就又开始热水蒸馒头，等馒头蒸热后，又把鸡蛋煮上。……不用我说，您一定知道这份早餐来的是多么不容易。

在这个案例中，我们没有特意强调时间因素，只是说明了结果相同的情况下，操作秩序不同，工作效率也不同。而当时间成为关键性因素的话——即在限定时间内完成同样的工序，那么后果可想而知。

同样以上题为例，即使两位主妇采用同样的工作秩序，但一个在工作的各个环节中粗枝大叶，淘米不干净，菜没有洗，水没开就下锅，蛋没熟就关火。而二主妇在每个环节中都表现得小心翼翼、面面俱到，尽管早餐内容一模一样，但质量上的差别大家可想而知。

由此可见，对秩序不同的设计，对环节的不同态度，将导致结果和效率的不同。如果对秩序有合理的安排，对环节有行之有效的方法，那么做任何事情都能轻松达到目标。而工作程序和工作环节是保证目标是否可以顺利实现的决定性因素。因此炒一盘好菜需要方法，想取得优异的学习成绩更需要方法。决定学习方法的好与坏就要看学习环节和学习秩序是否科学、合理。

为什么许多上了初一的学生面对比小学更多的功课时，往往会手忙脚乱，疲于应付，就是由于没有具备很好地安排管理学习的能力而造成的。所以，秩序不仅是决定能否正确实现目标的基础，也是决定是否高效率地完成任务的保证。

为什么许多看起来聪明过人的孩子却无法取得好成绩？也就是因为没有合理的把各个学习环节综合利用。如果学习环节有一块出现问题，那么就会直接导致不可预计的灾难，通常学习环节中的主环节有听课、作业、复习等。所以，环节和秩序在学习中有着同样重要的地位。

由主环节派生的环节是从属环节，由听课而产生的从属环节是预习环节，通常我们将其放在听课之前；由作业会产生回忆及检查环节；由复习会产生总结归纳环节。而无论是主环节还是从属环节，只要有一个环节没有做好，都会对学习效果产生不利的影响。

人类的行为的形成发展需要按照一定的时间，一定的顺序来完成，就像一道完美的菜肴不仅需要适当的烹饪时间和正确

的顺序，而且需要合适的配料。对于学习来说也是一样的。老子讲"治大国如烹小鲜"，讲的就是这个道理，只要讲究、重视方法和秩序，治理国家这样的大事和烹调一道精致的小菜一样需要精心调制。所以面对学习这个问题，我们也可以说：学好亦如烹小鲜。在这里，我们需要补充说明的是，只要明白了学习的规律，学好真的不是一件难事。

所以，我们关心的不仅仅是如何设计合理的学习秩序，也同样关注如何有效地完成学习环节。学习习惯是学生进入学习状态通常会有的意识和行为，也是一种形成了的固有的学习环节和学习秩序模式，这种习惯的养成才是我们的最终目标。

我们将在随后的章节中对如何完成好每个学习环节及安排好学习秩序做详细的说明和规定。如果您和您的孩子能够按照本书的要求做到的话，我想学习成绩的提高是指日可待了。

3.6 如何保证学习方法的实现

如何保证每个学习环节有效地进行及如何科学地安排学习秩序就是学习方法,对学习方法产生根本影响的因素是学习品质。学习品质的优劣需要通过学习行为来表现,学习品质的养成则受生活品质的影响和作用最大。

良好的生活品质训练可以使孩子们获得对生活和学习正确的认识,积极向上的健康态度,充满责任心和爱心,有强大的意志力和自制力,这些都为学习习惯和作风的养成打下了良好的基础。对学习科学正确的认识有助于学习方法的养成,学习能力对学习行为的顺利进行提供了保证。

我们可以这样说,学习成绩不理想的学生在学习方法方面100%的存在不同程度的问题,造成这样的结果是由于生活品质、学习品质、个性因素三方面存在严重不足,而造成这三方面不足的主要责任人就是家长!

对生活品质、学习品质、个性因素影响最大并起决定性和关键性作用的是家长开展家庭教育的能力。其次才是环境因素，虽然家长在这方面一般是无能为力的，但与家庭教育对孩子的作用相比要小得多。

　　所以解决学生的学习问题，我们不仅要真正掌握科学的学习方法，还需要对影响学习方法的三大因素进行分析和研究。但如何保证这一切顺利进行，需要家长认真思索是由于自己的什么不足才造成这些方面的缺陷和失败的。

3.7 生活品质决定学习的优劣

一个人怎么长大的？

从上面的图可以看出，学习的对象、学习的行动体现在生活的各个方面，学习是伴随成长过程中的许多环节和事件。个人在成长过程中的每一个变化都是一个学习的过程。从本质上来讲，**学习是生活中的根本内容和方式。**

学习是生活！学习是需要！学习是不能回避的必然。

即使是躺着的时候也是学习，也许短暂的享受让你学会了永久的懒惰！学习不会给你即刻的回报，学习会让你知道怎样可以活得更有意义！

我们在前面讲过，学习活动只是生活内容的一部分。有什么样的生活态度和行为，对形成什么样的学习行为和学习态度，起着非常深刻的影响和决定性的作用。

在对学生生活与学习品质关系的调查中发现：**大多数学习成绩不理想的学生的生活品质评价也很低，学习表现良好的学生在生活品质上的表现要明显高出别的学生。**

我们要注意的是，不是所有学习成绩表现差的人都没有获得成功的机会，只是我们很容易发现，学习成绩差的人在以后的人生道路中遇到的困难和挫折与求学时相比并不少。原因很简单，在受教育期间，这个人没有培养出足够的学习品质来应对今后生活的挑战。换句话说，他不具备足够的学习品质来选择和创造他所期望的生活。

同样，许多孩子的天资并不比别人差，甚至要更好，但在学业上，却没有相应的成绩与他的天赋匹配，这个结果对于一个有梦想的人来说，是非常令人悲哀的。

对学生来讲，学习成绩对他本人以后的就业与发展有很直接的影响，而什么样的学习品质决定什么样的学习成绩，对学习品质产生根本影响的是生活品质。所以我们不仅强调文化课的学习,更强调生活品质的学习。专为中小学生设计的 3A 双赢训练中一个最重要的内容就是关于生活品质的训练,这也是这个训练为什么效果好的重要原因之一。

第三章 学习篇

学习,一个需要得到正确理解的概念

3.8 只关心文化课注定会失败

可以看出,学习不仅仅是指课本知识,即文化的学习,还有乐器、美术、书法等技能的学习,更是生活技能的学习,为人处世的学习,对社会和生活的学习。

生活中有太多的事情看起来虽然很熟悉,但你若是仔细想想的话,往往并不明白!我们的家长和孩子虽然天天接触学习,多数人似乎明白学习的目的是什么(虽然可能是为了找个好工作之类的,这其实也无可厚非),但到底为什么学习?什么是学习?多数人却无法说明白。

我问过许多不同年龄段的学生,"学习是什么?为什么要学习?""学习有意思吗?"等这样的问题,得到的回答通常是:不知道!没意思!家里人让学的。为了以后找个好工作!混呗!

请注意,不要以为这样回答的学生都是差生啊,其中不乏优秀的学生。先抛开我们对学习的概念到底了解多少的状况不管，对学习的感情和态度就应该让我们许多人引起警惕和深思啊！

往往家长对学习内容理解最大的误区就是：学习就是文化课的学习！在这样的情况下，家长都一致认为学生就应该专心学习，认为学习成绩的好坏是影响将来生活质量的直接因素。觉得"只要有个好分数，干什么都行！"所以"分、分、分，学生的命根！"，"分"也成了家长的"命根"。由于过分关注文化课的学习，而忽略了素养、意志、思想、品德、生活、为人处世等的学习和培养，只晓得让孩子拼命地做题、读书。要知道，这个世界上最爱读书的是虫子而不是人啊！

对"学习"认识的第一误区的后果就是：天天学习，但不知道什么是学习，也不知道该怎么学习！*每天按时完成老师的功课可不能称之为"学习"啊！*

正是由于对学习这样片面的畸形认识，形成了对孩子有失偏颇的培养和教育作风，使孩子在人格和思维的发展上不仅偏离轨道，在失去主动性的同时创造性也就随之被破坏了。

由于对学习成绩的功利性追求，使家长在学生学习活动中过多的介入、频繁的干预、琐碎的品评、莫名的批评，从而导致孩子对学习产生了反感、恐惧、厌倦和逆反的心理和表现，这也就是造成学生学习兴趣不高的主要原因！

由于家长对学生学习成绩偏执的关注，学习成绩的结果成了学生对生活的认识、感受的唯一评价标准，以为生活就是为了考试成绩。这样的状况下，其教育结果往往适得其反，也就形成了一个非常普遍而又伤感的结果，"越关心学习成绩，学习成绩越不理想！"。

第三章 学习篇
学习，一个需要得到正确理解的概念

每个人在生活中的各个行为都不是孤立的，都会被社会，环境、家庭、感情、个性等多方面的因素制约和影响。学习活动更是如此，而只关心文化课的学习注定是失败的学习！

所以家长要对孩子人格的塑造、价值观的培养、视野的开阔等方面，做足够的思考和行动。只有这样，孩子的发展才是全面和均衡的，也才是有后劲和有效的。

只关心文化课成绩而忽视对孩子在其他方面的综合教育，会造成两个结果。

第一，在短期内，孩子似乎是班里的佼佼者，能够顺利地披荆斩棘进入高等学府，然而孩子的心理问题及其他问题可能会随之浮出水面。

第二，在家长老师的双重压力之下，孩子由抗拒学习到恐惧学习，成绩非但不会增长还很有可能逐渐下滑。

对学生的综合素养的关注和培养才能保证良好学习成绩的稳定性。就如同我们人吃饭一样，主食能让你吃饱，但菜的摄取会让你健康。所以，家长朋友应该在孩子体能、知识面、生活视野、课外活动等方面给予安排，这样对学习的帮助将是积极有效的。

第四章　行为篇

如何提高学习成绩

导读

  从技术角度讲,学习成绩不理想只有一个原因:不会学习。

  我们发现,在相同的教育背景、差不多的家庭条件以及没有明显智商差距的情况下,而学生的学习成绩却有着天壤之别。到底是什么原因造成了这样的结果?

  我们在前面讲过,学习环节操作不到位或学习秩序安排不合理,是造成学生的学习效能不高的根本原因。究其原因之一,学生从来都不知道学习的基本要求和方法,导致其学习效率的降低,这就是学习成绩不佳的最根本原因。

  还有一种情况是,学生丧失了对学习的自信和积极性。有的学生本来抱着很努力的态度去学习,可是由于这种缺乏方法的努力最终当然不会给他带来所希望的成绩,所以自己的信心逐渐受到打击,再加上家长不当的干预,对学习势必产生焦虑、厌恶和反感,使学生对学习愈发感觉痛苦和烦恼。这样的情绪始自学习,但却蔓延到生活的各个部分。由学习的不理想转化为对生活的失望和痛苦,是很多学生心态的典型表现。所以，不会学习，意味着不会生活。不会学习，也不可能有真正意义上的幸福生活。

要想成为一名成功的家长，首先应该知道在指导孩子学习前，自己是否对学习有足够准确和深入的理解。应该明白只有把握好学习环节和学习秩序才可以得到有效率和效果的学习方法。

本章所谈的内容主要是关于学生在学习中需要经历的环节以及如何安排学习秩序。希望这些概念可以真正地植入你的思想中。只要认识到了并按照要求做到了，相信会让孩子的学习效率有一个飞跃的。在此，我们希望家长通过本章的学习，可以更有针对性地调整孩子在学习方法上的不足。当然，如果孩子有兴趣的话，最好也建议孩子一起阅读。

我们认为，一个学生通常的学习环节主要由以下部分组成。主要环节指作业环节、预习环节、复习环节、考试环节等，从属环节包括改错环节、检查环节、回忆环节等。要保证学习效率就需要合理地安排以上环节，也就是学习秩序的问题。只要学习秩序做好了，就说明学习方法是合适的，其余的就是做对有利学习方法实现的事情了。

请家长注意对照本章内容，找出孩子在哪些环节做得不合适，以便改正。根据我们工作的经验，只要能够按照3A双赢训练要求的方法进行，通常只要30天的时间，学生的学习行为、效率和成绩就会有很大的进步。

4.1 最有价值的宝贝——错误

> 错误同真理的关系,就像睡梦同清醒的关系一样。一个人从错误中醒来,就会以新的力量走向真理。——歌德

一、对"错误"认识的最大错误

许多同学在拿回作业本后,通常只是看看老师有没有判"优",甚至看都不看就收起来了,所以即使看见了红叉也视若无睹。

也经常出现这样的现象,考试中遇到了平时做过的题目,但却不会做了;平时做错过的题目,考试的时候又做错了。

每次考试回来后,家长总会迫不及待地问孩子考了多少分,考了第几?好则喜而夸,差则恼带骂。可对于丢了多少分、都丢了什么分、为什么丢了这些分这些重要的问题却不怎么特别关心。

为什么很多人不仅不能避免不该犯的错误,而且还使错误的比率提高！小的时候能考双百，大的时候却越来越低，是功课难了吗？当然不是！

我接触过的许多学生对错题缺乏耐心，作业练习中出现了红叉，看到后感觉很不顺眼，所以通常不想也不再多看一眼。对孩子作业比较关心的家长有时可能也会问道："怎么错了的？"孩子通常也只是轻描淡写地说："不小心！"家长往往也不再追问什么了，就这样把一个错误的问题"大化小，小化了"地放过了。殊不知，如此这样轻易把错误放过，其实就是放虎归山，后患自然无穷啊。

因为你不把错误当回事，错误也不把你当回事！为什么会出现以上讲到的那些现象？为什么平常做错的题目，在考试中又出现了，但还是没做出来，或者还是做不对。现在我们应该明白造成以上后果的原因是什么了吧。

当然现在许多学校里存在一个很不好的现象，就是不把考试卷子发给学生，即使发了，也很快收回，这样的情况客观上造成了孩子不能很好地分析卷子中的错误，也就不好把握自己这段时期学习的薄弱环节在什么地方，不知道自己错误产生的原因是什么等状况，这对于课业的掌握势必有很大的不良影响。

很多同学和家长大脑里的意识是这样的：错误是不好的，但错误是难免的，发生了也是应该的。似乎认为只有无知才算是真正的错误。这样对错误的几分默许、几多轻视和忽视，就是对"错误"认识的最大错误！

错误人人都会有，但就是由于对错误的不同态度和做法，所以人和人的结果也不一样。

让我们从一次旅游说起。有一年的暑假，我带着八名学生(都是初中生，初一、初二、初三都有)自费去北京旅游，为了更

好地实现我本人的想法，我们没有通过旅行社的安排，所以旅行路线、旅游地点等都是我们自己组织安排，主要目的是玩，但我个人却很强调和讲究玩的方式和内容。为了让大家更好地了解我讲的这个案例，让我详细和大家讲讲我们的旅游安排。

为了培养孩子的独立性、自制力、集体意识等，我对学生都有同样的要求，内容是这样：①出去后每日写一封信给家里，每日背一首宋词，每日写一篇日记，每日做好第二天的游玩计划，无论多晚，没有完成者不能睡觉。②出行后不许自行离队，个人自带水壶，如果喝完了也不许买饮料。③只许乘坐公共汽车，不许打车。行程安排：参观天安门、若干公园、中国科技馆、大学等地，并参加一个国际会议(该会议是由我的朋友主持的，我们旁听，目的是让学生感受学术会议的气氛)。

我们开始选择在清华大学附近的一个招待所住下，其中为了选择多少价位的住宿，孩子们自然讨论了许久(我作为带队尽量不参与这些事情)，住下后，我们去校园里参观游玩。

在清华我们参观了力学系实验室的一个运动模型陈列馆，同学们看完后很开心，也很开眼界，突然发现身边有许多看起来很复杂很难理解的庞然大物，其运动的基本原理不过如此，纷纷感叹到自己平时不是太不留意就是太自卑，以为那些复杂的事情不是自己该明白的，其实只需要琢磨琢磨也是很好理解的。这里的活动我想有助于消除同学们对科学的神秘感和陌生感。

这个项目结束后我对同学们讲："大家都知道清华是我们国家最好的学府，这里的学生也可以说是最优秀的。我希望你们以后也都能来这里深造，但怎么能考到这里，具备什么样的条件才能到这里，大家不妨和这里的学子取取经，向人家学习学习。所以我要求你们向四处随便走走，遇到你认为合适的人，先问问他是不是学生，如果是就问有时间吗？然后说有几个问题想请教人家，看看人家是如何考来的，你们看看有什么经验值得采纳。"然后又对孩子们吩咐了一定要注意礼貌等细节便四散而去了。

到了碰头的时间，大家陆陆续续回来了。使我稍感失望的是：孩子们的总结很零散，结果不是很理想。有的人甚至没有找到合适的大学生交谈。我想这种主动出击的做法对他们来说也许太陌生，效果不是很好也容易理解。我就与孩子们说："既然如此，这样吧，我们一起找一个大学生聊聊。"

很幸运，没有走多远，我们碰到一位大一的学生愿意接受我们这样非正式的采访，这位戴着眼镜、长得瘦瘦的大学生本来要去图书馆，当得知我们的意愿后欣然应允。大家围坐成一圈后，我让一位同学买了瓶矿泉水交给这位大学生，他起初执

意不要，后在我们一再劝说下，这位大学生谦逊地收下了。我们的对话就在著名的"荷塘月色"的地方开始了。

通过了解，这位大学生是从云南考来的，在高中就读的是昆明中学，这位同学讲："昆明中学是重点学校，不过在我们班，我只是20名左右的学生，按理说，凭这样的成绩，我是考不上清华的。"说到这里，同学们和我都觉得非常有趣，他不仅是成功者，而且是超越极限的成功者，那一定是应该有什么原因的。

这位大学生继续讲道："其实也不算什么，考前三四个月的时候，我就想，大家是理科班的，数理化的成绩都差不多，最后时期再怎么用劲每门也就三两分、四五分的差距，多不到哪里也少不到哪里。可是文科部分就不一样了，稍不小心十多分的差距就出来了，所以高考前我更重视文科的复习，最后我的成绩为什么能上清华，就是这些科的成绩比我们的优等生要强，所以总分也就上去了。"哦！原来是这样。好一个现代版的"田忌赛马"。这样聪明地对待考试，看起来简单，实际上表现了极好的个人素质啊，有什么理由到不了清华？

然后我又问道："你平时学习有什么经验吗？"这时候孩子们的眼睛盯着他，这位大学生似乎不知道怎么说好，想了想，说道："其实平时也没有什么，听课我会很认真听，作业按时完成，当然会根据自己的情况作些补充练习，考试前复习，呵呵！很正常，按部就班呗！"我想这样的回答，也许就是孩子们回来收获不大的原因吧，能把本质的问题提出来，才可能有期望的交流效果。

其实在学业上，所有的人，当然这是指正常也努力用功的学生，无论成功与否，所做的事情的环节其实都差不太大，那为什么会产生不同的结果呢？是什么原因使有的人成功了，而有的人却依然在徘徊？

我本不想直接问，可是看到同学们的表情，这时候也就问我最关心的问题了："那你平常做完作业检查吗？"这位同学很直率地回答："基本不检查，有时候难一点的题目可能会回头再看看解题过程是否正确。"这样的回答令同学们都感到有些诧异，甚至看着我，似乎说你怎么老让我们做检查，而人家就不做。我觉得今天真是运气好，清华大学的学子就是棒啊（大家看到这里，应该想起前面"粗心是错误"一章里，就很强调检查这一环节，而且检查一节里也说明了检查的必要性和意义，那就是检查为了不检查）。

我又故意问道："那你作业和考试中从来都不出错吗？"大学生肯定地回答："当然会出错。但我都会把所有的错题整理在一个本子上，看看错的原因，然后把对的解写出来，平时的时候会看一看，做一做，考试前还要再看再做。"接着又说："所以考试中，我基本都能做对，即使做得不好，那也是因为不会，可以这么说，*做就一定是对的，不对一定是因为不会！*"话说到这里，同学们似乎都明白了什么。我知道他们一定是在回想平时是怎么对待自己的错误的。

在平时和学生们讲如何对待错题，为什么要检查之类的话很多，但似乎都不如现在给同学们的感触深刻。而这也是我为什么这样设计旅游的目的。

看到这里，我想诸位家长朋友应该有点什么触动了吧！

看来，我们不应该轻易放过错误。所以在理解了需要对错误进行总结的重要性后，也应该研究一下错误产生的原因和种类吧。

二、错误发生的原因

一是由于概念不清。

造成错误发生的最重要的原因是对知识点的掌握不够准确。由于这个同学对一些概念的理解似是而非,模糊不清。很明显,这样的理解在实际解题过程中,怎么可能不发生错误。如果是不懂,那么对这道题目结果的直接影响只是不会做罢了。就因为说懂不懂,说明白而实际不明白,做题心中无数,错误自然也就来了。

二是由于思路不对。

由于对题型不很熟练,或者审题不当,造成思路不畅、南辕北辙。通常在考场上糊涂,下了考场就反应过来了。或者就是,只要别人小小的点拨和提醒,一下子就恍然大悟了。这种错误最具欺骗性,往往以为自己明白了,可实际上并不扎实的知识结构使错误的再次出现变得非常容易。

三是由于粗心。

由于粗心而引起的错误是低级错误,同样的,对粗心的忽视是造成同类错误不断发生的主要原因。对许多学习程度中等的学生的卷面进行分析,发现产生错误的一大特点就是:*低级错误总是重复出现!*

三、对错误的消极反应和不当处理

一是无作为。

面对作业、练习和试卷中出现的错误,很多学生是看一看,知道错了就完了,或者知道怎么错了,认为很简单也就完了。这种无所谓和无作为的现象非常普遍。

二是"为"不当。

出了错误应该在一个专门的错题本上改正。也有优秀的教师和责任心强的家长明白"错题本"是个好办法,就让孩子建立了"错题本"。只可惜对错题本的要求不当,所以使用效果不好,往往流于形式。具体表现在:许多学生在开始的时候还能够及时完成,到了后来也许由于功课比较紧张,或者错误表现得比较简单,就逐渐放松了错题本的使用,甚至最后连"错题本"放在什么地方也不知道了。

很多孩子对"错题本"的认识是:由于"错题本"不算作业,所以是额外的内容,甚至是负担,口头上虽然答应去做,实际上却是敷衍了事,所以实际行动中也不能很好地实现。而对这样一个道理缺乏很好的认识——"错题本"是减轻学习负担的"作业"啊!

四、如何解决错误?

解决错误的办法很简单:第一,做完题一定要检查。第二,要把曾经做错的题收录在错题本里。

头一条是对待可能会出现的错误采取的办法,是主动避免错误的措施,关于这点在"检查"一节里已详细叙述;第二条则是对已经发生过的错误采取的措施,为了避免错误再次发生。这是对错误进行毫不留情、毫不手软、毫不宽容的清理和扫荡。两者应该双管齐下。

五、关于错误整理及要求

在作业、练习、试卷里发现错误后,要及时收录在错题本里。在错题本里,我们先把做错的题目全部重新抄一遍,然后

写出错误的原因，并把正确的解题过程写上去。如有不同的解法也能做进去的话更好。这个过程我们叫"错误整理"。不仅要分析错误的原因和种类，而且在错题数量到了一定数目的时候，还要分析各种错误现象所占的比例。

错误整理的目的就是要了解自己犯错的规律和特点，了解自己犯错的原因，并且通过分析原因找出自己在学业上的不足和空白，达到提高知识掌握水平的目的。在学习上，可以用"错题本"的办法来解决。但这个方法和原理对生活也是一样的。一个不善于总结错误的人，任何方面都是不可能成功的。

"错误整理"的关键是每题必录。不管错题由于什么原因造成，都要被录，一道很复杂的题目，即使是由于最后得数加错了，或者忘了写单位等小毛病，也应该不厌其烦地摘录下来。

有一个高中的学生，学习成绩虽属于中下等，但理解和接受能力很强。平常总以为自己学得不错，可一考试就不行，很着急可又不知道什么原因和该怎么办。见我的时候，期中考试数理化三门都不及格。通过接触我发现他对概念总是一知半解，很不扎实，属于眼高手低的类型。于是针对他作业中有许多错误这个问题，我建议他把错题本建立起来。他抱着试试看的态度先建了化学的错题本，期末化学就考了86分。他感到很满意，我以为这样他就应该好转起来了，可是没有料到，新学期的期中考试三门又不及格。他的父亲非常焦急地找到我，然后我就去了他家，第一件事我就问那个学生，把你的错题本拿来我看看。但那个学生支支吾吾地说在学校，后来干脆承认没有。我就问为什么没有，他解释做错的题目大多数也比较简单，加上功课太繁重，所以没有时间做，后来也就逐渐不做了。我很不客气地说道："你怕麻烦你可以不出错啊，既然出了错，就一定要承担这种后果。对别人讲信用，对自己也得有信用啊。我们建立错题本的原则很简单，就是每道题目都得摘录，没有什么讨价还价的余地啊。而且你也记得你上次化学成绩为什么进步那么大，怎么就不把这个好的习惯保持下来呢？"他感觉有些懊悔。后来期末考试，三门都及格了不说，成绩进入班级前15名。

有的孩子可能觉得花许多时间去抄一道很简单的错题很不值，但就是这种自我原谅、自我宽容的心理会让他继续重复错误，因为这个错误的习惯并没有得到真正的认识和解决。

错就是错，错误是不分大小的。每题必录就是这个原因，只有实现对自己带有惩罚性质的错误整理，通过这个过程使自己仔细地回顾犯错误的经历，才可以更好地避免在以后类似的情况下犯同样的错误。

六、错误是宝贝

我对许多学生讲一个道理：错误是宝贝。因为错误我们才知道自己的不足，对大多数人来说，做一堆题，做错的题目虽然是少数，但不要因为少，或者错误原因简单而忽视它。一个错误实际就是一个盲点。由于对待错误的态度不理想，或者是缺乏理想的方式解决错误，错误将不仅会在任何可能的时候发生，而且会是经常重复地发生。所以*对错误一定要善待、严建。只有这样，你的空白会越来越少，错误就会越来越少*。

在我的训练班上有一个小学生，学习成绩还算不错，老师在课堂上出一道题目，他往往是班里做题最快的学生，但考试成绩总是表现一般，他的母亲非常着急，与我谈到这个孩子的时候说："这孩子太粗心了，该怎么办？"我对这位小孩的作业

本进行了检查，发现一个特点，即关于数的概念，这位同学掌握的还是不错的，但是如果数字很大，比如50000，他可能写成500000或5000，经常多"0"或少"0"。鉴于此，我对他建议，每次写完结果后都数一数结果的位数，看看"0"的个数对不对，平时把所有的错题都重抄一遍，并注明是怎么错的，为什么错了。孩子很爽快地答应了。但开始没多久，孩子就觉得很烦，不大愿意继续，我就对他说："你先耐着性子做一个星期，感觉一下效果，如果不好，你可以不做。"过了一个星期，孩子总结里的一句话很精彩，即"现在我对学习有一种浮出水面的感觉"。

因为他以前认为错误是不可避免，而且许多错误的原因也不是由于不会，所以错了也就错了。而现在由于怕不小心犯错还得重新做，为了避免由于自己不小心而导致的这种麻烦，所以做作业的时候比以前细心多了，错的题目少多了，心里也感觉很好，自信心得到了大大提高，然后就从心底说出这样令我很欣赏的一句话。其实提高也好、转变也罢，事情就是这么简单，只要你把错误收在眼底，捏在手里，放在心上，想错都难！

七、如何建立和使用错题本

（1）给每课都建立一个错题本。

（2）在每天做当日作业前，把昨天的错题解决后再开始新的作业。

（3）对每道错题都要重新摘录，对错误过程进行重述，进行错误原因分析和错误类型总结，最后将正确解题过程写出。如果另有多种方法也应该一一做出。如下所示：

X年X月X日

原题：……

错解：……

错误原因(种类)：……

正解：……

以上就是错题本的完整格式。

(4) 经常翻阅错题本。每周或两周重做一次错题本，考试前更需要重做"错题本"。开始"错题本"里由于粗心的类型会占大多数，但随着该项工作的深入，"错题本"中的错误质量会越来越高，数量会越来越少，更多是由于概念点和思路而引发的错误，这些题就是属于平常没有做对，考试又犯错的典型类型，如果平时就能够解决好，到最后考试的时候自然不容易再犯错。

(5) 在开始时，把本学期甚至本学年的所有错题全部整理出来(这点对于成绩较差的学生尤为重要)。

请注意的是：错题本能否顺利建立和进行，需要家长和学生认识统一，并有决心坚持。出现半途而废的情况，是对自己缺乏耐心和信用而造成的。但是只要坚持下来，善待错误，你很快将会欣喜地发现，错误会变得越来越少，你也很快会从烦琐的错题整理过程中感受到快乐和建立信心。

只有能够积极的正视错误和坎坷并且改正人生态度才会让你成功！

本节要点

1. "错题本"是提高学习效率的办法,是减轻学习负担的作业。

2. 通过"错题本"的使用,可以提高思路质量,可以更准确地把握知识点及概念点,可以极大地改善粗心的现象,可以迅速地提高学习成绩。

3. 错误就好比战斗中的敌人,打死一个少一个。

4. 错误是不分大小的。

5. 错误是财富,是进步的资本,没有错误,怎么知道我们该做什么。

6. 错误离成功最近。如果说什么是学习的秘诀,就是要迅速发现错误并解决之。

7. 对待作业中错误的态度也是今后生活中对待挫折和失败的态度。

家长作业

1. 与孩子交换对错误的看法,共同制定解决办法。

2. 建立"错题本",并且每日由家长监督"错题本"的使用情况,最长时间100天,最短30天。

3. 可以直接选用双赢教育系列教材之一:3A双赢训练手册。

4.2 怎样才算是真正完成作业

对作业狭隘的认识，不仅体现在学习的各个方面，对学习产生消极的影响，也将体现在生活中，从而对你自己的人生产生极大的负面影响！

作业的问题是个大问题，多少人的学习就是因为作业做得不好而失败的！

在家庭生活中，一个很令人开心的场景就是，孩子在房间里做着功课，母亲在厨房里哼着小曲忙碌着，而父亲通常在客厅里半躺着，也许是看着报纸还是电视什么的。这时母亲对孩子说道："功课做完了没有？"孩子说："马上就完了！"这时候，父亲和母亲一起在餐桌上做着准备，过了一会儿，孩子兴冲冲地跑了出来，嘴里叫着："做完作业了，可以开饭喽！"这时候一家三口其乐融融地坐在冒着热气的餐桌前开始了愉快的晚餐。

读者看到这里，不禁问道："这有什么问题吗？"

是啊，作业做完了，该吃晚饭了，即使没有做完作业，也可以吃完饭后再做的。我是请大家考虑一下我们每天都关心的一件事情,即"做完作业",那么什么才算是"做完作业"?

谈到这里,让我们先对作业做基本的了解和分析。

作业多指家庭作业,通常指在老师给学生讲解了新的教学内容后,为了使学生对当日的概念有更好的理解和掌握,巩固这个知识点而采取的练习性措施。比如今天的语文课上出现了一些新的词汇,为了强化记忆,老师也许会要求学生抄写10遍新词;再者如果当天数学课教的是乘法,为了更好地理解和掌握乘法这个概念,会给学生出很多乘法的题目来练习等。所以,学生上完一天课后的头等大事,就是要完成老师当天布置的练习——作业。

但是,在这里我不得不告诉大家一个不幸的数字,有90%的人根本不会完成作业。

一、为做作业而做作业

许多同学认为只要做完老师布置的作业就万事大吉了,这也太误会作业原本的意义和目的了。要知道,老师布置的作业是针对集体的,由于每个人的程度和表现不同,所以对每个学生来说,首要的一条是应该完成老师的要求,但更重要的还是要根据自己的情况对作业内容进行适当的调整和补充。

可由于很多学生包括家长对作业缺乏正确的理解,对作业认识片面,对作业的目的性理解不够,导致作业完成质量不高。这造成了很普遍的现象就是"为做作业而做作业"!

完成了老师布置的作业,并不等于完成了作业的目标。有的家长也明白这个道理,所以有时候也会为孩子准备额外的练习。但由于孩子在思想和情绪上不能很好配合,所以通常会遇到孩子的抵制,即使做了,效果也不好。为什么呢?就是因为孩子长期以来一种固化的概念已经形成，认为只有老师布置的作业才算是作业，再做的就是额外的内容，既然是"额外"的，那就是"负担"。

有一个小女孩在参加了3A双赢训练以后，学习进步很快，这个孩子是小学六年级，毕业班的学生测验比较多，开始时数学的单元测验总是六七十分，后来很快达到了八九十分的水平。上训练课的时候，这个小姑娘特别高兴地告诉了我她的变化，还拿出卷子让我看。下课的时候，她的母亲来接她，同时向我咨询："赵老师，我真发愁，参加这个班快一个月了，眼看要结束了，怎么我姑娘的成绩还上不去？"我很诧异地说："不是吧，孩子最近测验成绩不是比以前好多了吗？"那位母亲说："倒也是，在学校里的成绩好多了，我怕不是真的，就在家里又给她安排了一些试卷做，她就总也做不好！"我很奇怪，莫非孩子在学校的测验作弊？没有理由啊，如果作弊的话，她以前也可以拿到高分，那为什么在学校做的和家里做的反差那么大呢？我便将脸扭向孩子，说："你为什么在家里做的表现就不好呢？"孩子怯生生地说："我妈好烦，老给我卷子，让我不停地做，给我增加负担，所以我懒得给她做。"听后，我不禁哑然失笑。

姑且不论家长的安排是否正确，但许多孩子确实唯老师的话是从，所以如果教师能在作业布置上有一定的灵活性、针对性，适当根据不同的学生调整作业，效果可能会更好。但我们不可能指望遇到这样的老师或老师在作业的布置上对您的孩子正好合适，所以作业的完成要根据自己的情况来设计和安排。只要作业的实际目标没有达到，就要及时增加练习内容。

如果你不想或者不知道今天作业的目的及意义，那么干脆

不用做作业了，去玩吧，与其是浪费时间还不如抓紧时间做点有兴趣的事！

本节要点

1. 作业的完成不是以老师的要求为准，而是以学业的目标为准。

2. 额外的练习尽量让孩子自己安排，或者与他沟通好后再做安排。

二、为谁完成作业？为谁学习？

经常可以听到父母说出这样的话："宝贝，乖！赶快去给妈完成作业！"或者说："你怎么还没有给我写完？""你就不能好好的给我写一会儿作业？"当然父母在教训孩子的时候常说："作业又不是给我做，你怎么那么马虎？"还有许多时候，家长在一起聊天时会说："这回我儿子给我考的还算不错！"孩子也常会说："妈，这回我都给你考了90分，你怎么还不让我再玩会儿啊？"对考得不好的孩子，母亲又会说："才给我考了60分，还想玩电脑游戏，没门！"

现在请您仔细回忆一下，自己是否也说过类似的话？

就是由于父母这样不经意的表达，学生对待作业产生意识上的偏差，让孩子从小感觉到学习、作业这些事情似乎是大人硬给孩子的负担，而不是他自己应该的事情，所以作业是给老师和家长做的，学习也是为老师和家长学的。就这样，我们的孩子便毫无愧疚地把学习责任的归属送给老师和家长了。

从人的本性这点上来讲，人通常是懒惰的、享受型的动物，肚皮不饿的时候，就不会有吃的需求。没有压力，怎么会有动力？孩子毕竟还是孩子，你怎么能让他明白今天的努力是为什么呢？他又怎能深刻理解将来呢？

很多人到了社会后，甚至到了中年常会说："唉，小时候要是听家里人的话，也不至于现在……"但后悔已经晚了，可为什么当时就没有意识到？

想不让孩子认为学习和作业是为父母而做的，培养孩子对学习正确的认识，是需要从对孩子责任心和爱心的培养来实现的。不过有一点非常关键，就是从孩子小的时候，在您的语言上一定要注意！不要说："给我做！"或"给我考个100分回来！"

本节要点

1. 注意避免语言上的口头禅失误。
2. 培养孩子对学习和作业的正确态度，要从责任心和爱心开始。

三、作业就是考试

许多孩子在做作业的时候，经常会听见他喊道："妈，过来一下，没有墨水了！""妈，我的数学书放在哪儿了？"或者"妈，给我倒杯水来！"再者，累了出来上个厕所，时不时还用眼瞄瞄客厅里的电视机屏幕，还有的干脆"我累了，休息一会儿吧！"唉！真是千奇百态，做作业期间干什么的都有。

由于孩子在作业中表现随意，缺乏严肃认真的态度，不仅学习效率不高，而且会导致散漫的工作习惯和作风。这种后果谁都不愿意接受！

谈到这里，有的家长觉得不以为然，也有很多家长觉得不

大对头，可似乎又无可奈何，是啊，孩子内急总不能不让上厕所，口渴了总不能不喝水吧！作业做完就完了，还要那么苛刻吗？

问题就在这里。孩子对待作业的态度和父母的教化有直接的关系。仔细想想，是不是您潜意识里对作业的态度就不够严肃啊！

您可能会问，那让孩子该怎么对待作业？

对待作业就好比对待考试！就是这么简单！ 考试时有什么样的要求，作业就有什么样的要求！

我们知道在考试期间无特殊情况一般不允许离场，那么做作业的过程也一样不能离开书桌，应该一气呵成，为了做到这一点，在做作业前就应该喝过水，去过厕所。

我们知道在考场上不允许夹带书籍和资料，那么写作业的时候也不应随便翻书查阅，尽量不靠翻书来完成，当然为了做到这一点，就应对作业情况有比较好的了解，对所涉及的内容、知识点有较充分的准备，如果遇到疑难题目，那就另当别论了，该查资料还是该翻书，都以解决问题为宗旨。

我们知道在考场上有时间限制，那么做作业前也要自己为自己规定完成时间。

用这样的方式和精神来完成作业的目的很简单，就是做正事的时候应该具备严谨的态度。而用这样的方式和精神来完成作业的好处也很明显，你会发现考试并不可怕，也不困难。在考试的时候会很轻松！有多轻松？如同做作业！

所以改掉作业过程的随意性，是提高学习效率，高质量完成作业目标的好办法。所以我们建议并要求：

(1) 作业前应净手、净身、静心。

净手是要表示对知识的尊重,也可以尽量在作业过程中保持整洁和干净;净身是希望作业过程中不会因为内急而受到打扰。

(2) 作业前应大致浏览作业的数量,并自我规定完成时间,看表计时。

这样做的目的是要给自己足够的急迫感而不会拖拖拉拉,并且培养出良好的估计能力,以便在以后的考场中可以很好地把握和安排自己的时间。

(3) 作业期间不得翻阅资料,除非疑难问题。

可以要求和锻炼自己独立解决问题的能力和意识,并使之成为一种习惯,而且可以使自己养成作业前回忆所讲内容的好习惯。

(4) 作业中存在的问题不过夜。

在学习中,当时发现问题,当时解决,打电话给同学或老师,不解决不罢休。

这不仅表现的是对一道题目的态度,关键是表现出一个人的生活态度和个性,是一个人能否成功的标准之一。

本节要点

1. 对待作业的态度如同考试。
2. 作业中的问题和疑点难点绝不过夜。

四、保证作业效果的办法

作业的核心通常是完成老师布置的练习或习题,为了保证效果该如何进行呢?

请看下图。

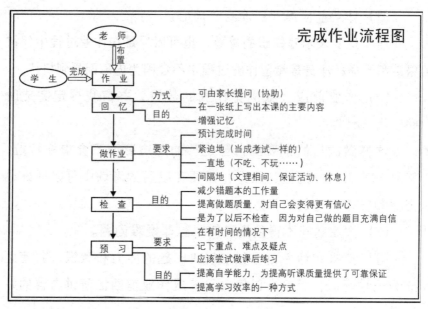

保证作业效果示意图

第一步：回忆。

回忆：通常是指在大脑中，对当日学习过的课程进行快速简单的回想，也可用笔在纸上做简单的默写。回忆是提高记忆效率的一个非常有效和实用的手段。根据记忆的科学原理，回忆是记忆的一个刺激点，及时适时的回忆是良好记忆的基础。

第二步：做作业。

作业：通常是指学生需要做老师在讲授课程后安排的练习。我们强调在做作业的时候一定要有时间观念，不要拖拉，要细心谨慎，要认真严肃。但是如果学生在完成老师布置的作业的前提下，能够根据自己的情况再做适宜训练，那是非常聪明和合理的。用体操比赛打比喻的话，老师布置的作业属规定动作，而根据自己的情况设计的作业就属自选动作了。

具体要求如下:

首先要预计完成时间;

当成考试一样的,要有紧迫感,不能随便翻阅书籍;

不可以随便走动,不可以喝水、吃水果等;

把需要完成的科目按文理分开,可以在两门功课之间适当休息、喝水、上洗手间等。

第三步:检查。

检查:是指学生在完成作业后对其工作进行检验以达到准确的目的。检查的目的是为了不检查。由于很多学生对作业的不当认识,以为做完了作业就是完成作业,实际上没有检查的作业是不完整的作业。

把粗心这个毛病治愈在检查这个环节!

第四步:预习。

预习:通常是指学生在老师讲授新的课程内容之前进行的一种自学行为。它的主要目的是在接受老师的授课前,对讲授的内容有一个初步的了解,可以了解下一阶段知识点的重点和难点,也可以预计自己在什么地方可能有疑难和问题,在听课的时候就会更有针对性,对更好地掌握下一步学习内容有积极的帮助。在时间允许的情况下,应该尝试把预习内容后的练习做了,这样的预习质量会更好。

五、怎么完成作业才算是真正完成呢?

对于程度好的学生来说,如果自己认为对当天的功课掌握得不错,完成老师布置的内容后,应该再做一些提高性的题目。如果时间比较紧张,也可以将老师布置的内容进行适当删减,然后利用节余的时间做一些提高的习题,或者转向薄弱的

课程。只是特别要注意的是，因为老师通常关注的是程度较差的学生作业完成的情况和质量，在这个问题上，一定要心中有数，不能自以为是，所以必要的时候，要和老师打个招呼，说明一下自己的情况。

程度一般的学生的情况就不一样了，不仅应该很好地完成老师安排的作业，还应该根据自己的情况，积极地再做一些补充训练。

对于程度极差的学生，自身独立完成老师的作业都是很困难的。他们要么根本不做作业，做也是抄袭。这和家长疏于管教有关，有的老师甚至也懒得救助，在这种情况下又该怎么办呢？那么就应该及时解决在作业中发现的问题，这个问题有时甚至并不是今天的内容，而是和目前概念有关的知识点，比如说要解一道二元一次方程题，但对一元一次方程部分学的就比较差，那么就应该先对需要用的概念进行复习。当然必要的话，家长应考虑与孩子一同完成作业，或者请家教来协助，关于如何协助孩子学习和请家教的问题，本节不再详述。

如果把考试比作一座大楼的话，那么每日的作业就像砖头一样，大楼质量的好坏，和每一块砖头都有很大的关系。

"千里之行，积于跬步"，每个人的成功都是他每一个成功的步伐迈出来的。

通过作业，我们的知识和概念得到了巩固、发展。为了保证学习的质量，我们一定要成功地完成好每天的作业。怎么达到这个目标呢？那就要对做作业的每个环节都非常重视。如果把作业比作一盘菜的话，这道菜的味道和每一步做菜的程序有很大关系，盐放早放晚了都不行，放少放多了也不行。

作为家长，您应该对孩子的学习环节——作业，认真配合和监督。

怎么样？你应该有信心吧！

本节要点

1. 作业的完成有一整套的环节，缺一不可，缺少检查环节尤其不可。

2. 应该严格禁止作业过程中的随意性行为。

3. 不是做完了布置的练习就是做完作业了！

4. 请注意语言的表达，不要让孩子以为作业、学习是为家长而做的。

家长作业

1. 由于该篇涉及内容较多，需反复仔细阅读本章及相关章节。

2. 与孩子进行交流，并分析孩子在作业中存在的问题。

3. 与孩子结成共识后，要讲明以后对作业的要求。

4. 请写一份自我分析，并陈述出自己对孩子讲过的不恰当的语言。

4.3 检查事虽小，却关重大事

——检查是从失败走向成功的桥梁。

一、为什么不检查？

"检查"本来是个小环节，我们为什么要专门对检查进行讨论呢？说起"检查"，许多家长可能都感觉到非常苦恼。原因很简单，对于"检查"这一点，所有的家长都对孩子做过要求，但很多人却不能持之以恒地坚持下来。

每当一份考卷发下来，发现有那么简单的题目居然错了，孩子就会说："唉！不小心，写错了！"家长常会追问："那你为什么不检查？"通常有两种说法，一是"我检查了，可惜没有看出来"，家长又问："检查了还看不出来？"孩子一时无语，凝着眉头站在哪里，似乎也在想："是啊！检查了，为什么没有检查出来呢？"二是会说："没有时间了，所以没检查!"家长会说:"那你做的时候怎么不小心点?"孩子依然一脸茫然地站在那里:"是啊!为什么做的时候不细心点呢?"

唉!都知道检查重要,可就是检查不出来,这样的检查有什么用?

二、没有效果和没有效率的检查

首先,让我们来认识一下"检查"的目的是什么。"检查"通常是指作业练习或试卷完成后对其进行回顾,以达成完整、准确的目的。做完一道题后,通过检查发现是否有遗漏——漏解、漏掉单位及回答式等,或者是否解法有错误;如果是语文、英语之类的,可能就要检查一下字词、文法可能还有什么问题,比如"我地书包丢了"或者"i have a apple"之类的;做完所有的作业或卷子,可能就需要对所有的题目进行核实,是否全都做完了等等。

在考场上我曾见过一个洋洋得意的学生,问他:"做完了?"那位学生说:"是啊!"结果有一页卷子他就没有做,原来他以为全部题目都做完了,还觉得考题太简单,像这样的低级失误太多了。所以,检查通常是针对"粗心"而言的。对于不会做的题目,检查是没有什么用的。

不过,我们已经了解了"粗心"这个问题,就应该明白这一点,如果对粗心没有很严肃的态度,想实现检查的环节是不可能的。

所有的人都知道为什么要做检查以及做检查的意义,可为什么大多数的孩子还是不能坚持下来?原因有二:

一是认为"检查"很多余,这个行为从表面上来看,不是作业,而且还比较浪费时间,况且既然已经做完了题目,自己

也感觉没有什么问题，觉得检查也没有什么意思，所以就对检查失去了耐心，觉得它是负担，主观上不接受、不喜欢"检查"，也就无法使检查成为一种修养；

二是不知道"检查"什么，由于对自己可能发生的错误（错误往往具有习惯性）缺乏预见性，所以检查的时候感觉很盲目，检查了半天，还觉得是对的，既然是对的，还检查什么？即使有错的，反正也检查不出来，听天由命了。久而久之，也就不想检查了。客观上缺乏检查的方法和目标也就让检查变得可有可无，最后也就不会检查了。

有一个画画很好的学生做完作业后，让我看她的作业做得怎么样。我看了看，一共是六道题，发现错了两道题，我没有说什么，只很简单地说了句"你检查一下。"她很快检查完后说："赵老师，检查完了，错了一道。"我说："继续检查。"她说："还有问题吗？"我说："不知道。"她拿着本看了看："没错了！"我说："也许有，再看看。"她说："不可能有错了。"我说："好像还有，继续检查。"过了一会儿她又说："一定是没有了，你捉弄我！"我说道："你肯定还有错，如果你没有错了，那就是我错了，我愿意打赌做20次俯卧撑。"（这是我和孩子在一起常做的自我惩罚的方式，老师错了为什么就可以不受惩罚，况且孩子看到老师错了并接受惩罚不仅很开心，对老师会更尊重）这位小姑娘肯定又自信地说道："如果是我错了，我就送你一幅我自己画的画！"我说："好！就这么定了！"最后她又很仔细地检查去了，但还是告诉我肯定不会有错了。最后我只好指出在一道题的算式中，"23"这个数字被莫明其妙地写成了"32"，以后的运算当然不可能对了！当然我也就顺理成章地收到学生给我的绘画作品。

像这样的情况，每个孩子都会出现，而这种错误的原因往往就是这么简单。遗憾的是错误出现以后，想要再通过自己的努力发现错误通常会很难。俗话讲"骑着毛驴找毛驴"就是如此。因为检查的目光遛到这里，根本意识不到错误已经发生。这就是由于错误的"隐蔽性"，再加上对错误的出现缺乏预见，缺乏对自己错误出现情境的警惕，以及对粗心的类型和可能出现的环境不了解造成的。

由于以上两点主观和客观的原因，检查既然是没有效果和没有效率的，检查自然也不能贯彻下来成为个人的好习惯。

请家长朋友注意我和学生在这个问题上交流的方式，并请回想自己是如何对待孩子作业中的错误的。

三、检查是为了不检查

其实，"检查"这个行为是贯穿我们人类行为的各个环节的，人们时刻都在做着不同的检查，只是我们不大注意罢了。比如"骑自行车"就是一个不断检查平衡的过程，孩子在做作业的时候，为什么经常会用橡皮擦，就是因为忽然他发现写错了，就赶紧把它改掉了，这实际也是检查。这样的检查已经成为一种不自觉的行为和意识了。而我们只是希望孩子在做完作业或练习后能够进行检查，使之成为一种习惯。当这种行为成为一种习惯后，刻意、被动的检查工作也将慢慢消失，而不会专为一项作业再做专门的检查。为什么呢？因为这时候所有的错误都被扼杀在萌芽状态。当自己对自己所做过的事情充满了真正的自信，而不是盲目的自信后，就不再为检查而费脑子了。怎么达到这样的境界，就是要"检查"。换句话说："检查是为了不检查"。

四、如何进行检查

文科类的检查主要是对字、词、语句、文法、标点符号进行审查。

理科类的检查有三种办法：一是检验法，把演算结果代入已知条件里看是否满足题目要求；二是逐查法，不仅从开始的设、解题过程逐步进行推导，还要看题目的抄写、数字的使用是否正确；三是逆查法，从演算的最后往前推算，看看是否能回到题目原先的已知条件。

最关键的是，要对自己错误的特点和习惯进行总结，便可以在遇到最可能发生问题的地方多加留心和注意，这时毛病就会通过你的检查而无所遁形了。检查的效率自然也就提高了。

"检查"的工作应该是有的放矢，有方法、有准备、有目标的，而不是盲目地去进行。

也许有人会说，这谁不知道啊？

但许多学生对自己错误的特点就是不了解，所以检查起来往往表现得无从下手！

五、如何培养检查的习惯

虽然知道检查的意义、目的以及好处，但没有养成检查的好习惯，这是由于对检查认识不足造成的。

首先对检查要有很端正的认识。检查既是需要的也是必要的，不是可有可无的事情！不是学习负担，而是提高学习效率的保证。

但许多学生在一开始时，怎么也不能意识到检查的重要性，认为题都已经做完了，检查不检查无所谓了。这给"检查"这个环节的贯彻带来了很大的障碍。所以我在培训班给学生讲作业这个环节时，为了特别强调"检查"的重要性，我就给学生们举了一个不太雅，但会使孩子们记忆犹新、印象深刻的例子。我问了孩子们一个问题："解完大手，你会做什么？"孩子们嘻嘻哈哈地说道："当然是擦屁股啦！"我说："有没有人不擦屁股就提上裤子走人的？"孩子们哈哈地笑个不止，甚至有人打趣说："也许老师您才那样啊！"我正色道："对了，题做完后就好比解手解完了，看起来最重要的事情已经办完了，但不检查就好比不擦屁股走人，是很恶心的啊！所以检查也是作业的一部分！"自此，孩子们对检查的认识和感觉与以往相比发生了巨大的变化。

通过这个小故事，我希望家长朋友也能对作业和检查的认识有更深刻的感觉！

六、如何帮助孩子进行检查呢

初级阶段，也就是最开始时，不仅要让孩子明确检查的意

义，家长还应和孩子共同检查作业中的错误，并给孩子指出错误的地方，逐渐帮助孩子建立起检查的习惯和信心。

有一点特别要求注意的是，在开始培养"检查"这个习惯的时候，家长应该和孩子一起对作业做检查！"修行虽在个人，也需家长领进门"。而且在开始了有效的检查行为以后，随着习惯的养成，错误变少了，在检查上的时间花费也越来越少，检查就越来越主动和下意识了！

中级阶段，可以指出一些错误的地方，但同时还要留些空白尽量让孩子自己发现。再后来，告诉孩子有几处错误就可以了，让孩子自己去发现。

高级阶段，只告诉孩子有错误即可，直到孩子自己全部发现为止，要强调的是，如果自己没有发现并全部改正，不能进行下一步的作业！

为了让家长朋友们更好地了解如何开展检查，我举一个实例供大家参考。

时间：1998年4月的某一天。

学生：女，就读一所重点中学初一年级，聪明，成绩不很理想，其中粗心是大毛病，制约了考试的成绩。

地点：家里。

背景：孩子在晚上8:00左右完成了英语作业。

8:00我要求看一下英语作业的完成情况，发现有很多错误，比如"I"写成"i"，"He make"其中"make"没有加"s"，还有"an apple"写成了"a apple"等错误不下20处，我说："有许多地方错了，你检查一下。"

8:50孩子急匆匆地跑过来，"老师，我改完了！"我看了看，发现还有许多错误未改，我说："继续检查，还有很多错的地方啊！"并且我指出了其中的一两项，她点头称是，又去改了。

9:20 孩子又把英语作业拿了过来，我看了看，错误少了些，除了个别错误是由于概念不清外，笔误依然有10多处，我说："不行，继续改！"孩子不太高兴地说："我已经很耐心看过了，没有了啊！"我说："还有，继续找！"孩子不情愿地走了。

8:22 孩子充满怨气地说："没有了！"其实她是回了自己的小屋怄了怄气就又跑出来了，我说道："你信不信，我至少给你找出五个地方有错误！"她摇了摇头不相信。我便给她挑出其中几个错误，这时候孩子信服地说："好了，老师，我再去看一看。"

8:45 孩子很自信地把本拿过来让我看，我看到依然还有些错误，只剩下四五处了，我就说："还有，再继续，凭你的能力完全可以找出来！"孩子说："这次不可能！"我说："你信不信我还能找出来？"孩子狐疑地说："那我再看看。"

9:00 孩子拿了本子过来，自信地说："没有了！"我看了看，发现错误的数量没有什么变化，便说道："你为什么不再细心地找找？"孩子很委屈也很不愉快地说道："我觉得没有了。"我说："我找出来五处怎么办？"女孩负气地说："你想怎么样就怎么样！"我说："我要找出来，就把你做过的作业撕掉，重做怎么样？"（请注意，如果要采取极端措施，一定要与孩子有约定）她沉吟了一下说："好！"似乎在给自己打气，接着问："如果没有五处，你怎么样？"我说："老规矩，今天翻倍，我做40次俯卧撑。"小女孩犹豫了一下："我再检查一次行吗？"我说："可以。"她父母一向很信赖我，但此时

也觉得有些不耐烦了，因为这时候已经比较晚了，而且还有许多功课还没有做。但我依然坚持！我对她的父母解释说，改正一个坏习惯要比作几道题目更有意义！父母对此表示赞成，并表示愿意配合好。

9:10 孩子郑重地过来，说："你找吧。"孩子的表情似乎说明我的俯卧撑是做定了。（说个题外话，由于我犯错的原因而做俯卧撑的时候不多，通常是孩子们取得意外的成绩和收获时我才会做。如果由于自己犯错误而老做俯卧撑，还不让学生看贬你啊。）我依序给她指出了五个错误的地方，完后我把写满作业的那页纸撕了下来，孩子噙着眼泪离开了，此时气氛变得很凝重，但家长对此表示支持。

9:40 孩子拿着新做好的作业来了，此时的作业质量当然很高了。我说道："这样的作业就很好！"你看："今天，由于你自己的原因，我让你做到现在，我想你明白什么原因吧！"孩子点头称是。我说："请以后注意，其实你犯错的原因很简单，而且好多都属于重复错误嘛！好了，你去做别的吧！"

她的父母看到时间已经很晚了，执意让我先回，我说："今天我要陪她做完作业，你们不是也不能睡吗，每天不是也要等她做完作业才休息嘛！所以今天就让她感受一下由于她不负责任的行为可能给别人造成的不便！"那天夜里一点我才离开，但欣慰的是孩子后来的表现让我觉得这次晚归很值得！

七、检查的内在品质是责任心

曾有一个这样极端的例子，我的一位同事说起她的孩子时这样讲道："我儿子是个粗心大王，怎么要求和提醒都不行，可他爸爸正好相反！"她讲道，孩子的父亲上小学的时候家里很穷，没有钱买纸和笔，自然没有钱买作业本，也就不存在交作业的情况，不过老师也不管，因为他的成绩总是全班第一。但是一个学生怎么能不做作业呢？所以他就只能记住布置的作业是什么，然后找一根树棍在地上做，有时也会用捡来的铅笔头在别人送的草纸上做演算，而那对他来说是很奢侈的了。考试的时候也经常没有橡皮，只能写对不能写错。就是这样的农家子弟最后一直读了博士，现在军队做技术工作。我听到这件事的第一反应是认为这样的事情太不可思议了，但仔细一想，我相信这件事情的确是可能发生的。

这件事情带给我的思考有两点：是什么原因使他不能出错？为什么他的孩子就没有具备他父亲的这种素养？

由于贫穷等种种原因使这位孩子的父亲"错不起"，所以在做作业、考试的过程中注意力非常集中。可以这样讲，由于不得不这样做，所以就需要做题时具备高度的责任心。长此以往，这种强烈的责任心使他养成了严谨细致的好作风。检查的内在品质就是"责任心"。只要责任心强了，检查的效果和效率自然就提高了，"检查"从被迫到自觉到不自觉也就不足为怪了。

看到这里，有的读者会很诧异，为什么他的孩子却不像这位父亲如此优秀？我曾经认识的许多家长本身很出色，但孩子表现却不佳，原因很简单，就是由于没有也不擅长把自己真正的心得和体会教给孩子。可很多家长很不服气地会说："我教了，而且是很多很多次，但孩子就是不做！那是为什么？"这就要求家长懂得培养孩子的责任心，没有责任心什么事情都做不好！

检查这件事情本来很简单，不简单的是很多人做不好，更主要的原因是思想上的问题，主观认识不足，所以客观上就很盲目。

本节要点

1. "检查"是作业的一部分，无"检查"的作业是不完整的作业。

2. "检查"要有目的，盲目地检查是劳而无获的。

3. "检查"主要是针对"粗心"而言的。

4. "检查"的目的是"不检查"。培养检查习惯从培养责任心开始。

家长作业

1. "检查"是针对"粗心"而言，请仔细阅读"粗心"一节，并对造成粗心的原因进行分类，与孩子一起商讨，并整理出来。

2. 与孩子一起完成"检查"，要有足够的耐心，切不可因为不耐烦而简单地把错误的地方指出了事。

4.4 如何学会听课和准备预习

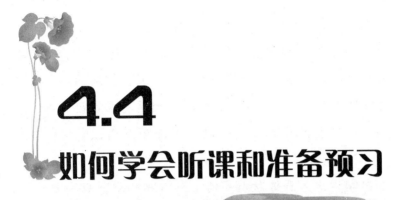

对一个旅游者来说,只知道目的地的名字而不做其他的了解,这样的旅程一定是很糊涂的。

一、不要评价老师

从第一天上学起,就听到妈妈说得最多的两句话是:"路上注意安全","上课注意听讲"。

听课是学生在老师授课时的接受过程,它是学生学习活动的一个重要环节。所有的父母都知道听课质量的好与坏,会对学习成绩产生很大的影响。

决定听课质量的因素包括学生个人和教师个人两方面。

我们通常无法干涉和改变来源于教师的影响,很简单,就是说我们既无法改变教师的个人魅力和教学能力,也无权改变教师的教学设计。除非你会由于无法忍受的原因而给孩子换个学校去学习。余下的,你只能和老师做更可能多的沟通,来试图希望老师多注意和关怀你的孩子,在课堂上多给他一些提问的机会。但不管怎么说，也许最差的老师会有很出色的学生，而最好的老师也经常会有极差的学生。所以盲目地批评和指责老师的教学只会让孩子表现更差，因为孩子从你的评价中，不仅可以为自己的不良表现找到说法，而且可以用这样的说法来解释自己在学习上所有的表现都是因为老师而引起的。

想解决提高听课质量的问题就要对自己的因素做个分析。

由于学生个体因素对听课质量产生的影响有以下几方面：

1. 身体状况

如果学生本人身体状况不佳，有疼痛和不适等现象，听课过程自然无法正常进行，这个问题一般家长都很明白。但会有一种特殊情况，就是有的孩子尤其是小学生由于生理发育的原因，无法集中精力去听课，有的属于正常情况，有的则属于发育不良造成的。对于后者，家长应该找医学专家来帮助解决，而不要简单地以为孩子只是不专心听课。

2．个人原因

学生对课程的兴趣、学习程度、对老师的喜好等都可能影响听课质量。由于心理的厌恶、排斥，学生不想也不愿意听课的现象非常多，不过随着学习认识的提高、个性的逐渐成熟，对听课质量的提高会起到积极的作用。

3．不良习惯

在小学阶段开始时，为使所有的学生都能学明白，老师讲课的内容多有重复，有的学生资质很高，理解和接受能力很强，很容易对老师讲授的内容乏味，第一遍的讲解听懂后，就懒得再听老师的讲解了。在初期，这一问题还不严重，但久而久之，由于这些学生听课的习惯已经很不好了，随着教学内容和难度的增加，课堂上有效听课时间还和以前一样，可以说他们是不会听课了，所以听课的质量可想而知了。

4．听课方式

听课质量更多取决于学生的注意力水平。一般初中生维持注意力的时间一般不超过10分钟，举个简单的例子，您在看这本书的时候，可能就经常走神(比如现在，您可能想的就是您在什么地方曾走神，想的是什么)。这是非常正常的，关键是如何可以尽快地回过神来！所以在听课过程中，个体参与的活动与范围越多越大，注意力会更容易集中，听课质量也会越好。如果教师的教学设计是满堂灌的话，那么这堂课恐怕有一半就听不到了。在我们无法选择教师及他的教学方式的情况下，如何通过提高注意力水平来提高听课质量呢？

做笔记是尽量避免注意力分散的一个好办法，通过对老师的讲解重点进行记录，使自己的思维一直跟随着老师。学生课后通过对笔记进行整理参考，不仅可以加深印象，还有助于学习内容的掌握。俗话讲："好记性不如烂笔头"。但缺点是不是所有的课程和所有的时候都适合做笔记。

二、集中课堂注意力的办法

带着问题去听课可以提高注意力效率。这样的做法是通过听课来解决疑问，所以可以在听课的时候有所选择，大脑就不容易感到疲劳，不仅听课效率高而且会更轻松。由于更好地掌握听课的主动性，就把一个通常被动的接受教学的过程转化成了一个主动的求知过程，而这其实就是听课的核心和意义所在。

对于那些没有进行课前准备，大脑里没有疑问就去听课的学生来说，听课的过程就会变得很盲目、被动，也会令人疲惫不堪，听课的质量也就可想而知。会听课的学生应该是有准备的，有疑问的，有目的的，是注意力"很会"集中的那种人。

所以带着问题去听课是最好的办法！那么如何带着问题去听课？就需要课前有所准备。那么又怎么实现有备而听呢？

带着疑问去听课！

三、课前准备——预习

什么是预习呢？就是在老师讲授新的课程内容之前，学生根据需要自主展开的学习过程。实际就是学生的一种自学行为。它的主要目的是在接受老师的授课前，对将要讲授的内容有一个初步的学习和理解，不仅可以了解下一阶段知识点的重点和难点，也可以了解到自己在什么地方有疑难和问题，在听课的时候就会更有针对性，对更好地掌握该阶段的学习内容有积极的帮助。当然在时间允许的情况下，尝试提前把预习内容后面的练习做了，这样预习质量会更好。

四、预习的典型问题

1. 预习方式过于简约

预习方式通常表现为两种方式：一是浏览式预习；二是自学式预习。一般学生采取第一种预习方式的居多。这种预习只是对未来的课堂内容做了浮光掠影式的了解，但对于未来概念出现的盲点和难点不能做较完备的估计和确定。这种方式对文科类科目比较适合，或者由于时间比较短促，所以只能采取简单的浏览式预习的方式作为应对。第二种自学式预习，不仅要细致地阅读和研究，并且能根据课后练习或找相关练习册的练习题来验证自己掌握的水平和程度，这是一种比较高级的预习方式，实际上也就是自学。不过这种方式对中等程度以上的学生更合适。

2. 缺乏恒心，不能坚持

做作业的效果和效率怎么样，取决于听课的效果；而听课的效果怎么样，取决于课前的准备——预习做得如何！有的学生对此缺乏认识，每天疲于应付作业，所以会说："作业太多，没有时间预习！"缺乏自信的学生认为："老师没有讲过，所以看不懂！"还有怕麻烦善找借口的学生会说："都预习了，还上老师的课有什么用？"由于对预习的偏见、忽视以及方法上的不当，也就直接影响预习的效果。据统计，认为预习是好习惯的学生占95％以上，但不能坚持预习的学生也有95％，所以感觉预习好但没用，认为预习是负担的学生却有很多。

如果没有从一件事情中深刻体验到好处的话，这种事情就会得不到强化和巩固，桑代克的效果律就强调了这一点。所以如果对预习的方法、意义有更进一步的了解，并且能更规范地开展预习，使预习成为学习的习惯，对学生学习产生很大的促

进后,预习的行为也就容易得到巩固和继续。

3．预习应该有所选择

预习是重要的、非常有意义的,但不是必要的!预习是为听课服务的。预习应该在有条件的情况下进行!对于学习状况较差的学生来说,比预习更重要的是如何在作业以外的时间里把以前的薄弱和空白点及时弥补上来。每个学生的个体情况不一样,所以在这个问题上不能盲从。

需要强调的一点是,成功的预习会使听课质量更高,学习的效率也会更高。但不符合自己实际情况的预习,不仅浪费时间,而且容易对预习产生反感,在当你具备预习条件的时候,对预习可能就没有兴趣了。

本节要点

1．预习是听课的准备,但并不意味着不预习就无法听课。

2．注意力是听课的关键。

3．听课时主动获取疑问的结果和答案可以提高听课质量。

4．对不同科目采取不同的预习方式。

5．学习状况中等程度以上的学生应该保证预习,而差些的学生应先查漏补缺。

6．对错误原因及种类的分析是被动发现问题的过程,而预习则是主动发现问题的过程和好办法。

7．学会预习是学会学习的开始。

家长作业

1．分析孩子听课的不足之处。

2．与孩子沟通对预习的认识。

3．尝试在周日对第二天的功课做预习并看孩子的反应。

4.5 学会复习就等于学会学习

——很多人成绩不佳就是因为不会看书,不会记忆,更不会复习!

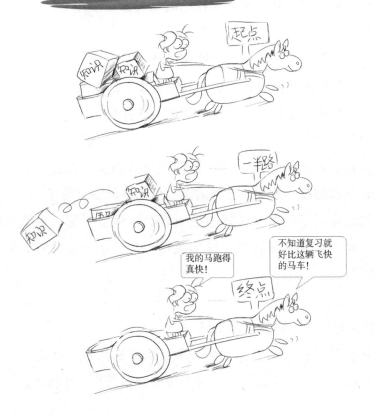

凯洛夫有句话很有意思：他不往后面看，只是往前赶，赶回家的仅是一辆空马车，反而自夸走了很长的路程。

一、为什么找不到"东西"

有很多人都有这样一个体会，当你需要一个什么东西的时候，你虽然能够肯定它就在周围，一定没有丢失，但就是找不着：要修开关，找不着螺丝刀；要出门，找不着眼镜了；要去报到，找不到报名需要的相片了；穿鞋的时候，怎么只有一只袜子？准备出门却发现钥匙找不到了，最后总算找到了，可惜由于时间的耽误，又不知道把什么事情给搞砸了！虽然你知道最终会找到那个不起眼的东西，但你不会忘记这个过程给你带来的烦恼和不便，甚至是无法挽回的损失。

总之，事情很小，但总是那么烦人。

而且这种现象还有一个很有趣的特点：

（1）那就是找不着东西的人会经常找不到东西。

（2）老找不到东西的人的生活环境往往很乱。

对于这样的问题，该怎么办呢？说起来也很简单，把你住的地方经常收拾收拾就好了，把东西分开归类，衣服和衣服在一起，书和书在一起等，这样的话，用起来就很方便了。

说到学习了，其实道理也是一样的。我们常说：生活品质不好，学习品质就不会好；学习品质不好，学习成绩怎么可能理想呢？

二、为什么一到考试就不行

常听到家长说："我的孩子平时功课掌握的还不错，小测验的成绩也很好，可就是到了大的考试就不行！一考就砸。"

还有的学生反映，在考试的时候怎么也做不出来，有个概念、定理或公式怎么也想不起来，而一下了考场，就想起来了，真是令人非常懊恼。出现这种情况的孩子，固然可能存在考试技巧和心理素质较差的原因，但更多是由于复习做得不好而造成的。

这种情况的学生非常普遍，请您回想自己的孩子是否存在这样的问题。

让我们对自己提个简单的问题。请想一想，在考试中，什么问题基本上从来都不会出错？考卷上的名字。为什么呢？很简单，自己的名字天天听，天天看，天天写，早已是烂熟于心了，闭着眼睛都不会写错啊！换句话说，想写错名字也是一件很不容易的事情啊！

比如大多数的学生都知道巴尔扎克是个作家，但如果考题是问巴尔扎克的国籍，那么在答案里就会写出英国、法国、美国，除了中国，只要是知道的国家名都可能被写出来，这说明什么问题呢？首先说明学生学过他的文章，而且也听过老师关于作者个人情况的讲解。学生在这个知识点上掌握的不够全面，没有形成深刻的记忆，所以到考试的时候对一些细节就不能确定了。或者一道数学题目出现了，而且知道平时做过，也曾经做对了，可在考试的时候就是想不起怎么做了！

这就是不扎实的表现。而不扎实对学习的最大功能和贡献就是，虽然在学业上花费了许多时间而得到的学习结果和不投入时间学习该得的无知是一样的。虽然你曾经会过，但到了某个特殊的时刻，你所做的反应是不会！这说明你其实还是不会，不管你是否曾经会过！

如果说因为无知而不能得分，是可以理解的，那么要是由

于不扎实而失分，不仅不能得到原谅，还应该自责啊！

对考试的看法有一句话是这样说的：会者不难，难者不会！

怎么才能成为有备无患的"会者"？

我们在前面讲过错误发生的原因等内容，在那里我们谈的是在错误发生后，我们应该采取什么样的措施来对待错误，其中错题本的建立等属于错误后的对策。而我们现在关心的是，如何从正面入手，避免错误的发生。让我们从第一种错误原因说起，就是概念不清。

"概念不清"的现象又分两种情况。一种是对知识点开始接触学习的时候就没有弄明白，后来混到考试的时候也没有搞清楚，属于没有理解而引起的，所以通常程度和基础比较差的学生会表现得更多；另外一种是当时明白了，后来由于比较长的时间间隔，对知识点有所生疏和遗忘而导致的。

对于造成错误发生的原因的第二点"思路不对"来说，其实也有很大因素是由于"概念不清"。考试主要是对学生掌握和熟悉知识点程度的考察，解决一道题目往往需要一个、两个甚至是多个知识点，就好比一个修理工的工具包，如果有一个工具不在手边，干活的时候可能就有麻烦。同理，如果有一个知识点出现问题，不能从大脑中提取出来，解题思路就会出现问题，在这个题目上你遇到了麻烦便是很正常的。

要想最大限度地制止错误的发生，就要把所有的概念点和知识点掌握得扎实和准确，有备无患，才能在考试的时候做到心中有数！而要真正掌握一个知识点只靠一次性活动是不能做到的，是靠不断总结、练习、熟悉的积累而实现的。而这一切活动都可以归纳为一个你熟悉的词汇：复习。

请各位明白一点，不是所有的人都能成为"过目不忘"的天才！所以"天才"是会复习的人。

三、什么是复习？

复习就是对自己学过的课程进行查漏补缺和总结归纳。通常复习的过程需要相应的练习和记忆。通过复习不仅可以提高学习质量，更可以提高学习效率。

"复习"从字面上可以理解为"再一次温习"的过程。复习的意义是什么呢？通过复习可以加深认识和理解那些遗忘、生疏的概念或知识点。复习是承上启下的过程，古语讲"温故而知新"，就是通过复习对原知识可以产生更准确地掌握，也可以为新知识的学习和理解做更好的准备。人们常说的一句玩笑话是："学的都还给老师了？"就是说老师教过的都不记得了。本质上讲，复习是强化记忆的过程，也许是材料，也许是技能，都是一个认识固化的过程。

复习是由于学习的需要，而不是因为考试。

复习不应该只是在考试前才做的事情。有一种很普遍的现象，许多学生由于本人的理解力、反应接受能力都很不错，平时课上练习可以做得不错，往往还要比其他学生做得又快又正确，小测验成绩也可以表现很好，但到了考试的时候却发挥不好。这种学生往往只是在考前才复习所有的学习内容，一看内容都会，可到了考场就感觉不顺手，原因就在于平时不做小复习。

这种学生虽然在学期中间对知识点的认识和理解要好于同学，但由于课后一段时间内缺少对概念进行重复消化的及时跟进过程，到了考前再看到这块内容时，主观意识上更多的是对当时学习的感觉保留，还觉得自己没有什么问题，但实际上有

些概念点已经遗忘和遗漏了，所以对这块概念点的掌握就出现了不足。这种状况怎么能顺利通过考试关呢？

有句话"不考不玩，小考小玩，大考大玩"，复习应该是融合在平时就做得很平常、很频繁的行为，而不是专为考试准备的。因为复习是由于学习的需要，不是因为考试！

平时开展复习的方法很简单，那就是有意识地、有规律地、及时地操作。每学过一个知识单元，就应该做一次复习；每个星期都应该对本周的学习内容做一次复习；每一个月也应该对该月的所有学习内容进行一次全面复习。只有这样，你才明白自己到底哪里学得好，哪里学得还有不足，然后及时做出相应措施来解决。这样做的最大好处就是考前的大复习会很轻松。

所以我们不建议家长在周日给孩子搞什么补课等活动，学习安排应该多以总结性的复习为主。缺乏经验和不负责任的补课老师通常只会简单地给学生许多题来做，缺乏针对性的盲目补课往往是低效、大量重复的劳动。只有个别学生在基础有较大差距的情况下，才应该考虑采取补课的方式来弥补。但请记住：好的学生是学出来的，不是补出来的。

四、复习的两个重点环节

复习的目的就是要把不明白的、生疏的、遗漏的知识点搞清楚，复习是一个发现学习问题并解决问题的过程。显而易见，这个过程包含两个环节。首要环节的目的是发现问题，最后环节的目的是解决问题。让我们看看如何实现这两个环节。

1. 如何发现问题

发现问题的两种重要手段就是查漏补缺和总结归纳。

查漏补缺是指对自己所学的内容的不足和缺陷进行整理和

检查，这个工作的主题就是查找自己学习的漏洞和薄弱环节。就像士兵去打仗前，要看看武器是否准备好了，刺刀有没有遗忘，子弹的数量够吗？然后根据自己的情况进行针对性的补充和练习，是"防患于未然"的根本举措。

总结归纳是指对自己所学过的内容进行阶段性的回顾。就好比打扫自己的房间一样。总结归纳就好比是自己房间，里面有书、本、个人用品、鞋、衣服、玩具……过一段时间，就得对自己的房间进行清扫和整理，看看有什么垃圾需要清理，看看物品摆放的地方是否合理。这样用起来就方便许多，而学习也是同理。

通过一段时间的学习，大脑里又增加了许多新的内容，就好比仓库又放进了许多货物，如果不及时整理，时间久了有些东西放在哪里自己也不是很清楚，现用现找往往很浪费时间；而且时间再久，清理会更耗费精力和功夫；况且有的知识点随着时间的延长，不及时清点，自己可能就跑光了。所以及时做查漏补缺和总结归纳就是这个目的。这个环节做好了，也就为解决学习中的问题做好了保证。

这个环节主要是通过看书来实现的，可许多学生往往只是看自己以为的重点和难点，而不能对教科书做全面仔细的阅读。这种失误是最容易出现的，而其结果往往是懂的还懂，不懂的还是不懂；疑难的懂了，但基本的简单概念却说不清楚！（请做个小实验，拿起课本，对照书上的内容向孩子提问。据我抽查的经验来看，能够圆满回答的学生极少。）

像这样，许多学生连书都没有完全完整地读过，更别说进行及时有效的复习了。所以我在对学生做要求时经常讲这么两句话："教科书是给你们写的，是经过许多专家和老师呕心沥

血而写成的，里面没有一句废话。想当考场上的常胜将军，你们就应该对课本里的每一句话都要仔细读过，并把常用的内容作为常识记在脑子里。教科书上只有一种印刷内容你们不需要记，那就是标注页码的数字！"

不会看书，不知道全面阅读课本，就不可能发现真正的问题！

2．如何解决问题

解决疑难和困惑的手段和办法有以下四种。

提问：由于对某些概念或问题还存在疑问和不解，需要向老师或家长进行请教。"不耻下问"，如果你爱提问题了，你就会发现自己进步非常快！试想，在迷路的时候，你能找个人问问路，是不是会让你很快摆脱困境呢？提问不仅是因为有问题，如果在没有问题的情况下能发现问题就更了不起了。当然，很多人不会问问题，问题质量也不高，结果是不仅自己没有得到什么帮助，让回答的人也感觉不耐烦，所以学会问问题就要学会避免简单直接地追求结果，还要探求为什么会有这样的结果！不过，比这种情况更糟糕的是很多人明明知道自己有问题但却不问。

讨论：主要是通过与同学的交流和探讨来达到对某些概念和问题有更精确、更深入的理解。与同学之间的讨论和交流是非常必要的，是发现自己的问题的一个快捷方式，更是提高自己对概念等理解的好方法啊。不要担心同学从你那里得到学问，应该担心的是你能不能给同学讲清楚你自以为掌握的内容。要记住的一点是：同学并不是你的竞争对手。学会讨论的学习方法可以让你在以后的生活学习中体验到合作的快乐。

思索：其实是一种自己与自己的对话和交流，通过自我深省，来达到对问题的更好认识和理解。怎么把自己的生活和学习安排好，就需要你先思而后行。最好每天晚上睡觉之前想想今天的事情哪些做好了，哪些又没有做，什么时候去做，心里要有个安排。学会思索了，就可以设计你的生活，计划你的生活，成就你的生活！

针对练习：通过查漏补缺和总结归纳发现有些概念点掌握得不是很好，所以做一些针对性的练习和作业来达到掌握的目的。有的练习是以背诵、记忆为主，有的则需要学生自己通过参考书、习题册来安排、组织进行，这是自学能力的高度表现。

呶，我们发现了问题，也解决了问题，还发愁什么？

五、复习的难点

复习工作开展不理想的原因主要有两方面。

1. 复习是自主的学习行为

比如作业通常由老师做出要求和安排，目的和内容比较明确。而复习的工作需要自己来设计安排，不需要对老师有什么交代，所以思想上容易麻痹和忽视。那么在开始不熟练的时候，家长应该适时地对孩子给予必要的提醒和安排。对于养成良好的复习习惯和方法，这种指导和帮助是非常必要的。

2．复习是讲究节奏和规律的学习行为

由于复习是对学习内容的一个强化记忆的过程，所以想把握好复习的节奏就要对记忆及记忆规律有透彻的认识和了解；反之，复习效率就会表现低下，甚至徒劳无功。

德国有一位著名的心理学家名叫艾宾浩斯(1850—1909)，艾宾浩斯是发现记忆遗忘规律的第一人。通过对这条曲线的了解，我们将可以更有效地安排复习工作。

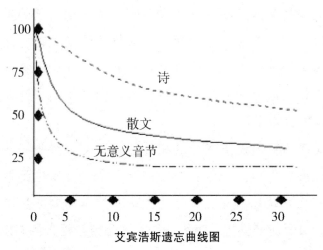

艾宾浩斯遗忘曲线图

（图中竖轴表示学习中记住的知识数量，横轴表示时间（天数），曲线表示记忆量变化的规律。）

时间间隔	记忆量
刚刚记忆完毕	100%
20分钟之后	58.2%
1小时之后	44.2%
8-9个小时后	35.8%
1天后	33.7%
2天后	27.8%
6天后	25.4%
一个月后	21.1%

记忆量与记忆时间间隔的关系表

以上的遗忘曲线和关系表告诉人们在学习中的遗忘是有规律的，遗忘的进程不是均衡的，不是固定的一天丢掉几个，转天又丢几个的，而是在记忆的最初阶段遗忘的速度很快，后来就逐渐减慢了，到了相当长的时间后，几乎就不再遗忘了，这就是遗忘的发展规律，即"先快后慢"的原则。观察这条遗忘曲线，你会发现，学到的知识在两天后，如不抓紧复习，就大约只剩下不到原来的30％。随着时间的推移，遗忘的速度减慢，遗忘的数量也就减少。有人做过一个实验，两组学生学习一段课文，甲组在学习后不久进行一次复习，乙组不予复习，一天后甲组保持98％，乙组保持56％；一周后甲组保持83％，乙组保持33％。乙组的遗忘平均值比甲组高。

这个曲线很明白地告诉我们，记忆规律有以下特点。

（1）一次记忆和学习不可能把所有的内容都记住，但也不可能全部忘记。

（2）记忆中遗忘率在记忆学习后的三天达到最低。

（3）在合适时间进行重复记忆，效果会更好！

有很多同学在学习的过程中，只注重了学习当时的记忆效果，却不知道，要想做好学习的记忆工作，是要下一番工夫的，单纯的注重当时的记忆效果，而忽视了后期的保持，同样是达不到良好效果的。有些人只关注了记忆的当时效果，却忽视了记忆的牢固性问题，那就牵涉到心理学中常说的关于记忆遗忘的规律。

大家都有对外语学习感到比较痛苦的体验就是单词总是不能记完，发音再好，没有足够的单词量也是不行的，单词量的多少的确是外语水平的一个标准，所以学习外语实际就是一个不断反复识记单词的过程。背完了忘，忘了再背，有一位外语系的教授曾戏称背单词就好比"笊篱捞水"。为了增强记忆，有许多的记忆方法，虽然各有各的特点，但万变不离其宗的就是重复。古语"学而时习之"，就是针对学习方法和记忆规律的最好诠释。当然最有效的记忆方法是根据自己的思维特点来确定的。不过最好的方法就是理解了再记！

许多家长都希望加强孩子的记忆能力，所以市场上也出来许多形形色色的记忆大法，什么头脑风暴啊、记忆体操啊，或者干

脆是电脑支持下的记忆通等，林林总总，举不胜举。其实都是一个道理，就是根据此原理做的方案。至于什么联想法、谐音法等具体的办法，只是根据个人习惯和特点来进行的。记忆的最大关键就是不断重复，没有什么捷径可走。每个人都可以成为记忆大师，这一点都不神秘。

谨记一点，掌握好复习这个记忆体操，比吃任何一种增强记忆的补药都有用。

六、复习的基本方法和原则

（1）最新原则。每日都对新讲授的内容进行回忆，方法是每日做作业前，合上书本对今日授课的要点进行默想和简记，越详细越详尽越好。

（2）时间原则。每周日和每月对讲过的内容进行查漏补缺和总结归纳。方法是重读课本，并对学习内容做书面总结，而且要做相应的练习来检验。注意要建立总结本。

（3）阶段原则。主要针对理科类，为了避免问题对下阶段的学习产生影响，在学习完一个章节后就要做全面复习。目标是尽快把问题解决，而不让问题成为历史遗留。

（4）科目原则。对于文学概念、文法、单词等文科内容，复习更多体现的是记忆，对逻辑性较强的数学、物理等知识点，记忆是重要的一环，但复习更多是以查漏补缺、总结归纳和针对练习为主。

本节要点

1. 在平时把复习做得细致了,考试自然轻松了。
2. 复习不仅在考试前,平时也要做。
3. 发现学习中的问题靠查漏补缺和总结归纳来完成。
4. 解决问题靠学会提问、讨论、思考、针对练习等实现。
5. 复习的方法要掌握节奏,多了无用,少了无效。

家长作业

1. 与孩子交流复习的认识。
2. 帮孩子建立总结本。
3. 开始于每周末的固定时间对本周学习内容进行总结和针对练习。

4.6 应对考试的办法和技巧

> 只看重考试而忽视平时作业的作风，是考试失败的最重要的原因。

一、考试和平时的不同

让我们做个思想试验，看看我猜得对不对！

第一种情况：

如果在地上有一块宽15cm、长5m的长木板，木板没有扶手，试想一下你在上面走的感觉。

结果：我想您和大多数人一样都可以轻松自如地走来走去。

第二种情况：

还是上面那块木板，现在离地面有1m，没有扶手，试想一下你在上面走的感觉。

结果：

第三种情况：

还是上面那块木板,现在离地面有3m,没有扶手,试想一下你在上面走的感觉。

结果:

第四种情况:

还是上面那块木板,现在离地面有10m,甚至100m,还是没有扶手,试想一下你在上面走的感觉。

结果:我敢说,很多人的腿一定会因为高度增加而发抖,心里也会很害怕,估计你是不敢走了!

从上面可以看出,同样的一件事情,在不同的情况下,表现和发挥就有所不同,也就产生了不同的结果。

二、没考好的原因

其实就是两种情况:一是考不好,二是没考好。

"考不好"的意思很简单,没有实力面对考试。原因就是平时没有学好,到了考试的时候自然无能为力。换句话说,走在地面的那块木板上如果都踉踉跄跄的,到了空中也一定没有好结果啊!

"没考好"的意思就是没有把本来的实际水平通过考试反映出来,考试和平时练习最大的不同就是,同样是做平时做过的题目,但考试不仅是对平时学习情况的考察,也是对精神、意志和素养的考察。考场发挥失常的表现,主要是由于应试心理不佳及考试方法不当。我们本节主要讨论的就是这种情况。

三、家长和学生都应该正确对待考试及结果

正常同学考试发挥的好与坏和应试的心理素质有很大关系,而应试心理素质的优劣主要取决于对考试的认识和态度。

大家往往认为应试心理是指在考场而言，而实际上这个问题在考前就已经开始了，平时对考试的感觉就很沉重，一直把这种考试焦虑的心理状态带到考试中，其结果可想而知。那么导致这种现象的重要原因就是不能正确对待考试。

每个阶段的学习就好比5000米长跑，学的好的在前面跑，而落在后面的人也不要担心，只要完成了这5000米的距离就可以了，不要太在乎这一次是早到达还是晚到达终点。调整好你的步伐，尽快弥补与好学生的差距，争取下次能够早到达终点。一次长跑的成绩、一次考试是不能论英雄的，因为大多数考试只是一个记录和评价，并不具备决定性意义。最重要的考试只是中考和高考啊。但是有一点要注意，这个5000米没有跑完，就丧失了第二阶段的资格了，那可就永远被甩掉了。换句话说，只要没有拉下功课，只要你及时把功课赶上来，终点一定是属于你的。

考试不仅是考知识，也是考智慧，考个性。人一生要面临许多的考试，但不是每一次考试结果都理想，最优秀的人在他的一生中也会经历许多不及格的考试，但这并没有妨碍他成为优秀的人，是因为他们善于总结自己的失败和错误，把失败和错误当成他的宝贝，所以他们会最大可能地避免在自己犯过错误的地方再错。而失败者的最大特点就是重复犯错误！那么作为学生来说，我们怎么对待考试呢？很简单！也要善于总结自己的问题。总结自己的问题要从两个方面着手，一是影响学习的不良因素有什么？二是自己不会的地方有哪些？所以我们在面对一次不理想的考试时，不要不开心，不要难过，也不要害怕，看看自己哪里错了，该怎么解决？只要这样做了，下次就一定会更好！

我常和同学们讲，如果现在的成绩不理想，没有关系，可以通过考试来分析得与失，从中积极发现功课的漏洞，找出学习方法的不足。然后做积极相应的调整，下次考试一定会有提高。

我们的家长和孩子有个很不好的习惯就是，总把注意力集中在得了多少分上，而不大关心丢了多少分。许多家长对于平时的考试，只是简单地评价成绩的好坏，然后对孩子说一句"不错，继续努力吧"，或是"你要再不努力就完蛋了，所以要认真啊"等这种肤浅的没有任何指导意义的评价！正是由于对考试表现出这种极端功利的心态，造成了孩子对考试本身及成绩过分追求的心理和认识。为什么会有学生在考试时有心理障碍，对考试有恐惧感。就是因为他们担心考试结果不理想，在大多数考试时脑子里想的总是家长愤恨的表情，沉浸在过去考试失败的痛苦经验中，哪有心力去承受当时的考试？怎么能发

挥出来应有的水平？对考试的心理负担过重，是考生考场发挥失常的主要原因。

考试最主要的功能就是可以帮助学生检验有什么不足的地方，它是学习的一个环节，所以应该以平常心接纳考试，把考试当作总结，从考试结果中找到下一步学习进步和提高的解决措施，在平时充满激情、扎实地做好每件事，对考试何惧之有？

四、平常就应该对考试的素养和习惯进行培养

由于考场有严格的要求，在这种严肃的气氛下，许多学生一下子感觉不习惯，再加上平时做作业拖拖拉拉，在考场上却感觉时间飞快，在慌乱中，极容易被一些小的问题干扰，大脑不能积极调用有效信息，所以经常有考生一下考场就想起了考试中需要用的一个重要公式，而这时已经晚了。

我们在前面提到过：作业要像考试一样紧迫，那么考试的时候就感觉是在做平时的作业，考试基本功的好坏就在于平时对作业的态度和作风。我想您一定还记得这句话，把作业当作考试，考试就会很容易。

五、正确的考试方法和策略

在对考试有了正确的认识和良好的准备后，在考试中要注意的问题就简单了。在考试过程中不当的行为可能会给考生带来不必要的失误，为此，我们要有一套正确的考试策略和方法。简而述之有以下几点。

（1）把握全局。先通篇浏览一遍试题，估计难度，做到心中有数。

（2）先易后难。不会做的，或者很烦琐的先搁置一边，先进行下边的题目。

（3）检查遗漏。做完所有的题目后，要检查所有题目，看是否有遗漏。

（4）卷面整洁。注意卷面整洁，尤其要参加高考的同学请注意，卷面的印象分也非常关键。

（5）转移注意。如有不会或较难的题目，感觉情绪紧张，就闭上眼睛深呼吸三次再继续。

（6）心态平衡。在考试时不要考虑考试结果会是什么情况，要考虑现在该做什么。

六、如何做好考前准备？

俗话讲："难者不会，会者不难"。得到理想的考试成绩的最根本前提是把功课准备好了，考试时自然成竹在胸，心态也就摆对了，自然场上表现放松了，发挥正常了，出色的考试结果也就理所当然了。如何在考前准备好功课，考前复习很关键。

（1）制定复习计划。根据自己的实际情况，制定出遗留问题的解决方案，注意切实执行，不要停留在形式上。

（2）把你曾经做错的内容集中起来复习，如果你有错题本的话就会很方便。

（3）把你这段时间学过的概念、内容做一次大的总结，如果你能自己很好地默写出来的话就算总结完成了。

（4）检验复习的标准：对所学过的内容就好比写自己的名字一样轻松。

七、用考试来证明自我

考试也是对勇气、信心和意志的检验。

有位学生快要参加高考了,可是却基本放弃了努力。他的母亲为此感到很忧虑和无奈,于是这位家长请我和她的孩子谈谈,当我到了这个同学家,虽然距高考还有20天,但他正在弹吉他,当他了解我的来意后,我就进入他的房间与他聊了起来。

通过了解,我知道他的成绩一般,也就是说他无论如何再努力,他的水平也是考不上大学的,所以他也懒得学习了,心不在焉的玩吉他(有许多同学考试前的心情也是这样的)。得知这个情况后,我只给他讲明了两点:一是既然知道考不上了,所以就不要想能不能考上的问题,那么也就不要考虑考多少分的问题,能考多少算多少;二是即将来临的考试是一定要参加的,既然如此为什么不可以做到自己的最好呢?所以我问了他一个问题:"一个学习一向好的学生和一个进步特别大的学生,哪个人更容易得到同学的佩服?"他想了想:"应该是进步大的那位!"我说:"这就对了,比如有个人和你同学三年,你对他也很了解,但你和所有的同学都知道他考不上,可是你和大家还是会很关心他最后会考多少分,假设他现在的水平是400分左右,如果考出了450分的超级水平,大家岂不是很惊讶,而对他另眼相看呢?"他点了点头说是,我继续讲道:"那好,那个人就是你,如果你现在放弃努力,结果只会考得更差。对于你中学阶段的最后一次考试,你难道希望大家都带着对你特差的印象与你告别中学吗?"他想了想:"不希望!"我又讲道:"你是这样想别人,别人也会这样想你!所以,所有的人包括家长、朋友等关心你的人也这样想你。""给你的同学们留下一个男子汉的形象吧,一个男人可以被打倒,但不应该自己趴下啊!"谈到这里,多说无用,我说:"你自己考虑着办吧!"完后我出了房间,与他的家长聊了起来,告别的时候,家长叫孩子出来送我时,看见这个小伙子,正趴在桌上学习。高考后,又见到这位母亲时,她告诉我:"我儿子的高考成绩要比原先预计水平高出30多分。"坦率地讲,我并不认为这次谈话一定帮那个学生提高了那么多的分,但我很满意的是至少他在最后的阶段没有放弃努力。

考试也是对人格的测验。对于那些程度较差的学生来讲,一次学业的考试不能说明什么,只要你有正确积极的态度,而你将会赢得人生考试的最大胜利。所以从你的每一个考试做起,你会发现你原来是那么出色!

八、关于考试的必读内容

考试:是学习的一个环节。虽然通常考试的结果会给你带来赞扬或批评,在公布考试成绩的时候你的心跳往往要加快,但你对此应该有正确的认识。

考试的特点:对于平时把作业当作考试的人来说,考试对于你来说就是在做很简单的作业。对于平时把作业当作玩的同学来说,考试对于你来说就可能是折磨。

考试的内容:考的是你没学会的地方,会的地方对于你来说是练习。

考试的捷径:要想考个好成绩,在学习中尤其在复习的时候,就得把不会的地方搞明白。

考试的公理:我易,人也易,而我不大意。我难,人亦难,我不会畏难。

考试的技巧：仔细浏览试卷，估计难度和时间；仔细审题，勿遗漏隐蔽条件；遇难不"啃"，顾全大局；题型交叉，放松大脑；答题规范，字迹清晰；卷面整洁，检查遗漏。

复习的捷径：如果平常学得好，考前复习就会轻松很多。

复习的目的：就是把你掌握的内容，通过复习更熟练；没有掌握的部分，通过复习要弄明白。

九、学习的捷径

学习的捷径就是：有问必究，知错即改。具体措施如下。

（1）平时就要把知识点搞懂，遇到错误一定要反复消化和练习，遇到问题和难点一定要解决，所以要善于提问、讨论和思考，不达目的不罢休，直到弄懂为止。

（2）"人的一切智慧根源在于记忆"，就是说：掌握好记忆的目标和任务更为重要，同时也要善于总结归纳知识要点，将知识转化为自己的观点。

（3）要建立适合自己的一套学习方法。

本节要点

1. 考试和作业一样,只是没有参考书罢了。
2. 考试是学习的一个环节。
3. 考试和任何一件事一样,要做就要做好！
4. 平时作业像考试一样紧张,考时像平时作业一样轻松。

家长作业

1. 请您把当前考试的期望值放低点；
2. 对孩子作业的节奏应该严格要求,树立紧迫的学习作风。

附：再论考试——关于理想的考试模式

在现阶段下，教育界最突出的问题就是应试教育大行其道，而素质教育是吃力不讨好。无论哪一方面，大家对应试教育的不利及负面作用虽然都能认识到，对素质教育的意义也是肯定的，但是大多数人没有而且从根本上也不知道如何真正地开展素质教育。

素质教育的提出是针对应试教育下培养的学生缺乏创新精神，缺乏全面发展的素养而提出的。所以第二课堂似乎也轰轰烈烈地搞起来了，3＋X也跑出来了。

第二课堂的事情就不用多费口舌了，中国人搞面子工程向来有办法，今天说要搞个乐队，明天人就齐了，就这么厉害。

我认为"3＋X"是不可取的，对于很多本该掌握的最基本常识反而采取了如此功利的态度，何来全面科学素养的培养？而且考核还是用应试教育的那套办法来操作，学生最后应有的水平反而有所下降了，从这个角度上来看，学生的综合素养没有提高，掌握的文化内容少了，素质教育反倒成罪魁了。

实际上，素质教育的提出没有解决应试教育的问题！

现在我们就来讨论一下矛盾的焦点，我们发现，无论什么样式的教育都离不开一件事，就是考试！所以如果真正解决了考试的问题，实际也就是解决了开展素质教育面临的尴尬和困难。

让我们来分析一下考试！

考试是为什么？

为了测查学生的学习水平！

那么什么是学生的学习水平？

通常讲，就是对本学期的教学标准里的内容的掌握程度！

那么什么是掌握程度？

通常来讲，就是学习过的内容，从广度、深度方面的掌握。

那么是什么决定了对学习内容的掌握？

是思维水平！也即学生的学习品质综合表现！

我们的考试最大的弊病是什么？

我们的考试是以学习内容为标准的，而不是学生对学习内容的真正理解。为了应对考试，我们的学生更多地满足于如何做出一道题目，而对其内涵考虑得甚少。所以这样的考试可能是有难度的，但很难考出思想的深度。所以我们的考试有两大特点。一多一少，多是指考试内容超纲的多，少是指人文思想和创新意识考得少。

爱因斯坦到了美国时，有个自以为是的记者问：您知道声音的速度是多少吗？爱因斯坦说：对不起，我得查查才能告诉你。那位记者嘲讽地说道：您这么知名的科学家难道连声音的速度都不知道吗？爱因斯坦说道：是的，我对声音的速度不感兴趣，我感兴趣的是为什么会有这样的速度！

这种情况的危害是什么？

让教师疲于奔命，让学生忙于应付！盲目提高教学难度也没有解决学生为学而学的被动局面！

那么什么才能证明学生的学习水平？

知其然！

怎么保证这点？

就两个办法！一是不仅知其然而且知其所以然！为了更好地知其然，所以更要明确地知其所以然！二是举一后能反三！

为了更好地知其然，所以要举一反三。

我们的教师怎么对待教学？

我深信一个观点，好的教师从来不会因为什么样的教育体制理论等束缚！因为好的教师不把前面这两点贯彻给学生就很难受。而且这样的做法看起来累点、麻烦点，但实际上效率极高。而一般的教师只不过是教材的复读机，只关心学生掌握了就行，才不管以后的事情呢！当然，这样的办法简单易行，对那些勤思善辩的学生来说，有没有这样的教师其实无所谓！所以这样的班级里也会有好学生，功劳多少也能算到这样的老师头上，所以这样的老师也很好当！只是大多数的学生被这样的老师害苦了，早上补课，晚上还补课，教得昏天黑地倒也十分辛苦，可学生不仅学得索然无味，而且学过即忘！

那么考试考什么呢？

第一，不仅考你是不是知道了，还要考为什么是这样？比如不仅考牛顿定律的具体定义，还要考牛顿定律的发现背景、思想方法、实际意义等！第二，不仅考你用一种方法做，还要考你是否会用更多的方法来做。比如一道题目得分方式是这样的，一共有三种方法可以演算，共30分，做出来一种得10分，全做出来了，才能得满分。想想看，这样的学生怎么能不是融会贯通、机智过人呢？

所以新的时期里，我们应该采取新的模式来规划考试的形式，语文考试现在粗具雏形，别的学科更应该如此！

这样考的好处是什么？

如果能把"知其然且知其所以然"和"举一反三"这两点作为教学纲要的话，教学风气一下就变了。教师知道该怎么教了，学生也知道该学什么了！这样考出来的学生谁不满

意和喜欢？

所以我们的考试应该将以科学结论为主的知识考题向以科学过程为主的探究考题转化，不仅考知识的掌握程度，更要考知识的运用能力。使我们的考试在符合满足选拔人才要求的基础上，最大限度地刺激和鼓励学生的思维和知识的共同发展。

因为不管什么样的教育理念和体制都离不开考试，所以如果我们有了合理的考试制度，自然会有合理的教育教学跟进！不怕没有干过，怕的是不知道要干什么！孤立地提出素质教育的理论概念是造成教育界混乱的根本原因！在中国，理论往往是用来解释行动的，而不是用来指导行动的。就好比依法纳税的问题一样，难道老外就喜欢交税吗？不尽然啊！因为他们深知一个道理，只要被逮住了就破产了。所以，一个概念、一个思想、一个理论是否能行得通？取决于是否有合理可行的措施来保证！光说素质教育有什么用？

实现素质教育的根本手段是培养提高学生的学习品质，所以实施素质教育的根本方法是考试思想和制度的变化与革命！所以不需要费多大力气去宣传什么素质教育，只要把考试的方法改变了，真正意义的素质教育自然就搞起来了！

4.7 学会制定有效的学习计划

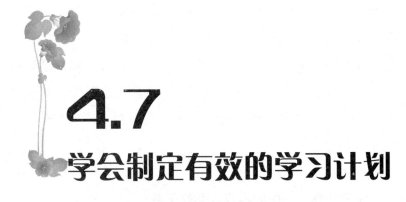

> 自己与自己的契约——一个好计划，就是今天竭尽全力地去执行，胜过一个完美的计划明天执行。——巴顿将军

一、"插柳"新说

古人云："凡事预则立，不预则废，谋而后成。"意思就是说：有了预先的安排和设计要做的事情才能确立，没有计划的工作就做不好，谋划好了就可以办成。这个意思想必大家都明白，不过有一点许多人可能不大注意，那就是虽有了计划，其结果可能是成，也可能是不成，即"有心栽花花不活"；但没有计划，是无论如何也做不好事的。就好比那句俗语：钱不是万能的，但没有钱是万万不能的。至于"无心插柳柳成荫"既不容易得到，得到也未必是你心中想要的。

其实不管有心还是无心，插柳即能成活。孤柳岂能成荫，若柳能成荫，那一定也是因为心中有柳啊！既然柳在心中，那荫之所成倒也没什么意外。可偏偏有人非要把"无心插柳柳成荫"也算是一分收获，为那片柳荫做一番事后诸葛的解释与炫耀，那么充其量也不过是"守株待兔"式的自欺欺人、掩耳盗铃的呓语。

可叹虽"有心栽花"，而"花不活"！追其咎因，到底是有心还是无心，栽花的节气和选地有何不妥？不知为何？众人对此成因多是无心也无意考究，偶有抱憾，便又是一番"成事在天"的陈词来推诿搪塞。

二、学习计划——生的容易，死的无息

不管怎么说，大家都很明白的一点是，如果想做什么事情，先要有个计划，做起来就容易实现。

于是乎，在开学的时候，或放了假的时候，家长通常会跟孩子语重心长地说："儿啊，为了把学习搞好，一定要制定个学习计划，做好了拿给我看看。"用不了五分钟，一份计划就会兴致勃勃地跃然于家长的眼前，不管是否相信孩子可以做到，总会有一种有字为证的满足感，虽然这个应景作文式的计划看起来已是很眼熟了。

计划如下所示：

早上7:00起床8:00上课

晚7:00回家8:00吃饭9:00作业11:00睡觉

或是：

6月1日~6月10日复习语文

6月10日~6月20日复习数学

6月20日~6月30日复习物理

或是：

我本学期一定要每天在学校认真听课，每天回家后努力按时

完成作业，每门作业后再做一份习题，争取考试名次提高10名左右……

可惜这些都算不得是什么计划，第一份只不过是作息时间表，而第二份说它是日程表更准确，第三份怎么看也是决心书。当然其他花样繁多的计划就不一一陈列。

又比如在训练班做学习训练时，与孩子做这样或那样的要求，都不大容易实现。但唯有提出写学习计划要求的情况例外，只要振臂一呼，便会一呼百应，大大小小，样式各一，五花八门的计划如写检查般的速度纷纷出笼，粉墨登场。只不过，写检查时是一副痛改前非的故作苦痛状，不时伴有涕泪，而写计划时却是意气风发，宛若已是志得意满。

通常这些计划不是内容流于空洞，便是目标好高骛远；不是思路南辕北辙，就是措施生搬硬套。

总之，这样的计划即使不是流于形式，往往也难于付诸实现。几天过后，那份雄心朝天的计划书便与雄心一起gone with wind（随风逝去）了。不过，等到下个学期来到的时候，它还会回来的。

三、保证计划成功实现的两大要素

《现代汉语词典》里对"计划"的释义是这样写的："工作或许多以前预先拟定的具体内容和步骤"。所以，科学合理的计划加上脚踏实地的行动会让你如虎添翼，心想事成；相反，不仅于事无补，甚至贻害无穷。

计划是否合理，是否有效，是否可行，需要制订计划的人不仅要有明确的目标，还要对实现目标的步骤有合理的顺序安排及充分的时间规划，还要做出对可能妨碍计划实现的意外有应变和调整的措施。

一份相同的计划对于不同的人来说，结果也会有很大不同。所以即便是有一份科学合理的学习计划在手，但若没有顽强的意志和良好的学习作风来配合，那也是不可能实现的。可以这么讲，实现一份计划的过程，也是对一个人的个性考验和培养的过程。

所以是否能如愿以偿、成功地实现计划，应该从两方面来考虑，即计划的合理性以及实现计划的意志。

四、计划的意义和终极目标

制订计划的意义可以让你的行为更有目的性，减少实际行动中的随意性和盲目性。好的计划可以帮助你尽快达到目标、超越别人，不切实际或不合理的计划可能就会让你的努力付诸流水。

而计划的实现又是对个性、意志、品质的考验，所以计划的终极目标实际是超越自我。

五、计划的种类和内容

学生的计划主要是指学习计划，但这也是个比较宽泛的概念，说起目的来倒也很简单，就是家长和孩子希望通过计划的实现来达到学习成绩的提高。但要实现这个目标，要根据自己的情况，有不同内容和特点的计划来保证。除了学习计划以外，是跟个人相关的个性化活动有关，比如体质差的会有个锻炼计划，演奏乐器的人会有练琴计划，有科普爱好的会有这类的考察活动计划等，在此就不一一赘述。

制订学习计划一般从以下几方面来考虑。

1. 针对薄弱课程的补差计划

比如一个学生的数学功课比较差，那么他就要考虑如何在最短时间内最大限度地弥补学习的差距，这点可能就是学习计划中的一个重要方面。他应该在计划中设计出如何改善数学功课的办法，也许是自学，在当日功课完成后，自己再做一些训练题；也许是在业余的时间找家教或父母帮助补习等。如果是英语差，那么就要考虑怎么在语言、语音等方面多做一些安排。

2. 建设良好学习方法和品质的提高计划

有的学生虽然学习成绩还算不错，但就是感觉自己的潜力还没有挖掘出来，那么就要琢磨自己的学习方法是否有什么问题和缺陷，从这点出发，就要设计一个改善自己学习习惯的计划。比如，发现自己平时小测验还不错，但大考表现差点，这就要考虑自己的复习方法有什么问题(当然，你可以从本书中对照自己学习环节做得不够到位的那部分)。还有的学生学习很刻苦，感觉学习方法也没有什么问题，但考试的表现总是不让人满意，那么就要考虑自己的思维方式和特点的问题，也许要做些相应的智力开发训练，或是要做广泛的阅读来提高自己的知识面宽度等计划。

3．改善不良个性习惯的调整计划

这是针对自己行为中的不当之处来设计的，比如感觉自己上课的效率不高，就要考虑这个问题发生的原因；是没有预习还是小动作太多，就要对这点进行专门的安排。如果一个同学感觉自己每天学习和娱乐的时间安排得不好，学习效率不高，还没有玩的时间等，或者是感觉自控能力比较差，那么就需要制定一个作息时间表来对自己做约束和调整。但有一个很突出的现象就像这样，"早上7:00起床、8:00上课、晚7:00回家、8:00吃饭、9:00作业、11:00睡觉"，许多学生把作息时间表当作学习计划，这就大错特错了。

4．根据不同阶段和要求而设计的具体计划

在学期开始时应该有个总的学习计划，其中包括每日作息时间、学习及玩、各课活动的规划。考前应该有复习计划，像"6月1日~6月10日复习语文、6月10日~6月20日复习数学、6月20日~6月30日复习物理"这样的计划，它的错误就是太简单化了。因为不可能一直操作一个项目，或一直置之不理别的课程，而是应该有每日具体的复习内容，根据自己的实际情况对科目都进行有比例的时间分配，参加学科竞赛就需要有专门的计划来安排等。

在完整的学习计划里，应该有对学习目标的期望；有强化薄弱科目的安排及实现步骤；有合理的作息时间表；有对不良学习习惯和方法的改善措施；有提高学习能力和思维品质的方案等。

六、制订计划中最常犯的失误

制订计划中最常犯的失误是目标不明确和自我认识不足。许多同学在制定学习计划的时候，很容易做成"我本学期一定要每天在学校认真听课，每天回家后努力按时完成作业，每门作业后再做一份习题，争取考试名次提高10名左右……"这一类是属于有目的、无要求、缺内容的计划。造成这种现象的主要原因是，主观上把目标的落脚点更多地放在了学习成绩上，考虑最多的是要考到多少分，或是考到多少名等。

由于目标的设计局限性和对目标的功利化追求，虽然希望在本学期内提高掌握功课的水平，但对实际行动的设计和安排上，在目标完成的步骤和时间表这些问题上，也只能简单地做出"上好课，做好作业，复习好"或"减少玩的时间，不看电视"等贫乏空洞的描述。计划就很容易变成既无法理解，又不易操作和难以实现的一纸空谈。

计划设计的不到位，主要是由于对影响学习成绩的因素了解不够，对自己学习问题和缺陷的认识不足导致的。而这点恰恰是许多学生在制订计划时很容易忽略和失误的地方。所以在制订学习计划时，不仅要有课业完成的目标，还要有对自己学习方法及习惯的提高目标。如果不把提高自身学习能力、改善学习方法作为学习计划的目标之一，想保证学习的顺利进行是不可能的，更难以实现预先对学习成绩的期望值。

在既不理解计划的意义，也不知道如何制订计划的情况下，制订计划的做法往往在家长的授意下进行，如何能应付、满足家长的想法也就成了做计划的原始动机，计划也就成了一张空头支票。

学生在制定计划过程中常犯的失误，是由于对计划认识不足，而缺乏真正的目标；对自我反省不够，而导致行动无力。

七、妨碍计划实现的最大障碍

一份科学合理的计划是建立在个人的实际情况和要求的基础上，具备可以实现的条件，符合当事者愿望的目标书，其实就是一份合

同，合同的履行者是学生，监督者可以是家长也可以是学生自己。

不能实现计划目标的原因如果不是由于计划本身漏洞百出的话，最根本的原因就是缺乏必胜的勇气、坚定的信心、顽强的意志和诚实守信的品质。所谓"志不强者智不达，言不信者行不果"(墨子)就是这个意思。

所以，*履行计划就是履行信用*。做得不好，就如法国大仲马所言："当信用消失的时候，肉体也就没有生命了。"做好了，不仅可以得到他人的信赖与尊重，更可以增强自己的信心。要想达到"有心栽花花即活"的境界还有何之难啊！

本节要点

1. 学习计划的目的不只是学习成绩；
2. 学习计划不只是作息表；
3. 计划应该有目的、日程管理、方法与步骤；
4. 计划里重要的内容是针对自己学习方法上的问题、缺陷发现和解决；
5. 实现学习计划是培养个人信用和建立信心的开始；
6. 计划就是合同，只不过甲乙方都是你自己罢了。

家长作业

1. 分析以前做计划的不合理之处；
2. 研究一下以前为什么不能按照计划行动的原因；
3. 阅读本书到此，根据对自己教育孩子的思路和方法上的不足等问题，制定一份自我改进计划；
4. 与孩子一起分析在学习和个性上的不足，并探讨制订计划的方法，并制定一份适合当前要求的学习和生活计划；
5. 计划的安排可以参考3A双赢训练的框架。

4.8 中小学生各科学习特点分析

> 隔行如隔山，但隔行不隔理。理通了，事就顺了。

有许多人都有这样的体会，就是对某个事情以前一直都是懵懵懂懂的，忽然有一天，豁然开朗。有时候，是孜孜不倦的追求而成功的，好似"山重水复疑无路，柳暗花明又一村"，比如门捷列夫的《元素周期表》便是睡梦中突然感悟而得；有时候"他山之石，可以攻玉"，阿基米德是在浴盆里才得以洞察金匠的贪婪的。有时候可能是生活中的一件琐事，虽与学习或人生等风马牛不相及，但从此你对人生、对学习却有了不一样的感悟。

其实，"机遇总是青睐那些头脑有准备的人"，"灵感是一个不喜欢拜访懒汉的客人"。总之，这个转折和顿悟来的突如其来，出人意料，但又是那么理所当然。对于有心人来说当然是终究会来。

我无意揭示顿悟可能发生的玄机，本节的内容如能在功课的学习上给您一点点启示，我就很知足了。当然这一切是由于我还坚信一点：一件事情，无论你是否感兴趣，只要有足够的原因使你不得不面对它，并要处理好它的话，我想对这个事物如果有个深刻准确的认识，并且能成为属于自己的理解的话，我想对它的顿悟可能会早一天降落到你的头上。

有许多同学都遇到过甚至目前正面临这样的情况，有一门或一类功课的学习状态不佳，也许是不喜欢，也许是这个科目的老师不喜欢你，也许你就觉得自己缺乏这个细胞，所以你也许付出努力，或者没有努力过，但你能确认的就是，你希望学好，但确实目前学得不算好，那么本节关于各个科目的说明或许对你有点帮助。

科学研究其实分两大部分，确定性的研究和非确定性的研究。在学生接受基础文化知识训练的时期，主要还是以确定性研究的内容为主。所以请家长和学生注意几个概念和一个符号，就是相等、平衡、总量不变等，还有一个符号就是"="。把这些哲学概念牢固地树立在你的大脑里，没有什么问题不好理解。

一、关于数学

不管你承认与否，数学的学习对于我们个人建立理性分析、逻辑思维的科学修养是非常有帮助的。没有数学做基础，我们将失去认识世界的基本能力和工具。数学是一门精致、典雅、高贵的学科，高斯说过："数学是所有科学的皇后。"对它的描述和赞美，多么华贵的字眼都不过分。

而对于在数学学习上有困难的人来说，我想有些问题可能没有做好。

1. 数学的最大魅力是追求"="

请回答一个小而不简单的题目。

请您说出"2+3=5"该算式由什么组成？以及如何组成？

通常的数学题目主要以希望得到一个"数"的结果为目的。而在这个"求"的过程中，其思维最根本的特点就是体现相等，就是追求"="的过程。同学们对此应该有所体会，题目做的不正确一定是说明有的环节没有"="。对题目中所需要的"="认识不够准确的话，对算式、代数式、方程等的设计就永远不可能正确，题目结果的错误也就自然而然。

我们再看：2+3=5这个式子里面包含数量符号，即2、3和5；运算符号，即+；逻辑符号，即=。可以明白地看出，对于任何一道题目，只要用数量符号、运算符号和逻辑符号能够正确地表达，就可以求出你所需要的结果。所以，一道题目出来以后，就是一个通过对已知条件进行分析，并用数学语言进行描述的过程。

曾经有一个实验，在中国、法国等国家的中小学生都进行了测试。题目大意是这样的：一条船上，有50头羊，20头猪，请问船长多大了？那么答出70岁这样的答案的学生是大有人在。为什么会出现这样的情况呢？就是对逻辑符号认识不足造成的。

数是近代数学的基础。"上帝创造了自然数；其余一切都是人为的。"在这句话中，L.克罗内克尔指出了数学大厦赖以建立的可靠基础。在今天，所有的数学命题最终必须会转化为有关自然数的命题，这已成为指导原则。所以在解数学题的时候，你就要看你的"="建立起来没有，是否合理！如果解不通，就想想哪里没有"="。

思考题：在你学过的知识中，数量符号、运算符号和逻辑

符号各学过哪些?

2. 规范是数学的最美和根本

很多人有过这样的经验,在草稿纸上做运算,总也做不对,反复若干次,到了最后才发现原因很简单,某个地方漏掉了关键的步骤或得数。所以我们强调在草稿纸上的运算也尽量完整。

数学是用数学语言,即通过数量的逻辑运算对题意的表达过程,自然也就对这个过程的描述有了其特有要求和严格规定。但是由于很多学生在演绎过程中屡屡存在不规范表达的这种缺乏素养的现象,这种现象同时说明学生可能存在概念不理解、逻辑关系不连贯、运算疏忽、书写大意等问题,这也为解题的思路和最终结果的得出造成障碍。

解一道数学题目的过程其实好比写一篇作文,文之优劣不仅取决于内容,与格式、结构也有很大关系。很多学生在做题的过程中,往往更看重和注意的是结果,以为把得数做出来就万事大吉,而不大注重完整和漂亮的表达,这其实是由于不够严谨的作风使然,其贻害随着数学学习的难度、深度、广度的增加而愈发彰显。所以,做数学题目一定要讲究规范。

3. 学习数学不仅需要学习数学本身,还要学习它的历史

通过对数学的学习,我们可以知道数学真的可以算是一门艺术。"来于生活,高于生活"。但有许多学生在学习数学的过程中容易感觉枯燥和乏味,我以为更多的原因是由于教师的教学素养不足而导致的。比如在学习几何的时候,怎么能不去了解古希腊人是如何选取点和线的几何概念作为他们的数学基础等。因为数学多半是对概念的研究,如果对其起源不加分析,那么就不可能真正地理解各种概念。数学家格莱舍就这样

精辟地讲过:"任何企图将一种科目和它的历史割裂开来,我确信,没有哪一种科目比数学的损失更大。"

4. 小结

数学是研究客观世界中的数量关系和空间形式的科学。在数学的学习过程中,首先要对一个概念的历史有一定了解,这样不仅可以提高学习的兴趣,也加深了对概念意义的理解。在锻炼我们对概念掌握程度的运算过程中,我们要做的就是通过规范的数学语言表达对"="的追求。

二、关于物理和化学

现代自然科学能发展到相当高的水平,除了用观察、实验、科学抽象、逻辑思维、实验验证等一系列方法外,各门科学还创造了许多具体的科学研究方法。由于自然事物和过程本身是相互联系的,所以某一门学科的理论和研究方法能够用于其他学科,并取得成效。这就是各门学科间研究方法的渗透和转移。用力学的理论、观点、方法研究其他物理现象;把物理学的概念和方法用来研究化学现象;用物理学和化学的手段和方法研究生物现象;把数学应用于各门学科等,都是生动的例证。简而言之,现代科学的研究方法相互转移,相互借鉴,相互融合,并日趋数学化。

数理化的研究对象虽然不同,但其基本的分析手段和逻辑思想是相通的。物理是很有意思的学科,它帮助我们了解世界物质及其运动的规律,在我个人经验里,许多物理题其实就是一道应用数学题。在中学阶段,物理课主要以经典力学为主,这门课程最难的部分是力的分析,追求平衡是力学分析的最大特点。对"平衡"的把握和认识是学好力学的基础,力学学好

了，物理课也基本上不会再让你为难了。

化学是从现象进入本质的学科，研究对象是对物质的组成、结构、性质、化学变化的规律，以及物质的提纯、制备和应用。物质转化的过程是分子或电子转移的过程。在学习化学的过程中，大多是以理解和记忆为主，在解释和分析化学现象时，只要抓住一点：物质是转化了不是消失了，因为构成物质的微粒是不会消失的！"一张纸烧没了"只是我们眼睛的看法。物质的变化是由于物质转化了，转化成什么了？怎么转化的？为什么能转化？通过对化合价、电子转移的学习，化学的本质也就学到手了。

数学找"="，物理找平衡，化学找转移。不知您是否可以从此看出，数理化的学习有共同的特点和美？

三、关于外语

很多同学抱怨学习英语是一件多么苦恼的事情，其实这里有个很大的认识误区，对英语的学习不能抱着像对数理化一样的态度，它是语言不是技术，功利化地对待英语的学习，把一个个单词看作是一个个公式，英语学习起来当然会很枯燥。

我知道很多同学玩电子游戏时，不知道为什么非中文版的游戏也玩得很好，好奇怪那些生僻的英文、平时令他很心烦的英文，似乎并没有给他玩游戏带来什么不便。

学习英语的目的很简单，在这个日益变小的世界，英语是你和别人交流的手段，是你更方便、快捷地得到信息的工具，是你可以更好地感受西方文化精髓的帮手。当然也是你谋到好工作的基本条件！

所以当你喜欢英语了，或是明白了学英语的意义和需要，就开始关心如何学好英语的问题了,那么我告诉你:捷径就是多读、多说、多写。别的好方法都是弯路。为什么你说"Hello"那么随意、准确,还不是因为用得多嘛!不要和我说你没有语言环境,很多说法其实都只不过是借口!

我国著名作家高士其说得好:"学习外语并不难,学习外语就像交朋友一样,朋友是越交越熟的,天天见面,朋友之间就亲密无间了。"

四、关于语文

一个英国的农民在他一生的语言中,所需要使用的单词不过900个,甚至他也许可能就只知道"whiskey"(威士忌)的写法,但这不妨碍他快乐地生活。对于我们的学生来说,英语单词都掌握几千个了,用起来感觉还是很无能和沮丧。至于你认为你的中文需要到一个什么样的档次,那就看你自己的想法了。没有人能成功地逼迫你成为写作文的高手。

不过,不要把语文的学习等同外语学习,对大多数人来讲,外语的学习只是因为语言的需要,而国语的学习是由于文化的需要(这里的文化是指CULTURE,而不是KNOWLEDGE,指人类在社会历史发展过程中所创造的物质财富和精神财富的总和,特指精神财富,如文学、艺术、历史、教育、科学等)。我的建议很简单,多读点书、多写些文章、多背背古文、说话的时候尽量多用成语来表达。书读得多了,表达和作文的能力自然就提高了。

五、关于偏科

有许多学生虽然明白这样不好,但很痛苦又很无奈地表示自己没有能力解决这个问题。造成偏科的原因有很多,有的是由于

家长的喜好导致的，有的是因为启蒙教师的表现而造成的，有的是由于个性和思维特点形成的，不一而足。但有一点，偏科就好比偏食，对自己是没有好处的。在这个问题上，在接受开始的基本教育时期，这个问题是不能回避的。换句话说，是没有选择的。你必须面对你不喜欢的，你不擅长的科目，你必须解决它。不要把某个名人的事迹拿来为自己的偏科做借口。如果希望得到全面良好的训练，你的知识结构必须是完整的。

本节要点

1. 数理化的学习有共同的规律，那就是研究和追求"="。
2. 对文科的学习，不只是几个字和词，更要关心"文化"的学习。

4.9 9+1＞10，会玩才会学

玩是美酒还是毒药？

大家都喜欢玩。孩子更是如此！

玩让人开心、满足、喜悦、兴奋……说起玩，我都感觉兴奋极了。

"热爱是第一老师"，达尔文喜欢动植物，最后玩出了《物种起源》；爱迪生喜欢玩孵小鸡，结果玩出了一个又一个发明。当然不是所有的玩都能玩出名堂，即便如此，玩也可让人放松，调整情绪。不幸的是，很多孩子玩得过分，玩得沉迷，所以有句话说"玩物丧志"。也许是由于玩有太多的不利，所以很多家长朋友是"闻玩色变"。

虽然家长让孩子玩，但却怕孩子因贪玩而耽误了学习，所以不愿意也怕孩子无限制地玩，只好限制孩子的玩。由于孩子受到这样的禁锢和限制，就只能选择偷偷摸摸地玩。出现这种情况后,家长便干脆又开始禁止玩。但谁都知道,玩根本不可能被限制和禁止的!玩是人类生活的组成部分,玩对于孩子来说不仅是生活的需要,也应该是享受生活的权利。美国著名动物心理学家哈洛曾经以原产印度的恒河猴为例,研究表明:与其他小猴一起玩耍的小猴,比独自生活的小猴能学到更多的本领,也就是说更聪明。对玩的态度从容许到限制到禁止到无可奈何的转变,是谁都不愿接受的因噎废食的结果,这种结果真是孩子的不幸,家长的悲哀啊!哪里有压迫,哪里就有反抗!玩往往成为家庭矛盾和纠纷的导火索,玩使孩子与父母变得对立。对玩,我们真是爱恨交加,难以言表!

对玩,有句歌词说得好:"想说忘记你,却不是很容易的事!那需要太多的勇气!"

如果因为犯了什么错误被家长批评和打骂的,不同的孩子有不同的情况,但唯独因为由于玩而被父母教训是每个孩子都曾体验过的。

一、大米和小米的故事

有位家长就给我说过这样的一件亲身经历,她想看看孩子在她不在家的时候是不是偷着看电视,就想了一个办法,在离开家之前,悄悄地在电视机罩子上放了几粒小米,如果孩子看电视的话,那么这几粒小米肯定会被不小心抖掉的。当她满怀信心地回来看那几粒小米的时候,却惊讶地发现,不仅小米还在,居然还有几粒大米赫然其中。那种懊恼之情,您可想而知。

家长们为了杜绝孩子看电视、玩电脑,想了各种各样的办法和对策,不是藏键盘,就是拔电源板,总之办法想尽了,似乎也不能把问题解决好。

说到底，问题不在于让不让"玩"上，而是在如何调整孩子"玩"的取向和方式上，要解决玩和学习的矛盾，首先我们应该了解和明白的是，到底什么是玩？

在这场旷日持久的"斗争"中，我们家长似乎远远低估了孩子的智慧，所以总是成了最后的输家。

二、什么是玩

玩：其实是学习的另外一种特殊、重要的方式，玩通常是人释放压力时候的一种学习状态，这是一个非常重要的过程。玩的作用、内容、方式、效果对一个人和学习的影响都很大。玩是一种本能，也是需要，玩的作用不仅让人在玩中可以体会到轻松、快乐，而且还可以增加见识，比如读书、旅游、看电视等；通过玩，人们还可以促进感情、增强与人交往的能力，因为很多形式的玩是需要通过协作来完成的，比如踢球等。

从玩的内容来看，有成千上万种玩法。只要你喜欢，什么都可能成为你玩的对象，所以玩不仅是有社会性的，也是有文化属性的；有的是积极健康的，有的是消极颓废的；对玩的选择实际上是体现了个人价值观的选择。同样是一种玩，不同的人就有不同的感觉。有人喜欢养鸟，有人听见鸟叫就烦，你喜欢的未必是他喜欢的，玩是个人兴趣指向，带有更多的个性特征。但同样是一种玩，不同的态度和做法就有可能得到不同的结果，有两个同学都喜欢玩电子游戏，其中一个人是累了闲了才玩，另外一个是有空就玩，即便旷课也要玩，两个人最终结果的区别是显而易见的。

从玩给人带来的感受和作用来看，分若干方式：娱乐性

玩，兴趣性玩，学习性玩等。

娱乐性玩是一种纯粹以放松为目的的活动，这种给感官带来愉悦和快乐的玩称之为娱乐性玩，比如玩电子游戏、踢球等，当然不是所有的玩都能让玩者快乐，大家一起玩，有的人兴高采烈，有的人也会低头丧气，这也很正常。对于孩子来说，对玩的基本第一要求和主要愿望是以娱乐为主。

兴趣性玩是一种以兴趣和爱好为主的活动，比如书法、音乐、健美、运动等。

学习性玩是一种以增强自我能力为目的的活动，比如一些课外科技小活动、社会考察等。

但这几种玩的区别并不是绝对的，而是相互转化，相互渗透，相互影响的。比如喜欢玩电子游戏的同学一开始可能只是一种娱乐性的活动，但随着认识的深入，可能会转变成学习性玩，从喜欢玩电子游戏到喜欢开发游戏，再到对计算机工作原理发生兴趣，从简单的玩转变成对某个行业或科学领域发生了热爱，甚至当成自己以后发展的目标和方向。那么这种玩产生的效果可能是积极的。对喜欢玩扑克的人来说，有的可能成为桥牌大师，也有的喜欢拿它做赌博工具，最后以赌博成为生活的主要内容的人也比比皆是。

所以，**玩可愉人也可恼人，玩能成人也能毁人。**

根据我的观察，我发现许多孩子的玩有如下几个特点。

一是很多孩子想玩不会玩，爱玩却瞎玩。

我问过许多小孩，你喜欢玩什么？答案却令我很惊讶，回答是看看电视的最多，或者干脆没什么好玩的！生活的天地那么宽阔，有那么多的事情值得我们去探索，但在学习之余，我们的孩子居然对玩的感觉是那么麻木。也有许多孩子喜欢玩电子游戏，对于电子游戏来说，大多数人的态度是否定的，为什么电子游戏又被称之为电子毒品？许多家长知其然，而不知其所以然。电子游戏的大多数玩法本身没有什么价值，只是对电脑更熟悉罢了，有几个靠玩电子游戏玩成计算机高手的？大多数人也只是玩玩而已，但玩电子游戏最大的危害是，由于更多和计算机交流，减少了玩者与人交流的时间和机会，倒是有很多电子游戏的爱好者变的更加暴躁、自闭、孤僻了。尤其对越小的和学习越差的孩子越是如此。年龄小的孩子正是处在价值观等形成的时期，但是电子游戏不会给他这些。学习差的孩子往往在正常社会里难以得到别人的理解和沟通，发现在电脑里可以找到自己的快乐，所以更是深陷其中。

二是学得不好，玩得也不好。

玩的时候脑子里想的却可能是玩完后会挨骂，所以玩得不投入，不尽兴，缺乏足够的快乐，难得忘我专心去玩，而学习的时候却老想着玩，心不在焉，学习的效率自然也不高，身在这里心想着玩，整个是"身在曹营心在汉"，最后是既没玩好也没学好。而家长对玩的态度也很暧昧，知道应该让孩子玩，但又怕孩子玩。明明管不住，还是要限制。

三是学习越好，越是全面发展的孩子，越有时间玩，也越会玩！

我们经常会听说谁的孩子上清华了，而且人家那个孩子又有什么比赛获奖了，还参加过什么运动比赛之类的，还喜欢弹琴，而且还是什么社团的负责人等。而我们有些家长怕耽误孩子的学习，不让参加这个活动，不让参加那个组织，结果孩子的学习还是没有什么起色。把玩与学习简单地孤立和对立起来，事实证明是非常不合理的。也有的家长会说，我家的那个孩子自从参加了

什么什么队，或者是担任了什么班级干部后，学习就下降了。

这种情况的出现是由于你的孩子根本不会学习，外界出现了一点变化，成绩就受到负面影响，这样的学习能力也太差了。不找自己学习的毛病，却说是因为担任干部而耽误的话，把原因归咎于社会活动过多是毫无道理和非常荒谬的。在我看来，**玩是最能训练人的智慧的了**。

让孩子玩什么？怎么玩？和谁玩？这是家长应该关心的几个很重要的问题，如果对玩采取的是放任的态度，其结果一定会是陷入紧密限制，严加管理的被动局面。如果在安排孩子玩的事情上忽视了他的个性和兴趣，将很容易使家长和子女的关系陷入对立局面。

很多家长朋友虽然也不反对孩子玩，但又担心由于孩子的自控能力较差而毫无克制地玩，所以干脆限制玩的时间和内容。表面上看，这个观点是没有错的。但您又有什么理由和信心让孩子从对玩的相思中解脱出来？其实在实际过程中你不可能有很好的办法，所以只能靠瞪眼、批评、打骂来约束一颗向往玩的心，很明显那是非常不理智和不实际的。

三、和谁玩

有一句话是这样说的，只要看看这个人袜子的颜色，就知道了他的品位；只要看看他的朋友是什么样的人，就知道他是什么样的人了。

家长朋友对孩子交往的朋友是非常关心的，像这样的话："你要和×××玩，要多和他一起，而×××是差同学，不要总和他在一起"等耳熟能详的劝诫的话语。

的确，有的人就是因为交了不好的朋友而走上歧途。这样的事情太多见了，家长的考虑和担忧是对的，所以为了防患于未然，做此提醒也是情理之中。

其实选择什么样的朋友，一个人的本性就已经决定了他的社交特点和类型。即所谓"物以类聚，人以群分"。但是一个人在成长过程中，因为缺乏经验，由于对某些人或某些人做的某些事情有强烈的好奇心，所以不可避免地有强烈的接触和交流欲望。所以在这个问题上，做家长的不要简单地评价和批评孩子对待朋友的方式。做得不好，很容易引起逆反心理，事情反而快速地朝着相反的方向发展。

通常，如果个性健康的孩子喜欢和比他强的人交朋友，是希望从他那里学到一些自己身上没有的东西，喜欢和比他差的人交往，是希望能给予那个人友善的关怀和帮助。关键不是孩子和谁接触，而是孩子本身是个什么样的人，只有自己的个性强大了，才不容易受外界影响。所以，家长应该关注的是孩子为什么要和某个同学交往，而不是这个同学怎么样！

留意孩子的玩伴，是观察和调整孩子个性的好时机。而留意和调整孩子和玩伴玩的过程对培养和训练孩子的团队合作精神有极大的裨益。

四、怎么玩

想要玩好玩对，首先得正确认识玩！

成人有几件事情？就一件事情，创造！为了创造的需要我们会需要学习！这个道理很简单，你的工作中出现了陌生的问题需要解决，那么你一定会去学习，掌握相关的知识。这个过程就是学习。但目的是为了创造。

孩子成长过程有几件事？也就一件事情，学习！为了将来具备更强有力的创造能力，需要学习。当然在成长的过程中，通过学习会有相应的体会，很可能会有创造的行为！为什么有许多小孩子会做出我们大人都想不出的发明，就是因为孩子把他掌握的知识在玩中充分升华。而他的学习范围不仅仅是文化知识的，也有道德的、个性的、审美的，*所以玩从根本上来讲也是学习。*

玩这种学习不仅可以满足娱乐的功能，更能使他发现自己的特长和擅长，更能使他学会与他人的交流。只有正确对待玩，才能使我们的孩子真正玩有所得！

盲目任性的玩，贪乐的玩只会让人玩物丧志，沉溺其中，不能自拔，从生理学角度来讲，玩会上瘾，和吸毒的感觉差不多，要避免这样的玩。从小培养孩子玩，培养孩子合理的兴趣，是提高玩的效率和意义的重要方法，所以玩是可以调整塑造的。

比如玩电子游戏，日本科学家研究发现，长时间玩电脑游戏，会对人的大脑造成永久性伤害。

科研人员对240名游戏爱好者进行了研究，发现他们大部分人无法集中精力，并且感到紧张疲劳；其中每天玩游戏超过七个小时的人，大脑额叶区域会受到永久性伤害，而该区域对情绪和创造性思考具有重要影响。

教育专家认为，对于孩子们来说，与朋友参加户外活动是最好的娱乐方式。

为什么很多孩子沉迷于电子游戏，父母虽然知道不好，却没有办法调整，重要的原因是父母与孩子的交流不足，简单粗暴地阻挠往往更坚定了玩的决心。所以常有父母讲："如果你把玩的那份劲头和聪明用在学习上，成绩就不会那么糟了！"

玩和学习是对立又统一的，光会学习是不能成长的，玩使你眼界开阔，使你学会交流协作，使你的思维能力得到训练发展。

玩需要约定，既然会与学习发生矛盾，那我们就应该协调学习与玩的关系，就好比困了要睡，是睡觉时间，不是玩的时间一样，尽早树立这种观念是非常必要的。

玩就是玩，学习就是学习，玩不是学习的诱饵。由于对玩错误的理解，错误的安排，把玩当成是工具，粗暴地阻断玩和学习的关系是最大的弊端。

有人在闲的时候把看字典当作休闲和娱乐，有人在脑子累的时候会把洗衣服当作放松。玩是正常学习生活的积极补充，玩不好，学习也不会好。但是玩不好更多是说有些同学不能控制自己，玩的过度就是不合适的玩，对学习就会有不良的影响。其实对玩的认识和感觉本应该是严肃的，为什么不能科学地去玩呢？为什么不能带着正直的心灵去玩？为什么不带着目的去玩？所以聪明的人有聪明的玩，而不是瞎玩、

乱玩、任性地玩。

所有的时间都去学习了，表面看来是没有浪费时间，但实际效果却很差。9+1>10是什么意思？我想您已经明白了吧！

本节要点

1. 玩也是一种学习；
2. 玩好了，对学习有帮助；
3. 玩是渴望交流的结果；
4. 三好保一好，吃好、玩好、睡好——学习好；
5. 陪孩子玩，玩中获得尊敬，孩子更尊敬与他一起的玩伴。

家长作业

1. 先让孩子好好玩玩，一周内不要问他是玩还是学习！
2. 如果可能，你与孩子谈希望与孩子一起玩！

4.10 关于如何开展研究性学习

——每个人都应该塑造研究性学习的习惯和认识知识。不仅靠别人教,更要靠自己学。

一、关于研究性学习的概念及历史

研究性学习对很多家长和学生来说,可能还是很新鲜陌生的名词。

即使到目前为止,我们的学生到学校接受教育这样的一个学习过程通常仍然是比较被动的,至于学习的机理、条件、模式到底如何,大多的学生可能并不大关心。不过学术界对此的研究一直没有停止过,远到18世纪,教育家、心理学家们一直在寻求最合理有效的教学模式。

让我们先总结分析一下目前学生在校的主要学习方式及其特点。

通常学生在学校的学习是"接受性学习",学生往往把学习这一过程简单地理解为听课、讲念、背诵、练习、考试等,而教师也主要采取"讲解式教学"的方式,教师往往把教学过程按照教

学大纲分化为讲解知识、概念、原理,并辅以练习、考试等步骤来完成。这是我们基础教育体系中核心的教学模式。这个模式对于每个学生来说虽然是非常重要的,但由于其本身的局限性,再加上社会和历史特殊的背景,这个模式有其致命的不足。比如"高分低能"的现象,以及有识之士提出:为什么我们的奥林匹克获奖人数全世界第一,但却出不了诺贝尔奖获得者。就好比米面作为主食是当然的,但没有菜肴的辅助,不仅味道不好,营养也不全面。

所以作为学生在智力发展时期进行文化知识的学习不仅要通过"接受性学习"的方式来进行,还应该有"研究性学习"的态度和理念来补充。"如果学习只在于模仿,那么我们就不会有科学,也不会有技术"(高尔基)。只有这样,学生的思维、个性、知识的广度与深度才能得到最佳的发展和成长。

所以,为了更好地开展素质教育,为了弥补以前教育模式的不足,为了更好地培养学生的创新精神,我们国家教育部已经在2000年1月颁布的《全日制普通高级中学课程计划(试验修订稿)》里,把"研究性学习"课程规定为重要内容。该课程计划及相应的课程标准和教材已于2001年9月在全国范围内展开实验。

二、什么是研究性学习

所谓研究性学习,就是在教学过程中创设一种类似科学研究的情境或途径,让学生在教师引导下,从学习、生活及社会生活中去选择和确定研究专题,用类似科学研究的方式,主动地去探索、发现和体验。同时,学会对信息进行收集、分析和判断,去获取知识、应用知识、解决问题,从而增强思考力和创造力,培养创新精神和实践能力。

看起来,这是学校和教师做的事,但我们要注意的是,研性学习作为一种学习方式和途径，作为以学生为主体的学习活动，更需要学生具备研究性学习的意识和习惯。因为这不仅仅是获得直接经验和知识的方式，更是为学生将来开展个性化的工作打下良好的思维基础。

其中，这里有两个关键的概念："研究性学习方式"与"研究性学习课程"。研究性学习课程是学校为学生设置的，也是为"研究性学习方式"的充分展开所提供的相对独立的、有计划的学习机会，是在课程计划中规定了一定的课时数，以更有利于学生在教师指导下，从学习生活和社会生活中选择和确定研究专题，主动地获取知识、应用知识、解决问题的学习活动。所以，"研究性学习"课程是指向于"研究性学习方式"的定向型课程。这项工作刚刚开展，所以限于以前固有的教育思想和行为的惯性，研究性学习课程的开展还存在严重的不足，还不能与主流的"接受性学习"很好地融合，所以目前还处在边缘状态。

但是，作为我们自己，无论在任何时候，都应该选择科学、正确的方式来开展自己的生活与学习，而不能简单被动地接受并不完善的教育。

在这里，与您探讨的更多的是指研究性学习方式。

三、如何开展研究性学习

研究性学习是为了培养学生自主学习能力的一种积极的、以自我为中心的学习方式，通常是在指导教师的帮助下，自己选定研究主题，用科学研究的办法和程序，自己完成对信息的收集、整理和分析，对分析结果进行判断，并和已有的认识结合做出新的认识和结果的过程。比如学生对门铃很感兴趣，那么他应该对门铃的功能、种类、特点等信息进行了解和收集，并在此基础上做出属于自己认识范围内的判断。他可能会考虑什么样的条件下

使用门铃是有好处的，使用什么样的门铃会比较省电，或者什么样的门铃没有污染，或者什么样的门铃的声音最大……这样的过程和结果不是老师教出来的，完全是靠自己的思考和实验做出的，所以对学生综合素质的培养势必会产生积极的作用和好处。

研究性学习的理论体现"以学生发展为本，以学生人人成功为目标，以学生学会学习为中心，以培养学生创新能力为核心"的教育思想内涵。"让每个学生有进步"是研究性学习的核心价值取向。学生在研究性学习过程中始终处于主体地位，既学到了知识，又锻炼了直觉思维能力和创造性思维能力，塑造了自信和自尊。具体体现在课堂教学中，教材在学生眼里不再是绝对正确、不容置疑的"真理读本"，学生在接受系统知识的同时，也时时可用探索的目光来研究它，甚至"挑剔它"，加深对教材内容的独特理解和创新思考。教师在学生心目中也不再是一言九鼎的绝对权威，他们不但是学生学习的引路人，同时也是共同的探讨者和合作者和发明者。学生从被动地接受知识、储存知识的顺从守规，转变为乐于想象、敢于批判、大胆提问、标新立异和大胆质疑。研究性学习体现在课外、校外时，则是引导学生走出教室、走出校门、走进生活、走进社会，去探究自然、探究社会、探究人生，根据自己的兴趣、爱好、特长，自主选择研究课题、查找资料、调查研究、探索实验、撰写报告等。通过研究性学习，学生的综合知识、综合能力得到提高，实践能力和创新能力得到培养，弥补了传统教学模式重学科知识传授、轻能力培养的缺陷。我们国家目前的教育现状就是太多的学生缺乏动手能力和创新精神，而通过研究性学习的促动，所谓"高分低能"、"眼高手低"的现象将会得到极大的改善。

在研究性学习中，学生从课题的选择、确定，资料的收集、分析，报告的撰写、答辩，成果的整理、展示等，整个过程都是学生自己去操作，具有很大的自主性。应该说，在研究性学习中，教师只起指导作用，扮演的角色更多的是指导者、协助者、参与者。遗憾的是，很多教师片面地以为搞研究性学习无外乎就是搞些"小科研"，按照学术的研究的标准流程来培养学生的科学素养和习惯。其实这是对研究性学习的极大误解。研究性学习涉及的知识不仅包括科学，也包括艺术和哲学，研究的范围不仅有自然的，也有社会的。主题不仅是科学题材的，也有关于人文和道德的。

但各个地区的教育水准和认识不尽相同，而学生的创新精神和动手能力的培养不能仅靠教育部门来完成，应该从家庭教育就开始。所以，为了使自己的认知能力更具实力和竞争力，不仅学生，家长也应该注意研究性学习能力和习惯的培养。

四、家长的研究性学习课题

对于家长来说，除了工作和事业上的主题以外，还有业余爱好等，更重要的一个部分就是对孩子的教育。那么您的研究性学习课题的永恒主题就是——怎么教育孩子更有效？在这个课题的指导方针下，您可能研究的是如何开发孩子的智力？如何使孩子更好地进行学习？如何使孩子有健康完善的人格？那么就需要您正确地准备材料和组织信息，并不断努力和实验，对照比较什么样的方式更有效果。只要你科学地开展家庭教育，科学地对待孩子，那么孩子的表现绝对不会辜负您的期望和努力的。而想当然地、盲目地、主观地按照自以为是的方式来开展教育，那么承受失败痛苦的不仅仅是孩子，还有您本人。

对孩子来说，将研究性学习的方式作为课余生活的安排，不仅仅可以做"小科研"来拓宽自己的视野、促进思维的发展，还可以做许多社会化、个人化、人文化的课题来使自己的综合素养

得到全面的提高。比如让孩子对自己和别的同学的课外书阅读与个人表现的关系做调查活动，不仅可以了解自己和其他同学的生活，也可以了解读书对人个性的影响，做过这样的调查对孩子所引起的触动，比起家长说破口舌让孩子读书的效果要好得多。

暑假时，有个好朋友给我打电话咨询一件事情，他想给孩子请个家教让我帮助参谋。

我问道："为什么要请家教？"

他说："放假了，孩子没有事干，不想让孩子放任自流，所以请个家教其实是想帮自己管管孩子，因为自己太忙。"

我说："你的孩子成绩不错，没有什么必要请家教，难道就只有请家教一个办法了吗？没有别的更有意义的想法吗？"

他说："也可以让孩子学学英语。"

我说："那也好，英语学习怎么都不过分，这个想法不错。那你就和孩子商量一下吧。"

不久这个朋友又打来电话，说："孩子认为学英语这个主意也不错，所以我想让他到北京的某个英语学校学习，您觉得如何？"

我说："不错的，蛮好，听说有的学校可以住宿，这样的话，让孩子自己在那里呆上一个月，不仅可以学学英语，也可以培养孩子的独立性啊。"

他说："那就这么定了，我这两天就去趟北京了解一下具体的情况，您还有什么事情吗？"

我谢道："我没有什么事情，但你去北京的做法需要考虑。"

他问道："为什么？"

我解释道："你的孩子已经14岁了，人贩子对他已经不感兴趣了，而且北京的治安也没有问题，为什么不考虑让他自己去呢？他可以自己选择学校，自己选择上课的方式，自己选择住宿的地点啊，如果没有合适的学校，可以自己买车票回来啊，你为什么要代劳呢？为什么不给孩子一个自己锻炼自己的机会？"

他在电话那边一下就沉默了，好久说了一句："是啊，我怎么就没有反应过来？为什么不让他自己做呢？"

其实在生活中有许多的事情，不一定要很刻板地拿出研究性学习的方案来做研究性学习，只要具备研究性学习的意识，可以在更大范围内开展研究性学习。

"在研究状态下学习，在学习过程中研究"。学习与工作，人一旦处在研究的状态下，就会兴趣盎然、信心十足、热情持久。在"研究"状态下的"学习"，学生体验到的是生命的乐趣、学习的美丽——学习是生命不可或缺的一个重要部分(李华平语)。研究性学习的好处不仅仅使学生的思维得到了充足的发展，也使自己的个性、独立意识、思考意识和合作意识得到了很好的训练，"花盆里的树是长不大的"。

对文化课程的学习要讲究方法，而对人生的学习也要有方法。研究性学习就是非常重要的方式之一。

家长作为孩子的第一任老师应该在合适的时候给孩子足够的空间和时间来让孩子探索、研究这个世界。

本节要点

1. 研究性学习是一种重要的学习方式。
2. 研究性学习不仅在学校开展，也可以在家长的指导下进行。
3. 研究性学习的成果不仅是自然的，更有人文和道德的。

家长作业

1. 反省和总结自己为孩子代劳的事情。
2. 考虑如何在家庭内建立和建设研究性学习的氛围和习惯。
3. 设计一些针对自己和孩子研究性学习的课题。

本章总结

通过本章的学习，我相信您应该对如何学习理解得更深入了，也更准确了。我们曾经以此为教案，对小学高段以及初高中学生进行3A双赢训练，获得了非常好的训练效果，有高达91%的学生经过3A双赢训练后学习成绩有了明显的进步和提高。所以，我们有理由相信，只要您和您的孩子按照本章的要求做到位了，学习成绩的提高是指日可待的。

不过，认识也提高了，方法也知道了，怎么做才能让方法更好地实现呢？能让我们更容易地到达成功的彼岸呢？我想，对成功的不同理解也有不同的成功之道。那么就让我们进入下一个章节来了解一下如何获得成功！

第五章　成功篇

成功的前提是对问题的认识和发现

5.1 成功之路在哪里

成功,每个人都在追求。

我实在不想在这里费太多的口舌来讲述什么是成功。

在这个时代,成功似乎已经变成可以购买的廉价货,只消一两盒烟钱,就可以到书店里找到许多关于成功的书和指南。想成功的人也实在是太多了,因为那些书的销路看起来的确很好啊。就连本书也毫不例外的是本指导某方面成功的书啊。

有时候我也很纳闷,怎么以前就不曾感觉有如此多的关于成功的书籍?难道以前的人不渴望成功吗?难道以前的贤哲就那么的自私而不愿意告诉别人自己是如何成功的吗?为什么现在大家动辄就高喊要成功?不管在什么地方我都感觉渴望成功的鼻息是那么的沉重和急促!

但我却隐约看见那些编译成功学的作者，在背后看见人们蜂拥购买成功书籍而发出了满足的窃窃笑声。虽然我也无意鄙薄那些助人成功者的好意，但感觉这份好意多少来得有点功利。因为我实在想象不出，对于成功的构建和设计真的需要洋洋万言，厚厚的一本书吗？或许我孤陋寡闻，但我知道所谓成功学的历史甚至不如博物馆里的一个花瓶，而我也实在想象不出，有多少伟人和先哲的成功就是缘由那些成功学的建议、方案、谋略等因素的启发啊？我倒是愿意耐心等待50年，看看有哪位公认的成功者大声地告诉我们他是因为谁的成功密典而获得成功的！

其实许多成功的人，至少在别人眼里是成功的人，成功是起源于一份追求和实干啊！当成功者不厌其烦地被别人讨教成功的时候，只好低头回顾自己成功的过去，经过一番思索，给了众人一些公式和体会。殊不知，众生虽奉若神明，但却难以身体力行。所以只好喟叹：伟人就是伟人，怎是我等凡夫俗子所企及！

让我们仔细回顾最近50年，对你印象最深刻的人，不是什么总统就是歌星，不是商人就是明星，就连教育也有个口号——"生活教育"，其实骨子里实际还是一种对生活质量的追求。如果成功不能因为你思想灵魂而自由，那成功只是一个可怜虫的成功！或许这个时代的人太渴望成功了！希望有好的工作、富裕的生活……

其实老想着成功的人一般不大可能成功！而成功的人却没有想怎么要成功，只是很明白自己想干什么罢了！

我接触过许多学生，没有一个不想考试考100分的！但优秀的学生对此和差的学生相比就有很大的不同！为成功而成功

第五章 成功篇

成功的前提是对问题的认识和发现

的心态本身就是失败的肇因。

看过了太多先人的传记，我的最大体会就是，成功者之所以获得别人难以企及的荣誉或金钱，不是因为他们想成功，而是因为他们知道做什么！这个世界上有太多的人用太多的时间去幻想成功，而在具体的行动中却有太多的懒散和盲目。

好了，不要管什么成功，应该仔细想想你想干什么和应该干什么？

对成功我不想做历史的总结、心理角度的分析、哲学意义上的概括，我只认为：*对成功既不要神秘化，也不需要做什么规范化！* 成功是自我的感悟。只要是不同的人，对成功就有不同角度的理解。

说了如此多，其实就想说一个道理，不要对结果的回报做太多的估计，而是对想做的和应做的做较多的思考，以及对做的结果有较合理的预期！

5.2 成功是目标的实现

  书市上的成功书籍林林总总,真可谓是嘈嘈切切错杂"谈",我们不能否认的是,其中的确有很好的思想和内容,也可算是"大珠小珠落玉盘",不过,可惜只能算是"珍珠散地不值钱",如果看书的人没有足够的能力将这些珠子结串的话,恐怕也没有什么用处的。

  其实我们仔细想想,那些描写成功的书到底想教给读者点什么本事?我窃以为现在的成功书籍动不动就拿出什么理论来唬人。也许是爱因斯坦对人们的影响太大,只要拿出个理论就可名播四海。不知道有心的人注意到没有,但凡是真正意义上的理论,都应该是名词性的。

  比如马克思的资本论、达尔文的进化论,一件伟大的事物的诞生往往并不是由于他的伟大意义而来的,在创造者眼里,这只是个项目。作为这些学者都希望有个理论能解释全世界的所有概念,虽然实现这个愿望非常难,因为这个世界太多样化了。而我们的成功学家却狂妄地摇起成功大旗，我以为这是现在这个功利世界最可笑的风景之一。但我们看到身边诸多的理论无不是以形容词结构为主的理论，其实这些理论充其量不过是对一件事物的略带个性化的表达和描述。我们可以把汽车称为是发明家的伟大发明，但如果冒出了很多理论家说什么汽车的快捷性、实用性等理论来证明小汽车的意义，实在有些可笑和多余。成功其实就是作为某个事物的发展状态或结果相对于主体感觉的认同和认识的肯定。说白了，成功学不过是某些人的个人总结和感受。

比如对于一个大学的新生来说，有的人感觉很满足，而有的人却以为很无奈！但这个结果也只是个状态，随着状态的变化和发展，这些不同的人还会有不同的感觉。说这么多，目的很简单，成功只是行为结果的感觉描述，不是行为的真正目的。成功往往成为心理寄托和精神安慰。过分关心和追求感觉，往往会被感觉影响而误导。这种情况下，在行为的过程中，人更多的会被感觉奴役、被感觉影响，因为追求感觉也就被感觉指导。我们也强调主观力量，但这个主观应该是理性和理智的，换句话说，要有明确的目标，而不是明确的目标的满足感。

希望成功的人最重要的事情是要明白目标是什么？在成功书籍里有很多具体的办法和措施，但这有什么用呢？什么是合适的、合理的？在你不理解目标的情况下，你无法把这些措施变成自己的。

依我看，那些充斥于鲍鱼之肆的书市中的成功书籍，其命不长之原因就是只是更多渲染感觉，而没有帮助你如何发现你的目标。没有或不能确定正确的方向就要获得成功真可算是缘木求鱼啊。

5.3 追求成功是人类的本能

人类的行为可以分为两种,即无意识的和有意识的。说话时不停地做着手势,往往可能就是无意识的;如果是为了增加表达的力度而做手势,那么就是有意识的。所有的有意识的行为都是为不同的目的而服务的,所有的目的都可以理解为一种愿望。我们通常意义的成功是指对完美实现目标的行为结果的评价。

简单来讲,这样的愿望有的是为了获得精神的满足,有的是为了获得物质的满足。不同的精神境界有不同的满足感觉。

古时候,有个大臣向国王汇报说百姓没有谷子可吃了,国王就讲老百姓既然没有谷子吃,怎么不知道吃肉?何以出现这样的笑话,就是因为生活经历、教育背景等的不同使每个人的认识、理想和追求都有很大的差别。没有两个完全相同的人就如同世上没有两片完全相同的树叶一样。随着社会的进步,信息社会对人的要求却越来越趋同，社会学专家认为，21世纪的中国人应该学会三种技能：外语、电脑和开车，否则寸步难行。

无论是什么样的追求，渴望让自己成功的追求都是每个人的本能。

但成功一点也不神秘，每个人都有过无数的成功，而人生正是无数成功和失败的协奏曲。

如果不从社会和道德的角度来看待成功，每个人从生下来，到生命的结束，至少都曾有过个人意义上的成功！从哑哑学语的婴儿变成蹒跚学路的稚童就是成功，从对玩玻璃球的热衷到在课堂专心听讲也是成功。没有谁是天生的失败者！也没有谁会成为绝对的失败者！对什么是不成功的反思要远比对什么是成功的解释容易得多。

没有谁会是真正意义的失败者。每个人的家庭背景、生活经历都不一样，对人生的追求当然也不尽相同。有人的理想是每日有一顿美餐，有的是希望家庭和睦，有的是希望身体强健，有的人希望能与爱人重归于好，您可以不屑地说：这算什么理想？但是就是这些对一些人看起来简单的愿望，对另外一些人来说可能就是高不可攀的山峰、宽不可越的峡谷。

但是除非绝望的生命停止现在的脚步，每个人都会用自己的方式诠释生命的真谛。

你也许不是德高望重的学者，但你会是受子女爱戴的父亲；

您也许没有万贯家财，但你却有情深意切的爱人；

你也许没有矫健的体魄，但你却有一颗高傲的头颅和尊贵的心；

……

也许你什么也没有，但你还活着，这就够了！我们不想对成功做宽泛的解释和自慰。成功不是用自己的长处和别人的短处相比，但也不要无视自己的价值，无视自己的可能。

但是我们悲哀地发现，在目前的时代，由于人们对财富的误解和狂热追求，中国人的道德观、价值观、世界观发生了巨大的变化，更多是以实用、唯利为思想核心，这对于一个民族来说是致命的。把金钱当作理想和追求的人是没有前途的，把经济的成功当作人生的成功也是很狭隘和短视的。

第五章 成功篇
成功的前提是对问题的认识和发现

5.4 惧怕或没有付出怎能成功

当我小的时候,老师和父母就不只一次地给我讲过爱迪生的成功公式。相信大多数人对这个公式也非常熟悉。现在我们再来温习一次吧。

爱迪生说:成功=99%的汗水+1%的天分。

还有著名的爱因斯坦的成功公式:成功=艰苦的工作+正确的方法+少说空话。

当然还有许多名人对成功有不同的精妙的阐述,但不知道为什么,这两位爱先生的话流传得最广。我倒不敢对这个公式有丝毫的不恭,只是心里隐约有一份感慨,就是这两个公式把许多人吓坏了。

为什么这样说呢?

据我了解,有许多人不敢有什么大的想法,总觉得自己不是那块料,觉得那些名人的现在不可能是自己的明天,而且还用大部分人是凡人、普通人来告诫自己，不要有什么幻想等。虽然拿破仑曾经高喊：不想当元帅的兵不是好兵！可一向内敛的国人又怎么会多想和敢想过自己极可能会有的不平凡呢？

　　同样的，有许多学生经过我的考察和分析，被认为具备优秀学生的实力，但他们和我谈起自己的学习等情况时，有很少人认为自己是最好的，也不认为自己可以成为最好的；既然自己不可能成为最好的成功者，所以也就没有必要付出那么多的心血和努力了，就这样，恶性循环的认识和行为，让自己离成功越来越远。我想这不仅仅是不自信的问题。没有人不渴望成功，但为什么极少有人认为自己可以成功？

　　其实很多人的潜意识里，认为自己不可能付出那种艰辛和勤奋，所以自己也不可能成功，对成功的理解只是建立在字面上，而不是技术层面。

　　就这样，在认识上存在模糊和不确定，使自己对成功的理解更多是自己有多少汗水和辛苦，而不是如何获得成功。我想这是许多人对爱先生成功公式的最大误解吧！

第五章　成功篇
成功的前提是对问题
的认识和发现

5.5 失败是根本没有或没有发现成功的道路

主观上讲，没有人是不渴望成功的。但可怕的是，在思想深处，自己并不相信自己有足够的能力可以成功，也根本没有成功的自信。很多学生总爱说：我不行，我没做过等。在这样的情况下，也就主观上放弃了必要的努力。既然如此，成功是不会犒劳懒人的！

从客观角度来讲，一件事情可能本来就不具备成功的可能。比如你想比鹿跑得快，那是不可能的，只有借助别的工具才可以。但有时候客观条件也有发展变化，也许当时不具备成功的条件，比如人们一直幻想登上月球，但到了 20 世纪 60 年代人类就实现了这个目标。或者是个人不具备成功的实现条件，打个比方，让一个没有受过训练的人开车，那一定是太冒险了。从这个角度上来讲，这样的失败是可以理解和接受的。

毛主席说的一句话很通俗也很深刻："我们的任务是过河，但是没有桥或没有船就不能过。不解决桥或船的问题，过河就是一句空话。"

但另一种失败的原因是令人遗憾和惋惜的,就是有条件成功,但没有找到成功的途径。

为什么有人付出了许多的努力,但还是没有获得成功!

从技术角度上讲,人们常犯的错误是把现象当原因,把结论当问题。学习成绩不理想,只是说自己不够努力和认真,办法就是从下学期开始一定要好好学习。或者认为自己不够扎实,就发誓要好好学习,但实际并不知道该怎么做就可以扎实,所以时间的改观并不大也无效。为什么有那么多的孩子总是表现"三天的热度",这实在是很委屈的啊,你说他不想变好真是很委屈人家,但由于缺乏正确的认识而使所有的信心和努力都付诸东流。

在这种情况下,天真地以为"天道酬勤",无异于"缘木求鱼,深山采珠"啊。岂不知这样盲目的努力只会让成功离你越来越远!

5.6 实现成功的根本是对问题的认识和判断

其实所谓追逐成功之路,就是追逐问题之路!"在万事万物之最深处隐藏着的,只是一个问题,而不是答案!"

什么是问题(Problem)?世上本无路,也无问题,问题是需求的产物,是欲望,是追求。人一生都在经历问题的过程中。

肚子饿了,就想到要解决吃饭的问题,是自己做,还是去饭店?自己做的话,就会想吃什么,怎么做等一系列的问题;去饭店呢就要想去哪里吃,是近的还是远的,是什么口味,是什么档次等一系列的问题。这样的小事情也会迅速地在我们的大脑中出现一系列的思维,何况是我们最关心的"学习"呢?

对一件事情如何解决,我们一定会根据自己的认识、经验、条件做出一系列的判断。那就意味着我们要发现解决这件事情的关键点或者是矛盾点是什么,也即问题点!如果不能发现最根本的问题,怎么奢求一件事情可以做好?

爱因斯坦说过:不是我聪明,是因为我和问题周旋得比较多。

发现问题是成功的根本。换句话说，如果发现了本质问题，事情也就解决了一半。成功就是找出问题的本质，就已经成功了 50%。

西方哲学史上有一个著名的故事，哲学家罗素问穆尔："谁是你最好的学生？"穆尔毫不犹豫地回答："维特根斯坦。""为什么？""因为，在我的所有学生中，只有他一个人在听我的课时，老是流露着迷茫的神色，老是有一大堆问题。"后来维特根斯坦的名气超过了罗素，有一次有人问维特根斯坦："罗素为什么落伍了？"他回答说："因为他没有问题了。"

只发现问题是不够的，我们应该有解决问题的实质、理想的办法，简而言之，就是解决办法。找出解决问题的办法就实现了 40 分，有了办法，离成功就不远了，剩下 10 分，也就只剩下 10%的距离了。而这点距离只需要你去付出行动就可以实现了。其实成功就这么简单，除非你拒绝进步。

让我们仔细看看下面的推论！

已知：
50= 发现总结出问题
40= 解决问题的方法
10= 是欲望、动力、追求的实际行动(DO)
100= 成功

则：
推论 1：50+40=0 即发现问题 + 解决方法 =0
推论 2：50+40+10=100 即发现问题 + 解决方法 + 做 =100 即成功

第五章 成功篇
成功的前提是对问题的认识和发现

当然我们还要客观地总结一下,没有欲望是一定不能成功的,如果有了完成欲望的知识和行为水平大于解决问题难度的前提,成功是必然的。否则,我们将陷入唯心的泥潭与自大的情结中。

让我们来回顾一个大家耳熟能详的案例。

曾经有个公司的生产不得不因为一台电机出现故障而停产,于是请了一位电机工程师来修理。那位工程师在电机旁边呆了三天三夜,终于在那个出现故障的电机的某个部位用粉笔画了一道,在他的指导下,维修人员把这里打开处理,机器很快恢复了正常,事后,那位工程师向公司要一万美元作为酬金。公司感到很难接受,对那位工程师讲:"您只画了一道,怎么会值一万美元?"那位工程师毫不含糊地说道:"画一道只要一美元,而知道在哪里画需要9999美元。"

所以"问题"的含金量就是如此之高。遗憾的是,我们总是不能正确判断问题和原因的区别,不能正确分析现象和原因的不同。

5.7 如何发现成功之本——问题

首先让我们对问题有个直接的感受和理解吧！

当一个目标确定以后，就有一个决定这个目标实现的主要矛盾需要我们解决。当一个主要矛盾被肯定时，就需要对矛盾发展进行分析和总结。我们提出可以比较明确表述这个目标的转化，但这个目标的转化往往是需要多个并不明显的子矛盾的解决而实现的。

我们可以这样表示：

显A→显B的转化和发展一定需要一个或多个隐A→隐B的转化才能实现。

这个时候，隐A到隐B的转化就是"问题"。如果主观上不能发现或者客观不存在，那么这个矛盾是无法实现转化的。

我们所关心的可以实现的变化和发展，一种是个人的，另一种是外部的。而外部的变化和发展是受个人的变化和发展制约的。比如对一个发明来说，如果发明者自己没有得到必要的改变和提高，是没有能力做出他所希望的发明的。

总体上讲，问题分为两种：一种为可证实已发现的，是可以通过解决环节困难而实现目标的问题；另外一种是未证明待发现的，不知道目标的问题。第二种问题的提出预示着新的方向、新的思维、新的领域、新的概念。

如果不知道行为的目标是什么，或者不知道实现目标的意义，目标本身就是问题。而如果确立了目标，那么在实现目标的环节中出现的困难就是问题。

对于外部世界来说，比如，对于一个企业来说，企业管理者首先要把第一种问题解决好，其次是企业文化和建设。

高级的成功也是对第二种问题的思考获得的。这种成功往往是第一种成功的追求和目标。没钱的时候想钱，有钱的时候想的是范围和极限。对于一个企业和人来说，都有一个目标，天下谁人不识君？但只会挣钱的不过是土财主，到了一定程度，钱的数量会变成负担，因为他驾驭不了那么多的钱！为什么许多企业和人曾经做得很大，但到最后却血落黄沙。没有第一步的成果就无法获得第二步的成功。如果盲目地实现跨越，在理论和实践没有足够基本积累的时候，是非常危险的。

所以，世界级的公司很关注和保护、建设自己的企业文化和理念，微软的产品给人的感觉强大、精巧，宝洁给人的感觉就是绅士、优雅，海尔给人的感觉是信赖、好用，奔驰给人的感觉是庄重、高贵。这就是个性！对一个人来说也是如此，也应如此！一个社会人要在激烈竞争下保持不败和常胜，他必须具备核心竞争力。这个核心竞争力的特征表现其实就是个人文化和理念。

对于个人来说，为了满足个体发展的需要，需要解决的问题分为两种，一是可参考学习的，另一种是未知创新的。可参考学习的就是指目前人类已经发现的知识和认知，是可以通过自身的努力和学习来得到的。未知创新的是需要对前人的认识在自己的认识基础上，通过必要的手段或实验来发现的。比如爱因斯坦的《相对论》就是相对于那个时代的人来说是未知创新的。对于一个学者来说，首先要解决现有知识的不足，其次才是个人的研究方向。

所以在知识领域，重复前人的知识和体验不能算成功，只是必要的积累，是为将来可能的成功做的准备。但知识的学习和储备可以为个人其他方面的成功打下必要的基础，比如体面的工作和满意的薪水。所以成功也分两种，可获得的（可以给人以世俗的满足）和不能预计的（可以得到个人的境界）。但我们都需要走过最基本的阶段，就是知识的学习和储备。

解决问题就和解一道数学题一样。那么发现问题的过程就是寻找条件的过程。比如一道数学题目要求我们得出一个关于班级人数的结果。题目内容是这样的，男同学有20名，女同学的人数是男同学的二倍。我们首先需要明确：要知道所有的人数就要知道人数的组合是由男生和女生组成的；所以我们就要知道男生和女生各自的数量，男生的数量是知道的，女生的数量需要进行推导……就这样，我们就解决了这个题目。

其实，再难的题目都和这个题是一样的。只需我们首先要知道做什么！知道做什么后就应该分析需要做的条件是什

第五章 成功篇
成功的前提是对问题的认识和发现

么！现在具备了什么条件，还需要找出什么条件，一道题目就这样解决了。所以，解一道题目就是这么简单。

但实际上我们在问题的发现过程中会遇到更强大的阻力和困难。由于认识不足，我们可能发现的问题是伪问题，或是问题的表象而非实质，或者干脆就不是问题。比较典型的案例就如我们前面提到的船长年龄的题目，就是一个伪问题。

所有的问题都有和说明了不同层次的需求，每个问题都被最高层次的需求——寻找解决之道的原因所驱使，人们解决问题以求致富、继续进食，或希望让亲朋好友羡慕他所拥有的成就，不仅有物质上的满足，同时还有心理上的满足。其实这就是生活态度、人生追求、精神道德观的综合反映，也构成了人活着的基本理由。但"理由"和"问题"通常总是相隔太远，看起来似乎关系不大，所以人们经常会表现出懒散、消极、宿命等人性的弱点。

实现成功的关键步骤——解决问题。当我们确定了问题的主题所在，就要确定问题的属性、要求、难点等，再根据自己的实际情况和能力制定相应的措施。其实问题的发生不是偶然的，也不是孤立的，最后问题的解决都需要通过我们所具备的条件以及我们可以创造的条件来实现。那么就需要我们来分析"解决问题"的条件到底有哪些，如何对此进行准备等，这就是解决问题40%的过程。而最后终于可以身体力行了，也就是剩余的10%。

马斯洛有句话很有意思："在你唯一的工具是一把锤子时，每个问题的开始看起来都像一颗钉子。"所以，如何使自己的工具更多更全，是你更快更好地解决问题的前提。

5.8 如何确定教育和学习上的问题

最简单的办法,就是把孩子平时学习中表现出来的做法写到纸上,对照我们这本书看看有什么不一样的地方。

至少通过本书的学习,家长和学生都应该对自己进行对照和考察,了解自己在教育上存在的不足。并通过对学习环节与秩序、学习方法、学习认识、生活品质、教育目标等论述的学习来提高自己的行为水平。

经常有家长爱对孩子讲如下的话:"你要好好学习,要不然长大以后没有出息,只能讨饭做泥活了。"家长也会把此作为对孩子苦口婆心的教育经历一遍又一遍地对我述说。

遇到这样的情况,我就会对这样的家长问:"说这话有用吗?"

家长会说:"一般没有什么用!"

我又问:"知道为什么没有用吗?"

家长说:"不知道!"

我便不客气地说:"这话一点道理都没有。"

家长虽然有明确的教育目标,但对如何实现目标的过程

与环节的认识存在巨大不足,也忽略如何进行、解释和明确中间环节的行为规则和要求。正是因为这样,所以导致孩子在学习上产生困惑、逆反等情绪和反应,再加上眼前的行动与以后的情况相隔太遥远,无法形成强烈和必要的刺激来保证学生稳定的学习动机与欲望。希望家长在教育过程中一定要保持连贯、细致和耐心的态度和作风。

我们一开始做教育课题时,总是把焦点集中在学生身上,把功夫用在学生身上,但逐渐发现学生其实是不幸的替罪羊,不仅承担由于父母教育上的过失,还承担失败、寂寞和误会所带来的一切烦恼、焦虑和困惑。我们发现提高学生学习成绩,提高家庭教育的水平的突破口应该以家长为主。事实上,这样的做法比以前的教育效果好多了。

对于家庭教育的问题来说,问题的最主要来源是家长。

对于父母在子女教育上存在的问题来说,问题的最大焦点是不懂学习、不懂孩子、不懂教育。

对于孩子发展的问题是什么?问题是缺乏信任、鼓励、积极健康的教育环境和引导。

对于存在学习成绩不佳的学生来说,问题的最大焦点是在学习方法上。

学生在校学习的基础教育阶段,我们最关心的问题是如何更好地进行知识的学习和储备,那么就需要对学习内容、学习目的和学习本身进行必要的和足够的研究。对学生来说,只是完成了教育部规划的教学大纲课业的学习是不够的,即使学得很好也不过是个书呆子;同时一定要有积极的想法和志向来确立个人的发展目标;而不研究"学习"的技术和方法,也势必影响到学习的效果和目的。

所以，对于学生来说，实现个人目标需要获得足够的受教育和学习机会，而这种机会有赖于学习成绩，学习成绩又需要通过解决学习的不足来实现，所以首先要了解自己学习行为的缺陷和不足。

第五章 成功篇

成功的前提是对问题的认识和发现

本章总结

成功从何而来？成功自发现问题始！

每个人都可以获得属于他的那份成功。但成功不是天上的馅饼，不会没有来由地送到你的面前。对于希望得到成功的人来说，他一定应该明确目标，应该明确问题。他一定不是带着情绪，也不会靠盲目的激情，更不是主观的自以为是。

诸如"努力啊"、"认真啊"、"刻苦啊"、"发奋啊"之类的话，我对那些找我的家长和学生是不大讲的。为什么呢？表决心没有用，说愿望没有用，关键是知道问题是什么，目标是什么，只要这些明确了，你想让孩子不努力和不认真都难，孩子的学习自然会得到稳步提高。

光有追求是不够的，还需要足够的眼力和智慧发现追求之路啊！我想每个人拥有和创造的财富、事业为什么会有那么大的区别？主要是因为这一点！

作为学生来说，只要智力没有问题，只要认识提高了，就一定可以彻底改变自己的局面。

作为家长来说，只要学会跟孩子说话，理智地分析自己的不足，就一定可以改变自己教育吃力的现状。

不要迷信，不要盲从，也不要焦躁，一天一点进步，一次解决一个问题，只要一个月，你会笑得很灿烂。

细心的读者可以发现，我们一开始总是强调学习成绩应该如何提高，但看到现在，几乎每章都在重复一个主题，就是教育孩子什么，怎么教育，怎么提高教育水平。凡是对孩子感到烦恼和郁闷的家长都有一个相似点，就是不快乐。罗曼·罗兰说的一句话非常好："自私怯懦的人常不快乐，因为他们即使保护了自己的利益和安全，却保护不了自己的品格和自信。"没有从教育孩子中找到快乐的家长一定是自私的家长，虽然付出了所谓的心血。您是否可以从深处好好想想，为什么不快乐？

不做自我批评的教育对别人的批评也不会有效。

不尊重别人的教育也得不到别人的尊重。

不从生活品质入手的教育孩子的学习成绩一定没有后劲。

不找自己的问题的教育一定是充满问题的教育。

"教育始自家庭，立于学会学习"。

我们应该让教育时刻都能够不断创新和进步，要让教育充满快乐和幸福的感觉。

附录 父母自测
——了解自己是家庭教育成功的前提

首先,谨向天下所有的父母表示崇高的敬意。没有父母对孩子的关怀和爱,孩子是长不大的。没有十全十美的人,所以也一样没有十全十美的父母。人最大的敌人不是别人,是自己。只有了解自己,才能战胜自己。只有真正地了解自己,才能明白自己的下一步怎么走。

我们每人都曾为人子,也将为人之父母,我们没有理由也不应太苛求自己的父母。不过作为父母本人不仅应该认真研究自己的为长之道,更应注意在子女教育上的问题与不足,不要总是看到孩子的问题,而不善于总结自己的问题。

孩子的成长状况很大程度上取决于父母的教育方法。父母"望子成龙"、"望女成凤"的心情人尽皆知,但在教育过程中可能会或多或少地出现一些问题,你想发现这些问题吗?做做下面的测试,你会从测试结果中得知您现在的教育方法是否得当,还会从测试中得到许多有益的提示。

本节内容是针对父母而设计的,主要是帮助父母认识自己在子女教育上的不足,通过测试,可以从结果中发现问题,对自己的教育行为进行"有的放矢"的调整和改善。

至于什么样的做法更好,在以下测试的结果选择里就有很明显的提示,如果有兴趣,希望您能根据自己的实际情况对照一下,看看您在哪些方面做得不足?

从以下各题的备选答案中选择一个你认为合适的选项。如果你明白了测试的目的和要求,那我们现在就可以开始了。

1. 您作为家长,认为自己成功吗?

   A. 是　　　　　B. 一般　　　　　C. 很失败

2. 作为家长,教育孩子是一件_____的事?

   A. 很有趣　　　B. 特别操心　　　C. 太苦

3. 您认为孩子听话吗?

   A. 不错　　　　B. 一般　　　　　C. 太逆反

4. 您觉得孩子了解您的生活经历、人生感受及个性吗?

   A. 比较了解　　B. 了解一些　　　C. 不了解

5. 您孩子的好朋友来家做客,您会如何对待?

   A. 对来的都比较热情

   B. 如果是差生则会冷漠

   C. 感觉比较麻烦

6. 您是否觉得,孩子个性善比较容易受欺负?

   A. 这不是一回事　B. 有时可能　　C. 不能心太善

7. 孩子是否记得您及爱人的生日?

   A. 是的　　　　　B. 我不知道孩子是否记得

   C. 不记得

8. 孩子对您是否撒谎?

   A. 从来没有　　　B. 有时可能　　C. 最头疼的就是这事

9. 过年时,孩子给老师拜年吗?

   A. 是的　　　　　B. 有时也拜　　C. 基本没有

10. 您是否常拿孩子和别人比,或者和自己小的时候比?

    A. 很少　　　B. 时常　　　C. 经常说

11. 孩子在家帮您干活吗?

    A. 从来不　　B. 偶尔也干一些　C. 会经常做

12. 您打孩子吗?

    A. 经常打,虽然我很心疼

    B. 几乎没有

    C. 也打过,很少,基本能说通道理

13. 如果孩子早上赖床,上学就快迟到了,您会:

    A. 赶紧催,实在不行就骑车送他或打的

    B. 会很不高兴

    C. 不管

14. 您觉得您或您爱人唠叨吗?

    A. 是的,但说破嘴皮子都没用

    B. 我们俩口子其中有一个挺惹孩子嫌

    C. 不,有用的话只说一遍

15. 业余时间您的主要精力放在:

    A. 孩子

    B. 很忙,基本不管

    C. 会经常沟通,但我有自己的事情

16. 孩子的日记,您想看吗?

    A. 他藏的再好,我也能找见的

    B. 很想看,方便时看一看也不错

    C. 不应该看,应该尊重他

17. 您对孩子参加班级活动,怎么看?

    A. 最好不参加

B. 不影响学习就行

C. 应该主动、认真地完成

18. 对孩子上学前的书包,您会:

    A. 事无巨细,帮他装好,放好

    B. 经常做一些必要的提醒

    C. 不管他

19. 孩子做作业时,您会:

    A. 在旁边陪　　B. 有时过来看一看　　C. 我不打扰他

20. 孩子犯了错误以后,您表现:

    A. 可能会打他,至少骂一顿

    B. 往往会比较激动地批评他

    C. 给他讲清道理,让他自己反省

21. 您知道孩子想什么吗?

    A. 我们经常聊,所以比较了解

    B. 知道一些,但不很完整

    C. 从来都不告诉我们,所以我们不知道

22. 孩子向您请教作业上的问题,怎么办?

    A. 只告诉他遇到困难的原因可能在哪里,让他自己找到解决的办法

    B. 我已经解决不了,所以别问我

    C. 如果我会,我会仔细地告诉他如何完成,一定帮他解决

23. 您说过孩子傻吗?

    A. 这样说不合适,我从来不说

    B. 有时也说

    C. 常说他,谁让他那么笨

24. 考试前,下面哪句话您常说?

A. 希望你能使自己满意

B. 一定要尽力而为

C. 考好,我会答应你想要的

25. 您常讽刺孩子吗?
    A. 不   B. 有时   C. 说得不少

26. 您对孩子的学习和生活的整体评价如何?
    A. 满意   B. 一般   C. 不太好

27. 孩子迷上一些不良爱好,比如电子游戏、故事书等,您会:
    A. 讲明道理,让他有节制
    B. 实在不行,打骂也是常有
    C. 管不住

28. 您的孩子在考试前的表现:
    A. 很自然很自信   B. 有时候会紧张
    C. 很焦虑

29. 在与人交谈时,别人夸您的孩子(孩子在场),您会:
    A. 不喜欢别人在孩子面前夸奖他
    B. 挺高兴,当然也会略略表示谦虚
    C. 当然也趁机夸孩子,让他再开心些

30. 考试成绩下来后,您会:
    A. 和孩子一起分析不足与错的问题
    B. 没什么好说的,告诉他要继续努力
    C. 好了就夸一夸,差了就说一说

31. 孩子对政治课不感兴趣,您认为:
    A. 其实政治很重要   B. 至少不要拉分
    C. 由他吧

32. 您的孩子如果有早恋的现象,您会:

A. 小事一桩,和他一起分析一下

B. 好言好语把他们劝散

C. 着急,不行就找老师帮忙

33. 您的孩子读课外书吗?

    A. 涉足面比较广   B. 一般   C. 很少

34. 家里来了客人,孩子会:

    A. 招呼客人,倒茶等

    B. 只会对熟人打打招呼

    C. 不管是谁,也不闻不问

35. 除家长会外,您与老师联系吗?

    A. 常联系   B. 一般   C. 很少

36. 孩子继承了您的优点吗?

    A. 是的,很多   B. 一般   C. 很少

37. 您对孩子的学习内容了解吗?

    A. 比较了解   B. 不了解

    C. 孩子还不如我们了解呢

38. 您的孩子是否很粗心?

    A. 偶尔   B. 总还有   C. 挺粗心

39. 您的孩子学习英语时能大声朗读吗?

    A. 能   B. 有时   C. 从不

40. 您告诉过孩子学习方法吗?

    A. 常说   B. 由他自己   C. 说了也不听

41. 您和您爱人吵架时避开孩子吗?

    A. 尽量避免   B. 难免

    C. 经常在孩子面前吵

42. 您爱人和您对孩子的教育意见统一吗?

   A. 比较统一　　　　B. 有时　　　　C. 不行

43. 对孩子的生日,你们二位:

   A. 不过　　　　　　B. 想起时会过　　C. 认真地过

44. 您和孩子散步吗?

   A. 经常　　　　　　B. 偶尔　　　　　C. 没有过

45. 孩子对您的朋友熟吗?

   A. 比较熟　　　　　B. 一般　　　　　C. 视而不见

46. 您会与孩子交谈关于社会上的不正之风的看法吗?

   A. 会谈,不过会肯定积极的一面

   B. 谈得不多

   C. 不敢说,怕影响他

47. 如果孩子在学校受了老师的委屈,您会怎么样?

   A. 不会冲动,找老师了解情况后再做打算

   B. 让孩子找自己的原因

   C. 首先会很生气,如果严重就找老师算账

48. 您带孩子去过图书馆吗?看过音乐会吗?

   A. 经常　　　　　　B. 有条件就去　　C. 没有

49. 对于先玩还是先学习,孩子喜欢:

   A. 做完作业再玩　　B. 不一定　　　　C. 玩完再学

50. 您是否检查孩子的作业情况?

   A. 适当检查　　　　B. 有老师,我很放心

   C. 一题一题全看

评分说明:

 1. 请注意,每10道题的结果的评分办法有一定的变化。具体分值如下。

  题号:1~10、21~30、41~50 分值:A=2分　B=1分　C=0分

题号：11~20、31~40　　　　　分值：A=0分　B=1分　C=2分

2. 分值简评：

85分以上：你是一位优秀的家长

70~84分：你还是比较出色的家长

60~69分：你是一个表现一般的家长

60分以下：作为家长来说，您不是很称职

读者反馈

备注:以下几篇文字均是网上搜索而来,为遵原创,未做更改。

学会跟孩子说话,学会和自己对话

——《学会跟孩子说话》读后感

已经很久没有这样一口气读一本书了,尤其是一本关于孩子教育的书,赵雨林老师的《学会和孩子说话——好家长操作实务》是我近年来读到的关于教育的最具操作性、最有可读性的书,读书过程中回顾自己受教育的过程,有很多感想。实际上,学会跟孩子说话,前提是学会和自己内心对话。也许我是习惯于自省的,也许我对少儿教育不够了解,但是我有一个感觉,那就是:如果每一个孩子的家长都能够耐心读完这本书,并且接受书中大部分理念,在教育孩子中根据需要和实际选择应用,我认为:他们自己以及孩子都会受益匪浅的。

该书结构严谨,分为:对话篇、认识篇、行为篇、指导篇四个部分。尤其以前两篇对我启发最大。

该书序言中以诙谐的语气说道:在这个连清洁工、锅炉工都要持证上岗的时代,很多家长在上岗前却没有经过任何培训就走上这个世上最复杂的工作。这一番话引起了我深深地思索,每一个孩子的家长都应该以"空杯"的心态读这本书,因为大家是真正的教育孩子的"门外汉"。

教育为国家发展的基础,家庭教育又直接影响学生质量,学生质量决定于家庭教育效果和家长认识水平,由此可知,教育和指导家长成为目前的教育活动中的"重中之重"。

在传统的中国社会里,人们以沉默寡言为美德,而现下这个多元化的社会,这一点已经日益成为影响生活水平的负面因素。可以毫不夸张地讲:沟通表达能力直接影响人的生活水平,生存质量。既然教育的基础因素在家庭,而我们的家长又普遍缺乏沟通技能的训练,如何与孩子沟通,或者说如何与孩子说话就成为决定教育成功与否的重要因素。

该书有两个鲜明的论点:①孩子的问题、过错在父母不在孩子;②生活品质的提高是学习成绩提高的前提。

孩子不听话往往是由于孩子不理解家长说的话,或者对家长的话不感兴趣!孩子在生活和学习中出现问题,学习成绩不好,主要责任在家长!跟随着作者的思路,从怎样批评到如何对待孩子"早恋",从分析"粗心"到解析为什么家教不起作用,甚至谈到教育从"吃"开始等等,这些看似非常普通其实非常不普通的论说方法,探索了教育孩子以及教育家长自己的许多看似简单其实深刻的问题,读后不得不深深佩服作者的洞察力和分析能力。

在第三、四章中,作者根据自己多年的教育实践和经验,从实务方面对家长进行了指导,使我这个老学生也有机会对自己的学生生涯作了一个回顾,同时探讨了成功的含义和方法,总之,受益良多,结合作者提出的"3A"学习法的实际操作,我相信:体现在该书中的赵雨林老师的教育理论和实践对于提高孩子的成绩，培养合格的家长都具有极强的操作性和实效，从心里我已经跃跃欲试，希望能按照书中提供的方法操作。真心希望每一个家长都能拥有这样的好书，并且在自己孩子的教育方面取得完全能够"预期"的良好效果，达到孩子成长，父母成长的目的。

回顾读书的整个过程，我觉得自认为不仅初步地学会了和孩子沟通的方法，同时也是一个与自己沟通的过程。在我们这个技术和物质主义结合的时代，这个日益竞争激烈的社会中生存，我们的家长和孩子大都不快乐，大都很累，甚至不堪重负，为了虚妄的"希望"拼命奔跑，孩子也不幸沦为牺牲品。各种教育大家成功和富有的书籍充斥市场，填满了我们的生活，可是，成功究竟在哪里？我想说：这本书使我们在某种意义上，找到了孩子和父母都能快乐的答案。

读者：介 屏

读《学会跟孩子说话》有感

读了本书的"其实我不懂你说什么——孩子对父母说"一文，我觉得很现实。因为很多家庭，无数的家长随时都在犯同一个错误：要求孩子总是认真点！快点！可家长真的没有告诉过孩子怎么学习才算认真，怎么做才是认真，什么办法能让孩子快起来！对孩子交流缺乏耐心，只是主观提要求愿望，具体怎么做疏于指导。家长朋友们，孩子也希望认真，也希望自己学习好，哪怕倒数第一的孩子。

应该怎样帮助孩子去实现认真才是我们应该做的事情。不要在孩子面前总空叫认真。孩子怎么不烦呢？再说了这么空叫下去家长的尊严威信都全没了。有的孩子不客气地说："你懂啥啊？就会说认真，认真！"

我也是家长，很能理解我们家长朋友们的良苦用心，可孩子还小。他们需要我们耐心细致到位的指导。你要不太会、不太懂可以看看我说的这本书。很便宜20元。在我眼里就是字典一样的工具书。它能教会你指导孩子，教会你在孩子成长中怎么去帮助他。

基于以上观点我讲个小故事。

孩子刚出生的那两年，由于孩子小，一般我们不带她出远门。大点了，我们出去了。孩子的视野开阔了。可有一件小事让我每每想起就忍不住觉得好笑。好像是孩子两岁多，当她第一次见到毛驴车，她惊奇地喊："妈妈，妈妈你看，奶奶驾着毛驴车来了。"我听着特别扭，这孩子怎么会这么说？我就纠正她："不是驾毛驴车，是赶。"孩子当时很快改口了。

可往后，她见到毛驴车时仍然说驾。我特别生气说她："你这孩子怎么不听话啊？我没说是赶啊！你干吗还驾、驾的？！"孩子说："我觉得就是驾。你为什么非说赶啊？"

问得好！这时我才恍然大悟？可不！自从孩子出生我从来没给她讲过毛驴车是要赶着的。哈哈……一点小问题，我觉得孩子应该懂。谁会想到她连这都不懂？打死我也没想到这点还得教她啊！父母真难当！！！

好了我告诉你。我说毛驴偷懒不想走，奶奶手里老拿着棍赶打它让它走。这下真正解决了这个不大不小的"驾"和"赶"的问题。妈啊！养活孩子真不容易！

现实中很多家长都像《学会跟孩子说话》中赵雨林老师说的一样：对孩子做要求的时候，喜欢单方面地表达自己的感觉、感受和愿望。这样不但说不清楚问题，还造成父母与孩子情绪上的对立。可是我们的家长朋友竟然有许多人不知道问题出在哪里？我的熟人朋友就有人经常告诉我孩子不听话，不好管。那我觉得孩子什么都听家长的，自己还有思维吗？没有思维的孩子和白痴有什么两样啊！

往往家长把孩子弄得只要父母不反对我就做，父母反对的我不做，不敢做。可家长朋友们，这样的孩子正是你把他的智慧牺牲了。毁了孩子创造思维的能力和天性！每个父母都渴望孩子听话，该怎么听。要明白："听话"的真正含义啊！

读者：陈海天

发表时间：2006-04-17

家长的好助手

——找到了赵雨林老师的博客

妮明年马上要中考了，妮的成绩在进入初二后与自己相比，不像初一那样进步神速了，成绩不稳定，妮的自主意识很强，不喜欢我们多管她。所以我和她爹尊重妮，一直对她的学习成绩处在关心阶段，只是关心有什么问题，需要我们怎么帮她，要不要帮她找家教等等，妮总是说不用。

妮的学习态度非常好，老师说一，她决不二。所以我们放手让她自己去学习，对于学习我们告诉妮，一切有解的东西都是很简单的，只要找到了科学的方法，再加以足够的努力就可以做好，再说学习是她自己的事情，这样让妮在学习上很有成就感，因为无论学成什么样，都是她自己努力的结果。

可是马上中考了，我们必须开始重视结果了，不能随着妮去学习，如果考不上重点中学，到时问题可就大了，所以进入初三我们开始关注她的学习结果（也就是分数，虽然不喜欢，面对中考也没办法），经过一段时间的观察我们发现妮在数学方面，学习方法还是出现了问题，成绩总也上不去，我和她爹总跟她说，一定是方法出了问题，可是是什么问题呢？如何帮助她呢？

今天早上六点就爬了起来在网上搜索，突然对一篇"过分满足孩子 = 害了孩子 + 苦了自己"（http://blog.sina.com.

cn/u/537d68b601000asl)的文章产生了兴趣，结果一进入赵老师的博客，才发现我心中所有关于妮的疑问在他的博客中全部找到了答案。妮起床前，我快速、充分的领会了赵老师的精神，妮起床后就几个重点问题和妮一起研究了一个上午，妮一开始并不感兴趣，哈欠连连，等到赵老师很多学习问题罗列出来时，妮频频认同，高度地感兴趣起来，一起研究着找到了如何提高学习成绩的实施方案。

赵老师把初中各科的学习特点总结得非常精辟，数学就是探索"="的过程，物理就是探索"平衡"的过程，化学就是在探索"转移"的过程，所有的概念都是围绕这几个点来进行的，而且最有意思的是赵老师说，做数学题时要像写作文那样，重视分析过程，不能只是注重得数。强调改错本的重要性，我们虽然强调过很多次，但是妮总是没有重视它的重要性！

其实学习的问题是个综合问题，和平常的生活质量、价值观都紧紧的相连，并不只是学习问题这么简单。不要给予孩子过多，条件不要太好，我们平时都没有注意到的一些生活中的小节，其实就是造成孩子学习习惯不好的罪魁祸首。

非常庆幸能够接触到这样的明白专家，凡事都说到了点上，我们终于找到了帮助妮的方法，知道今后该从哪个方向着手，而不是只是说些空洞的建议了。

再次感受到了网络的重要性！

作者：Water Fish

发表时间：2006-11-05

博客地址：http://blog.sina.com.cn/u/1461883934

后 记

（第一版）

  历经一年有余，经过那么多的不眠之夜，在一个隆冬的清晨完成了这部书稿的写作，然后就在这个春天终于付诸出版。

  看到那刚出炉的书样，心中不禁感慨万千。一个人想要做好做成一件事情，一定是受惠于许多人才能得以实现的，我想在此借书中一角来表达我的心情。

  我感谢我的父亲赵绥儒，他为我倾尽一生的精力和智慧；感谢我的母亲段春风，给我最淳淳厚重的关爱；感谢我的妻子刘艳芳，给了我最无私坦荡的支持和鼓励；还有我的儿子小D，是他给我激情和灵感。

  还有许多让我难忘的朋友和老师，特别是山西省社会科学院的杨茂林研究员、郭京龙先生的鼓励与帮助，还有南京陶涞恒教授的支持、北京宗春山先生的关怀、太原王宪朝先生，还有著名的青年学者林格先生、和燕燕女士、陈保军先生等的支持；还有大学的同窗好友及许多许多的人，其实都不是轻言一谢就可表达我的感激之情的。

  但我想得更多的还是您——亲爱的家长朋友。

  随着社会的发展，人与人之间的沟通和交流变得越来越

自由和便捷，也使我们更容易更有机会获得人格意义上的自我寻找和探索，那种叛逆、否定、怀疑的精神自然也会接踵而来，而期望那种宁静的似乎没有风险的教育实在无异白日说梦，不仅不可能甚至还很危险。

我还想再对您说的就是，虽然我们起初都不过是一个卑微的小卒，但我们盼望有朝一日可以过河沉底，希望自己都有放大和绽放精彩的一天。这一切都寄希望于我们可以勇敢地对自己的审视和反诘，不断地学习和创新。只有这样，我们才能与愚昧和盲目告别，与痛苦和烦恼说再见。

最后送您八个字：

家庭快乐，学习成功！

赵雨林

2004 年 4 月 22 日

重磅推出！

《中小学生学习完全提高指南及手册》新版

《学会跟孩子说话》姊妹篇

☆30天时间，每天10分钟，93%学习成绩得到提高
☆一套专为中国中小学生而设计的标准教材
☆已有十万名遍布全国的中小学生圆满使用
☆领先的双赢教育理念和高效的3A学习理论
☆2000年就获得教育部重点子课题优秀成果一等奖
☆教材由清华大学出版社隆重出版

作者：赵雨林　　　出版者：清华大学出版社
ISBN：7-302-10253-8　　适用对象：中小学生

内容简介：

人人都可以成为学习高手。许多学生学习成绩不理想，表面上看来是某门功课学得不好，以为找家教或者辅导班就可以解决，而实际上是由于未能掌握正确的学习方法而导致的。这些成绩不理想的学生会对学习产生厌倦，继而对自己缺乏自信。所以对那些缺乏学习兴趣和方法的学生来说，提高学习成绩的首要任务就是提高学习效能，养成良好的学习习惯和方法。

本书就是一本针对中小学生学习习惯和方法养成的一本标准训练手册。对于许多同学来说，学习方法的学习首先就是一件很苦恼的事情，而该指南和手册的特点就是不需要学生用特别的时间专门学习，只需要按照本书中的3A双赢训练里的简单要求来做，就可以完成学习认识的提高和学习行为的优化，最终实现学习品质的进步，以及学习成绩的提高。让广大学生和家长轻松快乐地发现：做一名会学又爱学的好学生其实并不难。

经过训练的学生感言：

一位考上重点初中的六年级学生：
　　通过3A学习法的训练，使我对学习有一种浮出水面的感觉！

一个高二的学生：
　　以前我总认为学习是项任务，而今我知道，学习应正确视为一种某种意义上的"娱乐"。

一个初三的学生：
　　通过这三周训练使我彻底改变了自己，我不再像以前那样，学习懒懒散散的，而是变得勤快了，能有现在的进步，我是想不到的。

家长感言：

短短的三周，孩子在学习上就已经有了争先的意识。更可贵的是，孩子由原来的"要他学"变成了"他要学"，学习成绩也在快速地提高。

我不再像以前那样费力不讨好了，和孩子的关系融洽了，成绩也提高了。真没有想到，管得少了，成绩反而好了。

孩子再不像以前那样盲目地完成作业，就连副科都会拿出书来看一遍。